# 서희의
# 외교담판

역사상 가장 성공한 외교

# 서희의 외교담판

장철균 지음

살림

# 바람직한 외교관상像 서희

이 책이 처음 출간된 것은 2004년이었다. 당시 중국의 동북공정東北工程이 표면화되면서 중국과의 뜨거운 역사논쟁이 시작되었는데 마침 이 책의 내용과 동북공정과의 관련 때문에 많은 독자들이 관심을 보여주어 책을 펴낸 보람을 느꼈던 기억이 새롭다. 10여 년이 지나 개정판을 내면서 필자의 감회 또한 새롭다. 당초 이 책을 저술하게 된 동기는 한국의 바람직한 외교관상을 찾아보려는 데 있었다. 우리 역사에는 유난히도 전쟁이 많았고 그래서 나라를 지킨 영웅적인 장군상은 많고 잘 알려져 있지만, 전쟁의 참화를 미리 막고 나라를 지킨 구국의 외교 인물은 찾아보기 힘들고 잘 알려져 있지도 않기 때문이다.

외교 인물로서의 서희徐熙에 관해 연구하게 된 필자의 개인적 이유도 있다. 분단국가의 직업외교관으로 국제사회의 외교 현장에서 활동하면서 민족분단의 고충과 외교의 한계를 몸과 마음으로 체험하게 되었다. 그래서 우리 세대에는 반드시 외교를 통해 평화통일을 이루어내야 한다는 간절한 생각을 하게 되었다. 물론 이러한 생각은 비단 필자만의 소망은 아니었을 것이다. 그러한 꿈을 실현시켜줄 위대한 외교 인물, 외교 전략가는 없을까? 그러한 바람직한 외교관의 상으로 역사의 서희가 떠오르면서 장군 서희가 아닌 외교 인물로서의 서희를 재조명해보기로 했다.

서희가 우리에게 남긴 외교적 유산은 무엇일까? 10세기 초 동아시아의 최강자로 부상한 거란의 대군이 고려를 침공했을 때 서희는 전쟁이 아닌 담판을 통해 오늘날의 평안북도 강동 280리를 차지하여 고려의 국경을 압록강으로 확장시켰다. 국난의 위기 상황에서 전화위복轉禍爲福의 결과를 도출해낸 것이다. 그래서 우리 외교사에 가장 뛰어난 외교 인물로 평가받고 있다. 월등히 우세한 군사력으로 다른 나라를 침공했다가 전략적 요충지를 상대에게 양보하고 철군한 사건은 동서고금東西古今을 통해 찾아보기 어려운 사례이다. 어떻게 가능했을까?

먼저 정책결정과정에서의 서희와 최고 정책결정자인 성종의 역할이다. 풍전등화風前燈火의 상황에서 열린 조정회의는 항복하자는 의견과 북한산 이북의 옛 고구려 땅을 떼어주고 화친하자는 의견으로 나뉘었다. 대세가 할지로 기운 상태에서 서희는 우선 항전해보고 후에 협상해도 늦지 않다는 대안을 제시했으며, 성종은 서희의 의견을 받아들였다. 서희의 대안 제시와 이를 수용한 성종의 결단이 없었다면 거란과의 외교 담판도 없었을 것이고, 훗날 우리의 역사는 달라졌을 것이다. 17세기에 근대외교의 기초를 창출한 프랑스의 칼리에르 재상은 그의 책『어느 원로대신의 협상에 관한 충고』에서 "진실은 두 명

의 담당자를 필요로 한다. 한 명은 진실을 말하는 사람이고, 또 하나
는 진실을 듣는 사람"이라고 했다. 국가정책을 결정하는데 있어 귀담
아 들어야 할 진실이라고 생각된다.

다음으로 서희의 출중한 상황판단과 협상능력이다. 서희는 거란이
중국대륙의 송宋과 고려관계를 단절시켜 중립화시킨 후, 송을 제압해
동아시아의 패자가 되겠다는 것이지 고려를 점령해 속국을 만들겠다
는 의도가 아님을 간파했다. 그런 뒤 소손녕蕭遜寧의 두 가지 요구 중,
송과의 관계를 단절하고 거란과 사대관계를 갖자는 것은 받아들이
되, 옛 고구려 땅 강동 6주는 고구려를 계승한 고려가 차지해야 양측
의 사대우호관계가 지속될 수 있다는 논리로 소손녕을 설득했다. 서
희는 지피지기知彼知己의 자세로 상대의 의중을 정확히 파악한 후 '사
대의 명분'은 주고 '영토의 실리'를 얻는 협상을 성사시킨 것이다. 성
종과 서희 사후 고려가 정경분리정책으로 다시 송과 교류했을 때 거
란의 기마군단이 수차에 걸쳐 고려를 침공했으나 거란이 양보한 강동
6주의 험준한 지세를 활용한 고려군에 의해 참패당했다. 전사에 길이
남는 강감찬의 귀주대첩龜州大捷도 바로 강동 6주의 하나인 귀주에서
의 대승이었다. 세월이 흐르면서 사대라는 정치적 명분의 무상함과
영토라는 안보적 실리의 영원함을 일깨워준다. 서희는 사대를 이용
해 영토를 넓힌 외교 전략가였던 것이다.

마지막으로 고려의 국가 비전과 탄탄한 국방력이다. 왕건은 삼국
통일 후 고려를 국호로 정하고 고구려를 계승해 북방정책을 꾸준히
추진했으며, 고려는 이러한 국가 비전에 따라 상당한 군사력을 유지
해왔다. 서희는 외교와 안보에 관한 주요한 직책을 담당한 경험을 갖

고 있다. 그래서 고려군에 대한 신뢰와 함께 고려의 지형지세를 이용한 항전으로 거란군에 타격을 줄 수 있고, 그래야 협상에서 유리할 수 있다는 판단에서 항전 후 협상안을 제시한 것으로 볼 수 있다.

우리 역사에는 서희의 성공사례와는 정반대로 진행된 외교의 실패사례도 있다. 오늘날의 두만강 경계는 서희가 개척한 압록강 경계보다 450년 늦은 1449년 조선 세종 때 김종서가 6진을 개척해 영토화했다. 그러나 이보다 340년 앞서 고려 예종 때 함경도 동북계를 점령한 적이 있었다. 함경도 일대의 여진족은 고려에 조공朝貢하면서 살고 있었는데 훗날 금金을 세우는 완안부完顔部 여진이 흥기하면서 함경도의 여진을 통합하려 하자 고려는 윤관을 내세워 1108년 함경도 일대를 정벌하고 9성을 구축했다.

여진은 무력으로 함경도를 되찾기 어려워지자 생각을 바꿔 외교공세로 나섰다. 고려에 사신을 자주 파견해 '고려를 부모의 나라父母之國로 섬기고 조공하겠으며' '고려를 향해서는 돌조각 하나 던지지 않겠다'고 조아렸다. 여진의 저자세 외교가 계속되자 고려조정 내 온건파가 흔들리기 시작했다. 윤관의 9성을 지키기 위해 '백성은 징병되어 농사가 안 되고 불필요한 전선유지로 국력이 낭비된다'는 논리가 힘을 얻게 되고 연약한 예종은 그들의 손을 들어준다. 9성을 여진에 돌려주고 윤관은 소환된다. 더 나아가 정권을 쥔 온건파는 윤관의 공적을 격하시키고 장기전으로 백성의 피해가 가중되었다는 이유를 들어 윤관을 문책한다.

함경도의 동북계는 평안도의 서북계와 반대로 여진의 '세 치 혀'가 작용했다. 여진으로부터 조공과 부모지국의 명분을 얻고 함경도의 실리를 내준 것이다. 고려를 안심시키고 함경도까지 얻은 여진은 세력을 키워 거란을 공격했다. 그리고 고려와는 교린交隣관계인 형제국가兄弟之國를 강요했다. 거란에 승리한 후에는 고려가 거란에 했던 것처럼 신하의 예稱臣事大를 갖추라고 했다. 고려는 거란에 이어 패권국가가 된 여진金에게 다시 종속된 것이다. 윤관의 사례는 오늘날에도 우리의 국가안보에 귀중한 교훈을 주고 있다. 함경도를 내주고 윤관을 문책한 고려조정의 정파가 내세운 '백성의 고통'은 정치적 명분이었을 뿐이다. 몇 년 후에 경험하게 되는 고려의 비극적 운명은 국방과 안보라는 장기적, 사활적 국가이익을 희생으로 일시적, 지엽적 평화를 선택한 고려가 치르게 될 혹독한 대가가 무엇인지를 깨우쳐주고 있다.

조선시대의 임진왜란壬辰倭亂을 보자. 우유부단했던 선조는 왜의 침략에 대비해 10만을 양병하자는 이율곡의 의견을 묵살했고, 조정은 동서로 갈라져 정쟁을 일삼고, 일본의 도요토미 히데요시豊臣秀吉를 직접 만나고 돌아온 대표단의 관찰도 서로 엇갈려 결국 군사대비를 소홀히 했으며 끝내 이순신의 공로마저 격하시켰다. 이어 계속된 조선의 정쟁은 광해군을 몰아내기 위해 기우는 명明과 떠오르는 청淸 사이에 중립을 지킨 그의 외교노선을 비판하고 명에 대한 임진왜란 참전의 은혜再造之恩를 인조반정의 명분으로 내세웠다. 반정은 성공했으나 얼마 후 병자호란丙子胡亂을 격어야 했다. 임진왜란을 경험한 유성룡은 『징비록』을 통해 군사(안보)를 알지 못하는 임금과 자중지란(정쟁)을 경계해야 하고, 유사시 도와줄 맹방이 필요함을 적시했다.

1000년이 지난 이 시점에 서희를 돌아보면서, 서희와 같은 위대한 외교관이 다시 등장해주기를 소망하는 것은 이 시대를 살아가는 우리 모두의 바람일 것이다. 21세기에는 주변 강대국에 의해 전쟁터가 되었던 한반도의 비극적인 역사가 되풀이되지 않고, 평화통일을 이루어 한민족이 웅비하는 비전을 실현해나가야 한다. 이를 위해서는 서희와 같은 외교 안목과 사명감으로 무장된 뛰어난 외교관을 많이 배출하여 외교력을 신장시켜나가야 한다. 특히 오늘날과 같이 전 지구적 상호의존도가 심화되고 있는 시대적 상황에서 부존자원이 부족하고 대외의존도가 높은 우리의 현실을 감안할 때 더욱 그렇다. 분단의 현실과 시대적 상황이 서희와 같은 바람직한 외교관상을 요구하고 있는 것이다.

외교는 국내정치의 연장선상에 있다. 정치가 주요 외교정책을 결정하기 때문이다. 그래서 외교는 당파적 입장을 떠나 국가 전체의 이익을 잣대로 정책을 결정하고 힘을 한곳으로 모아야 한다. 초당적 외교를 해야 국익을 지키고 잠재적인 적대국에게 어부지리漁父之利를 주지 않을 수 있다는 것이다. 오늘날 우리의 현실은 과연 한민족이 겪어온 역사의 교훈을 기억하고 있는지 망각한 것인지 우려될 때가 많다. 역사는 반복할 수도 있고 반복하지 않을 수도 있다. 다만, "역사를 기억하지 못하는 사람은 역사를 되풀이 할 수 있다"는 경구를 유념해야 한다. 냉전도 열전도 아닌 21세기 외교전에서 서희의 성공사례는 1000년이 지난 오늘에도 타산지석他山之石으로 삼는 데 모자람이 없다고 생각된다.

2013년 7월
장철균 서희외교포럼 대표

# 왜 지금 서희인가?

세상살이를 성악설性惡說로 이해하려는 것은 아니지만, 역사를 돌아보면 그 굽이굽이마다 수많은 부대낌이 있었다. 인간사뿐만 아니라 사회사도 그러했고, 국가사는 더 말할 나위도 없이 다툼이 많았다. 사람들은 흔히 평화의 당위當爲에 대하여 목소리를 높여 옹변擁辯하지만, 인류가 살아온 길은 그렇게 평화롭지만은 않았다. 역사가들이 산출한 바에 따르면, 인류의 역사가 시작된 이래 이 지구상에서 총성이 멎었던 시간은, 토막 시간을 모두 합산한다 해도 80년을 넘지 않았다고 한다.

인류 사회 또는 국가가 이와 같은 환란患亂에 직면하게 되었을 때 그들이 국가를 지탱하기 위하여 대응하는 방법은 매우 제한적일 수밖에 없다. 곧, 무력 항쟁을 할 것인가 아니면 외교로써 풀 것인가 하는 선택의 문제만이 남아 있을 뿐이다. 그런데 이와 같은 위기의 순간일 수록 국민의 정서는 격정적이고 조급하며 질주하기 쉽다. 따라서 온건한 평화주의자들의 목소리는 격랑 속에 묻혀버리고 결연한 옥쇄玉碎만이 충절이고 대의인 것처럼 들리기 마련이다.

　이럴 경우에 평화주의자나 외교우선주의자 또는 온건파들은 회색분자나 비겁자로 지탄받으며 무대에서 사라지는 경우가 역사에는 허다했다. 협상가는 늘 고독했다. 그는 우군이 없는 상태에서 먼저 자신의 안위를 걱정할 겨를도 없이 스스로 결단을 내리지 않을 수 없었다. 이런 점에서 본다면 평화주의자나 온건파는 강경파보다도 더 담대하고 조리 정연한 논리로 무장해야 할 필요가 있다. 이러한 사실은 중립주의를 걷고 있는 스위스의 방위력이 어떤 다른 나라보다도 강력하다는 사실에서도 잘 알 수 있다.

　그렇기 때문에 평화주의자는 더 많은 인내와 주체성을 가지고 있어야만 한다. 본시 외교관의 원시적 시조始祖였던 전신인傳信人이라는 말의 어원은 'angelos'인데 이 말은 신이 사는 하늘과 악마가 사는 지상을 오고가며 의사를 소통해주는 역할을 하는 연락병이라는 뜻이었다. 그 전신인은 좋은 일을 하는 신이기 때문에 훗날 천사angel라는 이름으로 의미가 바뀌었다.

* * *


　역사를 돌아보면 흔치는 않지만, 그러한 평화주의자 또는 외교우선주의자가 후대에 더 많은 교훈을 주는 경우가 없지 않았다. 이를테면, 병자호란 중의 남한산성에서 김상헌金尙憲이 통곡하며 항복 문서를 찢었는가 하면, 그것을 다시 모아 붙이는 최명길崔鳴吉도 분명히 우국적이었고 오히려 김상헌보다 더 고뇌했음에 틀림이 없으며 어쩌면 그의 길이 더 어렵고 험난했을 수도 있다. 역사의 험로에서 절의節義가 더 중요한지 아니면 생존이 더 중요한지는 그리 쉽게 판정할 일은 아니지만 지탱력이라는 점에서 볼 때 생존이 절의에 우선할 때가 더 많았다.

우리는 이쯤에서 인간 사회에서의 외교라는 문제를 생각해보아야 한다. 왜 우리는 외교를 거론해야 하는가? 그것은 역사에서 나타났던 그 많은 유혈 사건의 악마성과 인간의 부도덕성 때문이었다. 종교에서 말하는 소위 자비니 사랑이니 하는 것들의 가치가 아무리 높다고 하더라도, 인류의 역사에는 수많은 동족 살인, 형제 살인, 집단 학살이 있었다. 지금도 국제사회에서는 병기兵器의 생산에 드는 비용이 의료 비용보다 더 많이 지불되고 있다.

우리는 사랑이라는 탈을 쓰고 살지만 그 내면을 돌아보면 사람을 죽이기 위한 비용이 사람을 살리기 위한 비용보다 많다는 뜻이 된다. 인간은 이러한 자신의 모습을 보면서 비감悲感했고, 누군가 이를 말릴 사람이 필요하다고 생각했다. 심지어는 전쟁을 수행하는 사람들도 싸우지 않고 이길 수 있는 방법이 없을까를 고민했는데, 손자孫子가 바로 그러한 인물이었다. 그리고 그러한 시대적 요구에 따라서 사절(외교관)이라는 임무가 등장했다.

이와 같은 역사적 소명에 의해 출현한 외교관은 그 화려한 명성에 비하여 대체로 전쟁 영웅의 후광後光 뒤에 묻혀버리는 경우가 많았다. 아마도 역사는 격렬하게 살다간 무사적 영웅들에게 더 많은 갈채를 보내는 경향이 있고, 반면에 외교관은 일을 비밀리에 처리해야 하고 그 내막은 역사의 뒤안길에 알아주는 이 없이 묻혀버리는 경우가 많기 때문에 그런 것이 아닌가 여겨진다. 외교관이나 밀사는 공을 남에게 돌리고, 사건의 전말을 가슴에 묻고 가야 하는 경우도 많다. 외교관은 늘 최고지배자에게 공덕을 돌려야 했고, 겸손해야 했고, 2인자여야 했기 때문에 역사에서는 무공이 외교에 앞서는 것으로 기억되었을 것이다. 오늘날 많은 사람들이 문관이었던 서희를 무장으로 기억하고 있는 것이 그러한 예의 하나일 것이다.

국가가 위난을 당하여 전사들의 말처럼 무장 투쟁으로 나갈 것인가, 아니면 화의和議로 나갈 것인가의 문제는 오랜 역사를 갖는 논쟁의 주제였다. 이 자리는 국가가 위기에 처했을 때 그를 돌파하는 방법으로서 두 가지 길인 외교 우선주의와 무장 투쟁의 방법 중 어느 하나를 비교우위론적으로 가름하려는 것은 아니다. 우리는 같은 사안을 놓고 각기 달리 생각할 수도 있다는 것을 상호 양해하고 받아들일 수 있기 때문이다.

* * *

우리가 이 시대에 새삼 1000년 전의 한 영걸英傑 서희를 회상하는 것은 무슨 까닭일까? 아마도 지금 우리가 처해 있는 시대가 너무 어렵기 때문일 것이다. 역사를 살다 간 모든 사람들은, 그것이 고려였든 조선왕조였든 아니면 현대이든, 자기가 살던 시대가 역사에서 가장 격동기였다고 생각한다고 하지만, 지금 우리의 시대야말로 참으로 격동이 아닐 수 없다. 그러한 격동의 한가운데는 분단에 대한 안타까움과 통일에 대한 염원이 담겨 있다.

왜 우리의 염원은 이뤄지지 않는 것일까? 보는 이에 따라서 그 답이 다르겠지만 그것은 이 시대 지배 계급의 경륜이 그것을 감당할 수 없기 때문이다. 민중들은 자기들이 통일의 주역이라고 주장하겠지만 안타깝게도 역사에 나타난 통일 운동은 그 시대 지배 계급의 결심 사항이었다. 그래서 우리는 이 시대의 지도자에 대한 바람이 그러다 보니 멀리서 우리에게 교훈을 주고 있는 서희를 바라보게 된다. 역사가 영웅 중심으로 해석될 수 있는 것만은 아니지만 시대의 영걸이 역사를 창조한 사례는 허다하다. 그래서 우리는 이 시대의 서희가 나타나기를 염원하고 있는 것이다.

우리가 지금 서희를 바라보게 되는 또 다른 이유는 극동 삼국에서 벌어지고 있는 한·중·일 역사 전쟁 때문이다. 이 전쟁은 참으로 지루하고 길게 이어질 것이며 힘든 싸움이 될 것이다. 어떤 측면에서는 일정한 체념이 필요하고 어느 측면에서는 단호하고도 독한 대응이 필요할 것이다. 그러나 이 분야에서 우리가 아프지만 스스로 인정하지 않을 수 없는 우리의 실수가 있었다. 그것은 다름이 아니라 우리의 역사 공부가 게을렀다는 점이다.

우리는 저들이 꾸미고 있는 역사 음모에 어느 정도의 대응 논리를 갖추고 있는가를 되돌아본다면 그리 떳떳하지 않다. 맹자孟子의 말씀을 빌린다면, "사람들이 반드시 스스로를 멸시하는 짓을 한 뒤에 다른 나라가 그들을 멸시하게 된다人必自侮人侮之." 그러므로 우리에게는 지금 자신을 돌아보는 시간이 필요하다.

* * *

　이런 저런 역사 걱정을 하던 계제에 여기에 추천하고자 하는 장철
균 대사의 『서희의 외교 담판』이라는 책을 읽게 되었다. 정통 역사학
자가 아닌 직업외교관의 글이라는 점이 신선하게 다가왔고, 재야사
학자들이 일반적으로 보이고 있는 존재구속성存在拘束性으로 흔히 나
타나고 있는 약점들, 이를테면 문중 사학의 나르시시즘이나 종교사
가들의 호교론護敎論과 같은 모습이 전혀 보이지 않는다는 점이 호감
을 준다. 30년에 걸친 외교관 생활을 하면서 때로는 요르단의 열사熱
沙에서, 때로는 라오스의 밀림에서 일하면서 조국의 미래를 걱정하던
열정이 이렇게 한 권의 책으로 나온 같아 고맙고 존경스럽다.

　이 책이 주는 또 다른 의미는 이제 역사 전쟁이 역사학자만의 전유
물이었던 시대를 지나 각 분야의 학제적 연구를 통해 힘을 합쳐야 한
다는 것이다. 역사학에 국제정치학자가 뛰어든 것은 용기 있는 일인
동시에 학계로서는 좋은 우군을 얻은 셈이다. 국제정치학자의 역사
연구는 방법론이나 시야 또는 지평의 측면에서 국사학자들이 미처 보
지 못한 부분을 보여줄 수 있다. 그리고 외교관은 누구보다도 현장감
이 있는 인물이라는 점도 그들의 역사학은 신선미를 준다.

　나는 본디 재주도 없이 학계에 몸담은 서생의 주제로서 남의 노작
에 감히 추천서를 쓸 형편이 아님을 스스로 잘 알고 있다. 그래서 필
자로부터 추천의 글을 써 달라는 부탁을 받았을 때 완곡히 거절했으
나 그분의 부탁이 간곡했고, 또 나 자신이 한 때 서희를 숭모하여 보
잘 것 없지만 한 편의 글을 쓴 인연이 있어 여기에 외람되게 추천의

글을 쓰게 된 데 대하여 강호江湖 동학同學들의 양해를 얻고자 한다.
아울러 이 글이 우리의 역사학의 지평을 넓히고 서희의 정신을 현창
顯彰하는 데 도움이 되기를 진심으로 빈다.

2013년 6월 25일
한국전쟁 기념일에
신복룡 전前 건국대학교 석좌교수

# 서희 외교를 통해
# '국시國是'의 성취는 가능하다

실패국가이면서 약소국가로 국제사회에서 인식되어온 한국은 이제 '매력국가'이면서 '중견국가'라고 자타가 인정한다. 선진국과 개발도상국, 강대국과 약소국의 가교 역할을 자임할 정도로 외교적 위상도 높아졌다. 높아진 위상과 국제사회에서 한국의 역할에 대한 기대가 높아질수록 우리는 우리의 외교역량을 되짚어보는 시간을 찾으며, 그 과정에서 새로운 전략적 방향을 모색하곤 한다. 하지만 그런 노력에서 우리의 역사적 경험에서 쉽게 찾을 수 있는 해답과 문제해결의 돌파구를 찾는 것에는 매우 게으른 것이 사실이다.

대한민국, 더 나아가 한반도의 지정학적이고 지경학적인 물리적 기반은 변함이 없음에도 그런 오류를 우리는 반복적으로 되풀이한다. '불행'하게도 우리는 국시國是인 통일이 외교 전략의 최대 가치이다. 이 최대 가치의 실현과 더불어 다른 외교적 전략을 동시에 모색하고 추진해야 하는 매우 어려운 외교 환경을 지니고 있다. 외교 전략의 최대 가치인 통일의 모색에 있어서 중국이 차지하는 중요성은 고구려 시대 한반도의 지리적 환경이 설정된 이후 변함이 없다. 대중국 외교 는 그래서 우리에게 절대적으로 중요한 과제이다. 그 과제의 수행을 위해 우리가 정책적 노력에 게을렀던 것은 아니다.

40여 년을 이끌던 국제정치의 냉전구도가 와해되는 것이 명확해지 던 1980년대 후반 한국은 미국과 적대하던 공산권 국가들에 대한 적 극적 접근을 시도했다. 이른바 '북방정책Northern Policy'이 그것이다. 그 정책이 추구되어 얼마 지나지 않아 냉전의 양축이었던 구소련은 붕괴되어 연방국가로서의 유연한 체제로 변모하였고, 중국은 구소련 을 대체할 강대국으로 부상하면서 지금의 G2시대를 열었다. 하지만 중국은 그 동안의 지속적인 외교적 노력에도 불구하고, 또 이웃이라 는 지역적 근접성과 문화 및 사상의 부분적 공유에도 불구하고 우리 에겐 여전히 치밀하고 섬세한 외교 전략이 요구되는 버거운 외교 타 깃이다. 한반도 평화와 민족통일이라는 외교의 최대 가치의 실현과 정에서 중국의 역할과 기여는 절대적이기 때문에 그 어려움의 극복은 더욱 중요하다.

최근 대북한 문제에 대한 강대국들의 접근 과정에서 중국이 기존 정책에서 변화의 조짐을 보이는 것은 '국가의 성공'이라는 내부적 과 제를 달성한 우리의 국가정통성이 국제사회에서 인정받는 사실에 명 확히 기인한다. 이렇듯 국가정통성은 노력에 의해 만들어지기도 하 지만, 역사적 상황과 사실에 대한 우리의 정확한 논리적 접근에 의해 서도 가능하다. 이 국가정통성이 국민의 공통가치와 더불어 존재할 때 외교적 승리는 가능하다. 그 교훈은 이미 『서희의 외교 담판』에 담겨져 있다.

고려의 서희와 거란의 소손녕의 담판에서 소손녕이 고려가 신라를 계승했고, 거란이 차지한 고구려의 땅을 잠식하고 있다는 주장을 할 때, 서희는 고려가 고구려의 후계자라는 주장을 하면서 고려라는 국호와 평양을 수도로 삼고 있다는 정통성의 근거를 제시했고 거란의 영토인 동경은 고려의 영토라고 주장했다. 소손녕이 고려가 거란을 두고 바다 건너 송과 교류를 하느냐라는 물음에 서희는 고려와 거란 사이에 여진이 가로 막고 있어 바다를 건너는 것보다 더 어렵다면서 고구려의 영토였던 압수 280리의 영토를 고려 땅으로 인정해주고 성과 보루를 쌓아 국교를 맺자고 주장했다. 국가정통성에 대한 해박한 논리가 외교협상력의 극대화를 가능케 한 우리의 경험이다.

장철균 대사가 국내 최초로 저술한 『서희의 외교 담판』은 지·덕·용을 겸비한 서희가 국가정통성에 대한 해박하고 논리적인 인식을 바탕으로 어떻게 명분과 실리의 외교적 거래를 성사시켰는지에 대한 매우 섬세한 전후방 지식을 제공하고 있다. 훗날 거란이 다시 고려를 속국으로 삼으려 물리적 공세를 취할 때 서희가 담판을 통해 차지한 강동 6주의 험준지세는 고려군의 전략적 대응을 가능케 하여 영토수호라는 선물을 안겨주었다.

저자가 제공하는 본서의 기술내용들에는 역사적 고증이 이루어진 자료들에 대한 논리적 해석과 저자 개인의 오랜 외교관 생활에서 비롯된 경험지經驗智가 잘 조화되어 있다. 특히 다양한 외교사례의 분석에 있어서 저자는 국제정치학계의 과제로 던져진 이른 바 구성주의적 시각의 자주적 확보라는 명제를 풀 수 있는 혜안을 제시한다. 특히 동아시아의 역사를 재조명하는 제1장에서 저자는 현대 국제관계 역사 연구의 대표적 석학으로 인정되는 베리 부잔의 논리인 농경 정주定住형 부족이 결국 유목형 부족보다 왕국 건설에 유리하다는 논리를 정면으로 반박하는 주장을 과감히 펼친다. 동북아 역사의 형성과정에 대한 저자의 해박한 지식이 유난히 빛나는 부분이며, 학계의 반성과 재고를 요구하는 대목이기도 하다.

저자가 날카롭게 지적하고 있는 사대주의와 사대적 행위의 전략적 가치에 대한 차별화는 우리에게 '자주외교'의 전략적 구성이 어떠한 방향성을 담보하여야 하는지를 강하게 시사한다. 뒷장에서 소개되는 발해 국가에 대한 구성적 논의가 특히 돋보인다. 저자는 발해를 고려 유민과 여진의 이중사회라는 국가사회 구성의 분석수준을 택함으로써 일국의 통합능력과 분열가능성을 논하고 있는 데서 명확히 논리의 타당성을 입증하고 있다. 맨 뒷장에서 집중적으로 소개되는 최고지도자에 대한 서희의 소통능력과 현장에서의 외교 결단력의 조화는 외교현장에 있는 현직 외교관들에게 중요한 학습 포인트를 제공한다. 국민 모두가 외교관이 된 이른바 공공외교의 시대이다. 우리 국민들이 우리의 역사 속에서 국가의 정통성을 인식하고 그 자부심을 바탕으로 지구사회를 위한 다양한 대외활동과 협상을 함에 있어서 필독해야 하는 매우 소중한 서적으로 추천한다.

'한국형 리더십' '한국형 외교' '한국형 소통'을 우리는 모두 갈망하고 모색한다. 국제사회가 한국을 주목하며 한국의 경험을 나누어주길 바란다. 이 책은 어떠한 외교적 소통의 현장에서 매우 유익하게

'한국형'을 입증할 수 있는 다양한 내용과 논리를 담은 서적이라고 믿어 의심치 않는다. 강대국 중국의 속국이 되지 않고 당당히 독립국가로 존재하며 이제 국제사회의 가장 중요한 중견국가로 자리매김한 한국이 국가정통성을 바탕으로 중국을 설득하여 외교 최대가치이자 국시인 통일을 이룰 수 있는 전략적 힌트가 이 책에 담겨져 있다. 실패국가 북한이 가로막아 우리가 미국에 의존하며, 중국과 긴밀할 수 없는 작금의 전략적 환경은 이 책의 내용을 통해 이해되며 그 방안에 대한 모색이 가능하다.


2013년 7월 31일
최동주 숙명여자대학교 글로벌서비스학부 교수/학부장

이 책의 기술에 있어서 나타나는 몇 가지 용어상의 문제에 관해 미리 설명해두기로 한다.

1. 등장인물의 이름과 시기는 한글을 원칙으로 하고 필요한 경우 한자를 병기했다. 그리고 직함은 가급적 생략하고 본문의 이해에 필요한 경우에 명시했다.

2. 지명은 되도록 당대의 명칭을 사용했으며 본문의 이해를 높이는 데 필요한 경우에는 괄호 안에 오늘날의 지명을 병기했다. 그러나 그 당시의 지명이 없거나 분명치 않은 경우에는 오늘날의 지명을 사용했다. 예를 들어 만주 지역은 고려시대에 통칭으로 사용한 지명이 없고 오늘날에도 각국이 사용하는 명칭에 차이가 있어 논쟁

이 있을 수 있다. 중국은 현재 이 지역을 만주라 부르지 않고 동북 3성(요녕성, 길림성, 흑룡강성)의 행정구역으로 나누고 있다. 이 지역은 시대의 변천에 따라 민족의 부침이 무상해 역사상의 통칭으로서 마땅한 용어가 없어 우리에게 잘 알려진 만주로 부르기로 한다.

3. 국명에 대해서도 언급해둘 필요가 있다. 중국의 고대왕조는 가급적 그 명칭을 그대로 사용했다. 다만 그 왕조의 영토를 나타내는 지역의 통칭은 시간과 공간에 관계없이 보통명사로서 중국으로 표기했다. 따라서 중국은 한족 또는 한족왕조와 반드시 일치하지 않으며 중국의 크기는 그 시대와 왕조에 따라 많은 차이가 있음을 지적해둔다. 이 책에서 사용된 중국은 오늘날의 중화인민공화국을 뜻하는 것이 아니나 앞뒤 문맥상 그 뜻이 명백한 경우에는 오늘날의 중화인민공화국을 중국으로 약칭하기도 했다. 같은 맥락에서 한국, 일본 등도 오늘날 국명이 아닌 지역명칭으로 사용했다.

4. 이 책의 주제가 되는 서희 외교의 상대국인 거란契丹의 국명에 관해 미리 설명해둘 필요가 있다. 거란은 부족 이름임과 동시에 국명이기도 하다. 거란의 국명은 916년 야율아보기耶律阿保機가 최초 건국할 때 사용했다가 태종에 이르러 중국식 국명인 요遼로 개칭했다(947년). 이후 1025년 멸망할 때까지 거란과 요 국명은 수차례 교체되었는데 218년이라는 통치 기간 중 124년은 거란, 94년은 요를 국명으로 했다. 이 책에서는 거란 국명이 오래 사용되었기도 하거니와, 거란은 중국의 왕조를 건설하지 못했거나 하지 않았고 유

목국가로 잔류했다는 관점에서 거란을 국명의 총칭으로 사용하고
자 한다.

5. 서희가 소손녕과 회담 결과로서 수복한 평안북도의 280리는 사실
상 압록강 남방, 즉 강남江南 280리로 해야 옳으나 사서의 기록과
혼란을 피하기 위해 강동江東으로 표기한다.

6. 서희가 강동 280리에 쌓은 8개의 성과 역사학계에서 일반적으로
사용되는 강동 6주는 일치하지 않는다. 이에 관해서는 제 3장 5절
의 '후속조치'에서 다룬다. 이 책에서는 강동 280리와 강동 6주를
같은 의미로 사용한다.

# 서장

## 지피지기

세계 지도를 들여다보면서 분단된 한반도를 떠나 넓은 세상을 무대로 우리나라를 통일시켜 보겠다는 어릴 적의 소박한 꿈은 나를 외교관으로 인도해주었다. 내가 두 번째 해외 임지인 요르단에 부임한 것은 1980년이었다. 요르단은 중동에는 흔한 석유 한 방울이 나지 않아 경제적으로 어렵고 정치적으로도 약소국이지만 네 번의 중동전中東戰을 치르면서 생존을 위한 외교의 지혜를 터득하고 있었다.

생활환경과 근무 조건은 좋지 않았으나 성서聖書시대로부터의 오랜 역사를 간직하고 있는 요르단은 나에게 역사에 대한 관심을 일깨워주었다. 요르단은 갈릴리 호수에서 사해死海로 흘러 들어가는 요단강을 경계로 이스라엘과 접경하고 있었다. 요단강 넘어 지척에 있는 예루살렘은 유대교, 기독교, 이슬람교 모두의 성지로 1000년 전의 십자군 전쟁을 들먹이지 않아도 지난 2000년의 유라시아 역사와 종교를 대변해 주고 있는 역사의 현장임을 곧 알 수 있었다. 나는 이곳에서 시작된 기독교가 왜 유럽에서 성공하게 되었는지 그리고 한 뿌리 다른 가지인 유대교, 기독교, 이슬람교가 왜 대립 관계에 있어야 하는지에 대해 끊임없는 의문을 갖게 되면서 역사의 심연으로 끌려 들어가게 되었다.

요르단의 주변은 예루살렘 이외에도 수메르, 바빌론, 이집트와 아시리아, 페르시아와 같은 고대문명에 둘러싸여 있고 로마 제국의 잔재가 그대로 남아 있는 역사의 보고였다. 책을 읽고 유적지를 둘러보면서 역사에 대한 의문과 궁금증은 조금씩 풀리고 유라시아 고대문명에 대한 갈증도 어느 정도 해소되었다.

그러나 세 번째 임지인 미국에 근무하면서 나는 고대 역사의 제국이 아닌 현실의 세계를 움직이는 제국의 모습을 직접 목격하게 되었다. 그 옛날 로마 제국이 유라시아에서, 중국 왕조가 동아시아에서 오늘의 미국과 같이 막강한 힘을 배경으로 제국의 역사를 전개했으리라는 생각이 문득 떠오르면서 역사와 현실이 중첩되는 경험을 하게 되었다. 그리고 요르단과 한국의 두 약소국과 미국, 중국의 모습이 교차되면서 나는 혼란과 갈등 속에 빠져들었다. 약소국인 요르단과 한반도의 불행했던 역사는 결국 반복되는 것인가? 역사 지식은 다른 사람과의 대화에는 도움을 주었으나 역사를 통해 약소국으로부터의 해방과 분단 극복의 지혜를 얻고자 했던 나는 착잡한 심정이 되었다.

그러던 어느 날 뇌리를 스치고 지나가는 문구가 있었다. 전에 읽었던 『손자병법孫子兵法』의 '지피지기知彼知己'라는 네 글자였다. 상대를 알고 나를 알면 백전백승할 수 있다는 손자의 핵심 병법이다. 그날 나에게는 이 네 글자가 전쟁에서만 통용되는 것이 아니라 냉혹한 국제 사회에서의 외교전外交戰에도 적용될 수 있을 것이라는 암시로 다가왔다. 왜냐하면 외교전은 실제 전쟁의 결과 못지않게 중대한 국가의 이익이 오고 갈 수 있는 '총을 들지 않은 전쟁'이기 때문이다. 이때부터 나의 머리에는 외교란 '싸우지 않고 승리할 수 있는 수단'이라는 생각이 깊이 각인되었다. 그리고 외교전에 승리하기 위해서는 지피지기의 자세로 상대방 국가뿐만 아니라 우리에 대해서도 좀 더 자세히 알아야 한다는 생각을 갖게 되었다.

이때부터 나는 외국의 역사 못지않게 우리 역사에도 관심을 갖게 되었다. 몇 권의 역사책을 읽으면서 학창 시절에 배웠던 국사와는 다른 내용들이 그리고 상당히 폭넓은 연구들이 진행되고 있음을 알게 되었다. 우리 역사 속에서 전공분야인 외교안보를 연관시켜 보면서 지피지기의 깊은 뜻을 다시 한 번 음미하게 되었다. 상대도 알고 나도 알아야 '절반의 사고思考'에서 벗어날 수 있다는 평범한 경구警句가 나에게는 유달리 의미 있는 조언이 되었던 것이다.

## 왜 서희인가

우리 역사에 관심을 가지면서 아쉬운 점도 발견하게 되었다. 내가 관심을 갖고 있는 대외관계 분야는 국사와 구분되지 않은 채 비중도 낮게 다루어지고 있었고 그나마 중국과의 관계가 그 대부분을 차지하고 있었다. 또한 외교관으로서 우리 역사에 누구나 존경할 수 있는 외교관이 누구인가에 관해 분명히 답할 수 없음을 안타깝게 생각했다. 외국의 뛰어난 외교 전략가들에 대해서는 상당히 알고 있으면서도 정작 우리 역사상에 자랑스러운 외교관을 알고 있지 못하다는 것이 지피지기의 관점에서도 부담이 되었다.

그러던 중 역사에 잘 알려진 서희徐熙(942~998년)라는 인물이 바로 내가 찾던 바람직한 외교관상像임을 발견하게 되었다. 그동안 막연히 알고 있었던 서희는 자세히 들여다보니 단순히 말만 잘했던 외교관이 아니라 지知·덕德·용勇을 겸비하고 지피지기의 사고로 옛 고구려 영토를 되찾은 위대한 인물이었던 것이다.

서희는 고려 초 거란의 대군이 침입했을 때 '세 치 혀三寸舌'로 상대를 설득해 영토를 획득한 인물로 우리에게 알려져 있다. 서희가 획득한 영토는 압록강 하구로부터 청천강에 이르는 평안북도의 서편 280리에 해당하는 옛 고구려 영토를 말한다. 이 역사적 사실은 실로 놀라운 일이 아닐 수 없다. 군사적으로 월등한 적대국이 다른 나라를 침입해 이해관계가 큰 요충지를 자신이 차지하지 않고 상대측의 영토임을 인정하고 돌아간 사건은 역사상 찾아보기 힘든 사례이기 때문이다.

오늘날에 있어서도 국가 간에 크고 작은 많은 영토분쟁이 있으나 협상을 통해 영토문제가 해결된 예를 발견하기 어렵다. 우리의 영토임이 분명한 독도와 같은 작은 섬도 일본의 연고권 주장으로 분쟁 아닌 분쟁이 되고 있으나 일본의 주장을 말끔히 해소할 수 있는 유력한 방안을 찾지 못하고 있음을 우리는 잘 알고 있다.

그러면 서희는 어떻게 해서 거란의 대군을 앞에 두고 담판을 통해 강동의 요충지를 차지할 수 있었을까. 서희가 역사에 알려진 바와 같이 세 치 혀로 강동 280리를 획득한 것이 사실이라면 '싸우지 않고 승리'했다는 것을 의미하며, 이것은 전쟁을 통해 영토를 획득한 것보다 더욱 값진 승리인 것이다. 이러한 서희의 활약이 간단한 역사의 편린으로 소개됨으로써 그의 위대한 업적이 오히려 희석된 측면이 없지 않은 것 같다. 이러한 관점에서 서희의 역사적 업적을 재평가해보려는 것이다.

## 위인 왕건

서희가 거란의 소손녕과 담판에서 강동 280리를 확보할 수 있었던 핵심적 논지는 고려가 고구려를 계승했다는 주장이었다. 따라서 서희의 영토 획득은 고려 태조 왕건王建(877~943년)과 직결되어 있음을 알 수 있다. 왕건은 국호를 고려로 정해 고구려를 계승하고 고구려 후신인 발해와의 통일을 추진했으며 삼국통일을 이룸으로써 오늘날 우리 한민족의 역사 전개에 크게 기여했다.

왕건이 발해와의 통일을 추진했는가의 문제는 우리 역사체계에 있어 발해-신라 관계연구 못지않게 중요한 사안이나 아직 전문적 수준에서 다루어지지 않고 있는 것 같다. 이 책에서는 왕건의 발해통일 노력을 개괄적 수준에서 제기해보았다.

오늘날 우리는 왕건의 삼국통일과 500년의 고려 왕조라는 고구려 승계국가를 갖고 있음으로 해서 고구려가 고려의 선행 왕조였음을 객관적으로 입증할 수 있다. 고려의 선행 왕조가 고구려였기 때문에 이 책에서 다루는 서희의 고구려 영토수복도 가능할 수 있었다. 또한 고려 건국과 서희 외교가 있음으로 해서 『삼국사기』와 『고려사』 편찬이 가능할 수 있었다.

특히 『삼국사기』는 학계의 논란이 있음에도 불구하고 고려의 정사正

로서 고구려를 포함한 삼국의 역사가 한민족의 역사임을 설명해주고 있다는 것은 주지의 사실이다. 『삼국사기』가 고구려 이전의 고조선과 부여 그리고 발해를 포함하지 않은 것은 아쉬움이 없지 않으나 김부식이 편찬한 것은 삼국의 역사이지 한민족의 고대 전서가 아님은 그 제목에서도 알 수 있는 것이다.

통일신라가 민족적 통일을 이루었으나 영토적 통일을 이루지 못함으로써 제기될 수 있는 고구려와 통일신라의 관계는 고려에 의해 연결됨으로써 고구려, 백제, 신라, 고려, 조선에 이르는 우리의 역사 체계가 완성된다. 이러한 점에서 고려 창업과 삼국통일의 역사적 의미가 크며, 그러한 왕건의 업적을 이 책을 통해 강조해보고자 하는 것이다.

잘 알려진 왕건을 이 시점에서 재삼 언급하는 데에는 또 다른 이유가 있다. 그것은 왕건의 삼국통일이 오늘날의 남북통일 문제와 무관하지 않기 때문이다. 왕건은 통일의 기반 조성을 위해 가능한 많은 세력을 포용해나가면서 소모전을 극도로 자제하고 기다림과 단호함을 조화롭게 구사해 삼국을 통일했던 것이다. 오늘날 우리가 처한 분단 상황을 생각할 때 왕건은 우리가 필요로 하는 지도자상임이 분명하다. 우리가 염원하는 분단 상황의 극복과 통일의 성취 그리고 통일 이후 번영된 국가의 모습은 우리 역사에 존재했던 두 번의 통일 과정 중 신라가 아니라 바로 왕건의 삼국통일에서 그 지혜와 교훈을 찾아야 할 것이다.

우리는 흔히 역사의 위인으로서 한글을 창제하여 민족의 영원한 정체성을 확립시킨 세종, 그리고 임진왜란 시에 거북선을 만들어 나라를 구한 이순신을 내세운다. 이제 우리 역사에 있어 조선시대의 세종과 이순신에 버금가는 인물로 고려 초 왕건과 서희가 있음을 알리려는 것이다.

## 동아시아 역사의 새로운 이해

고려의 역사는 그 정치적 이해관계와 상호교류의 대상으로 볼 때 동아시아 역사의 일부이며 그 주요 구성원의 하나이다. 그러나 고려를 포함한 우리 역사는 동아시아 역사의 범주에서보다는 주로 중국 역사와의 관련 속에서 다루어져왔다. 우리 역사가 한자 문화권의 영향하에서 그리고 근세에 이르기까지 중국과의 사대관계에서 특징지어져왔기 때문으로 볼 수 있다. 또한 역사 연구에 있어서도 그 기록의 상당 부분을 중국 사료에 의존할 수밖에 없는 현실 때문에 중국의 영향을 받게 된 것도 그 이유가 될 것이다.

그러나 이 책에서 다루게 될 고려 초의 상황은 한-중 관계로는 조명하기 어려운 북방 유목민족 거란과의 관계가 중심이 되고 있다. 따라서 중국뿐 아니라 거란, 여진, 몽골, 티베트 등 동아시아 전반에 걸쳐 검토하지 않으면 그 당시의 상황을 이해하기 어렵다는 점에서 우리의 시야를 동아시아 전역으로 확대하는 것이 불가피하다. 또한 고려 초 중국은 유목민족에 의해 정권이 유린되고 있었고 거란의 영향을 받게 되는 관계로 이러한 역사를 한-중 관계의 관점에서 이해할 수는 없는 것이다. 거란뿐 아니라 이후 여진金, 淸, 몽골元과의 관계도 마찬가지이다.

거란은 유목민족이며 북방 유목민족은 중국과 함께 역사를 주도해온 세력으로서 동아시아의 역사를 농경 정주세력과 유목 기마세력 간의 갈등과 공존의 관점에서 조명해보고자 하는 것이다. 고려를 포함한 우리 역사의 올바른 이해를 위해서는 중국 중심의 한-중 관계에서 벗어나 동아시아 역사의 전체적 맥락에서 우리 역사를 살펴볼 필요가 있다. 우리 역사를 동아시아라는 광역의 공간과 장구한 세월에 접목해볼 경우 우리는 역사를 다른 차원에서 이해할 수 있을 것으로 기대해본다. 그리고 그러한 역사가 역사의 진실에 더 가깝다고 믿는다.

이러한 동아시아 역사를 배경으로 하여 필자는 고려 초에 있었던 몇 가지 대외관련 사건에 대해 소견을 개진했다. 첫째는 태조 25년(942년) 고려가 거란이 보낸 낙타를 다리 밑에서 굶겨 죽이고 사신을 귀양 보낸 소위 '만부교萬夫橋 사건'이다. 이 사건을 두고 왕건의 토번인관吐蕃人觀에 의한 것으로 보는 견해, 떠오르는 거란의 세력을 파악하지 못한 고려가 무모하게 저지른 외교적 실패라고 보는 견해, 또는 거란-후백제 우호관계에 대한 응징으로 보는 견해들이 제시되어왔다. 그러나 당시의 동아시아 정세와 고려의 정책을 살펴보면 고려가 발해를 단숨에 정벌한 거란의 군사력을 파악하지 못했다는 것은 믿기 어렵다. 결론적으로 만부교 사건은 중국의 후진後晉과 군사동맹을 추진해 발해 영토를 회복하려는 '연중제란聯中制丹'의 입장을 대외적으로 표시한 사건이었다는 견해를 제시했다.

둘째는 서희-소손녕 협정에 대한 평가이다. 서-소 협정은 고려가 거란에 사대事大의 예를 맺고 거란은 강동 280리를 고려의 영토로 인정한다는 것으로 사대와 영토의 교환으로 보는 것이 일반적 관점이다. 이 책에서는 서-소 협정을 압록강 하류의 여진 거주지를 양국이 분할한 협정으로서, 고려-거란의 국경 협정이자 양국 관계를 규율한 평화·안보 협정이며 송-거란 간의 1004년 전연澶淵의 맹盟과 더불어

100여 년 이상의 기간 동안 동아시아 지역의 평화질서를 유지하는 양
대 틀로서 작용했다는 견해를 제시했다.

### 초상화와 추상화

서희에 관한 연구는 서희 시대로부터 약 400년 후에 쓰인 『고려사』
가 일차적 사료가 되고 있다. 당시 『고려사』 편찬자들이 고려, 서희를
기술하기 위해 참고한 역사 사료들은 그들의 선택에 의한 것이다. 서
희와 고려는 『고려사』를 통해 재구성된 또 하나의 역사로 볼 수 있다.
그들이 사실에 기초해 필요하다고 선택한 고려의 역사 그리고 서희의
활동과 모습이 기록된 것이다. 이러한 의미에서 역사적 사실 중에서도
선택된 과거만이 오늘에 살아 있는 과거로서 우리에게 전해진다고 볼
수 있다.

서희라는 선택된 역사의 대상을 오늘에 있어 어떻게 연구하고 기술
할 것인가는 중요한 문제이다. 역사는 이미 있었던 과거의 사실에 대
한 연구이므로 있었던 모습을 가능한 사실에 가깝도록 복원해야 한다
는 데 이견이 있을 수 없다. 따라서 『고려사』를 중심으로 하되 거란과
송 등 이해당사국의 문헌을 비교, 검토하면서 일반성과 합리성에 입각
해 역사적 진실을 밝혀나가야 할 것이다.

여기에서 생각해볼 문제가 있다. 서희에 관해 있는 그대로의 것만
기술한다면 그것은 『고려사』 서희전을 그대로 편찬한 것을 읽는 것으
로 충분할 것이다. 그러나 그것은 과거의 역사이지 오늘에 살아 있는
역사는 아니다. 역사 연구는 과거의 역사를 오늘에 살아 있도록 만드
는 작업인 것이다. 오늘에 필요한 역사의 대상을 선택해 그 의미를 부

여함으로써 죽은 과거에 다시 생명력을 불어넣어 역사를 소생시키는 역할이 필요한 것이다.

그러나 사가史家의 견해가 과연 역사의 진실과 일치하는가에 대해서는 누구도 단정적인 답을 내릴 수 없다. 이러한 사가의 주관은 선택된 역사 대상을 완전한 사실로 복원할 수 없다는 전제하에서 초상화와 같은 것으로 이해될 수 있을 것이다. 어떠한 특징의 초상화를 그릴 것인가는 사가의 생각에 달린 것이다. 즉 역사 연구는 실제 있었던 역사의 활동사진을 찾아내는 것이 아니라 역사의 자화상을 다시 초상화로 그려내는 노력으로 볼 수 있다. 이 초상화가 실제의 모습과 일치하지 않을 수 있음을 인정해야 한다. 유사한 초상화가 다수 있을 수 있음도 인정해야 할 것이다. 특히 동시대뿐만 아니라 시대의 변천에 따라 다를 수 있음도 전제되어야 할 것이다. 이 해석은 주관이며 평가인 것이지 역사의 사실을 그대로 복원하는 것은 아니기 때문이다.

E. H. 카Carr는 유명한 『역사란 무엇인가』라는 자신의 책에서 사가의 대상 선택과 사관史觀의 중요성을 강조하면서 "역사는 사가와 그가(선택한) 사실들의 지속적인 상호작용의 과정, 즉 현재와 과거의 끊임없는 대화(a continuous process of interaction between the historian and his facts, an unending dialogue between the present and the past)"라고 간파한 바 있다. 현재와 과거와의 대화에서 역사 연구의 중심이 진실을 밝혀내는 과거에 있는가, 의미를 부여하는 현재에 있는가의 문제는 결국 사가의 입장에 따라 논란의 대상이 될 수밖에 없을 것이다.

사가의 의미 부여는 역사 연구의 요체로서 역사에 생명력을 불어넣어주는 역할을 하게 되나 이러한 주관적 평가가 일반성과 합리성을 상실하게 되면 이것은 역사에서 이탈한 창작물이 되고 말 위험성이 있다. 초상화가 아닌 추상화가 될 수 있다는 뜻이다. 역사 연구는 역사를 사진과 같이 복원시킬 수는 없으나(또한 그렇게 해서도 별 의미가 없지만) 특징 있는 초상화로 소생되어야지 그 형체를 알아볼 수 없는 추상화가 되어서는 안 될 것이다.

오늘날 우리는 각국의 역사에서 정치적, 민족적 요인이 작용해 자의적 내지 국수주의적 관념이 개입하고 있음을 발견할 수 있다. 이러한 비이성적 요인의 개입이 지나치면 역사의 초상화에서 손과 발을 자르거나 눈과 코의 모습을 변질시켜 추상화가 될 수 있으며 이것은 '역사의 함정'이 될 수 있음을 경계해야 할 것이다. 한국, 일본, 중국의 역사 그리고 동아시아의 역사가 이러한 역사의 함정과 무관치 않다고 생각된다. 특히 중국사에서 이러한 점이 두드러지게 나타난다고 볼 수 있는데 이러한 점을 이 책에서 지적해보고자 한다.

### 고구려사 논쟁

원고를 거의 마감할 즈음 중국 동북공정東北工程이 고구려의 중국 역사 편입을 논함에 따라 고구려사 논쟁과 관련된 몇 가지 논지를 추가했다. 고구려는 왕건의 고려건국과 삼국통일 그리고 고구려의 옛 영토를 되찾은 서희를 통해 그 정통성이 고려로 이어져 우리 한민족 역사의 중심에 자리 잡고 있다. 고구려는 고려의 500년 사직을 통해 우리 역사 속에서 부활한 것이다. 고구려가 우리의 역사임은 자명하다. 그러나 고구려가 한민족의 역사임을 중국을 포함한 이해 당사국들로부터 인정받는 것도 중요하기 때문에 우리도 역사에 대한 인식을 새롭게 할 필요가 있다.

중국과의 역사 논쟁은 이제 시작일 뿐이다. 그리고 고구려 역사 문제는 한-중 역사 논쟁의 일부에 불과한 것인지도 모른다. 일본과의 과거사 문제, 고대사 인식에 대한 차이도 상존하고 있다. 시야를 넓게 보면 이러한 역사 논쟁은 지구상의 대부분의 나라가 갖고 있는 문제이기도 하다. 고구려사 논쟁은 우리가 앞으로 해결해나가야 할 여러 형태의 '우리 역사 찾기' 노력의 하나일지도 모른다.

이 시점에서 우리의 주변을 살펴볼 필요가 있다. 한국역사에 대한 외국인의 인식, 외국의 교과서에 표현된 한국역사, 외국에 있는 우리 문화재로부터 영토문제에 이르기까지 우리의 역사를 복원시켜나가야 할 대상들은 산재해 있다. 그러나 우리 역사를 보존하고 발전시키기 위해 그동안 우리는 무엇을 해왔는가를 반문해볼 필요가 있다. 역사교육은 얼마나 해왔는지, 규장각에 있는 고문서古文書를 제대로 해독해보았는지, 전국에 널려 있는 문화재는 얼마나 잘 보존해왔는지 등 우리를 돌아보면서 각오를 새로이 다짐해야 할 것이다.

고구려사 논쟁에 대한 평가와 판단은 중국도 한국도 아니고 제3자인 국제사회에 의해 내려질 가능성이 높다. 국가 간의 이해가 상충되는 역사는 각자의 주장만으로는 안 되고 이를 객관적으로 인정받는 것이 필요하기 때문이다. 그러므로 역사 논쟁은 정부와 국민 모두가 장기적 안목으로 냉정하고 지속적으로 그리고 체계적, 제도적으로 대처해나가야 할 문제이다. 특히 우리 역사에 대한 국제사회의 인식을 높여나가는 것이 필요하다. 따라서 국사학계 이외에도 해외활동 경험이 많은 국제 정치학계의 참여가 필요하며 양자 간에 머리를 맞대고 지혜를 모아나가야 할 것이다.

중국과 고구려의 역사는 한-중 관계의 제한된 시각으로부터 벗어나 동아시아 전체의 역사 속에서 이해할 때 비로소 그 진실을 밝힐 수 있을 것으로 믿는다. 이 책을 통해서 독자들이 동아시아 역사에 관해서도 이해를 넓혀 고구려 역사 문제에 슬기롭게 대처할 수 있기를 기대해본다. 그리고 고구려를 중국 역사로 인식하고 있는 일부 중국 사가에게는 지피지기를 살펴 고구려를 논하기에 앞서 중국 스스로의 역사에 관해 먼저 성찰이 있기를 권하고 싶다.


2004년 9월
필자 장철균

# 제1장

# 동아시아 역사의 재조명

왕건의 고려건국과 삼국통일 그리고 강동 280리를 협상으로 획득한 서희 외교는 통일과 영토획득 자체만으로 그 업적을 높이 평가받을 수 있을 것이다. 그러나 잘 알려진 이 두 가지 사건이 오늘날 우리로 하여금 관심을 갖게 하는 또 다른 이유는 이 사건을 통해서 고구려의 역사가 우리 한민족의 역사임을 입증해주고 있다는 사실 때문이다.

최근 중국이 고구려사를 자국 역사에 편입시키려는 왜곡된 시도가 전개되고 있다. 이것은 중국이 지난 2000년간 주변 이민족과의 이해 충돌 과정에서 중국 내에 건설된 이민족왕조의 역사를 중국사에 편입시켜 역사의 단절을 막고 이민족에 의해 확대된 영토를 정당화하기 위한 자구책에서 비롯된 것임을 알 수 있다.

고구려와 중국왕조 간에 갈등과 평화의 700년 역사를 조공·책봉의 관점 또는 오늘의 영토적 관점에서 중국사라고 주장하는 것은 중국인에 의한 중국사일 수는 있어도 객관적 동아시아 역사일 수는 없는 것이다. 중국의 논리대로라면 중국을 차지했던 여러 이민족이 중국사를 자신의 역사라고 주장하는 것도 인정해야 하는 논리적 모순에 빠지게 된다.

이러한 국수주의적 사관은 자칫 중국사뿐만 아니라 동아시아 역사 전체를 초상화가 아닌 추상화로 전락시킬 수 있음을 지적하지 않을 수 없다. 이러한 중국의 역사관이 지난 2000년간 동아시아를 지배해온 '주권차등主權次等' 시대의 가부장 질서하에서는 주변에 강요할 수 있었으나 오늘날 주권평등의 시대적 상황에 있어서도 통용될 수 있을지는 의문이 아닐 수 없다.

고구려 역사 논쟁은 중국의 주장이나 사관 또는 한-중 양국의 역사적 맥락에서 그 진상을 판가름하기 어려운 문제이며 중국과 한국이 역사를 공유했던 지난 2000년간의 동아시아 역사를 조명해봄으로써 비로소 그 진실을 파악할 수 있을 것이다. 본 장에서는 이러한 동아시아 역사를 기존의 연대기적인 접근방식이 아닌 새로운 관점에서 재조명해보고자 한다.

# 1. 농경 세력과 유목 세력의 갈등과 동화

## 농경사회와 유목사회

동아시아는 고대로부터 그 지형과 기후 등 주거 환경의 차이로 인해 북방에는 유목을 생존양식으로 하는 생활 공동체가 발전했고 남방에는 농경을 중심으로 하는 생활 공동체가 발전해왔다. 즉 유목생활은 몽골 고원을 중심으로, 농경생활은 중국과 남만주, 그리고 한반도 일대를 중심으로 두 개의 생활양식이 병존해왔다.

동아시아에 있어 농경사회는 한자(초기에는 갑골문자)를 사용하는 생활 공동체가 중국의 황하 유역을 중심으로 발전해 초기 국가 단계의 모습을 갖추며 성장해갔다. 중국사는 고대사회의 발전단계를 하夏, 은殷과 주周(B.C. 1122~255년)의 고대왕국에 이어 초기국가 형태의 제후국으로 구성된 춘추전국시대(B.C. 770~221년)로 분류하고 있다. 중국의 농경 정주사회定住社會는 시간이 경과하면서 남만주와 한반도 그리고 일본열도 등의 농경사회와도 관계를 갖게 되었으며 안정된 농경생활은 문화의 발전을 수반하면서 문명세계로 성장해나갔다.

한편 북방사회는 열악한 생활조건으로 인해 농경사회와 같이 안정적 생존양식을 갖지 못하고 추운 겨울이 되면 식량을 찾아 이동하는 유목이라는 생존양식을 발전시켰다. 해마다 장거리를 규칙적으로 이동해야 하는 유목 생활은 말馬의 사육에 의해 결정적 진전을 이루고 사육된 말의 기동성은 역사를 바꾸는 동인이 되었다. 사육된 말에 의해 부족단위의 생활 공동체가 장거리를 이동할 수 있게 된 것은 비록 그것이 생존을 위한 자구책에서 연유된 것이기는 하나, 그 가공할 속도와 강인한 전투력으로 인해 역사상 존재하지 않았던 엄청난 파괴력을 갖게 된 것이다.

동아시아에서 말의 사육이 언제부터 이루어졌는지는 분명치 않다. 역사상 최초로 말이 사육된 것은 유라시아 초원지대에서 B.C. 18세기경이었던 것으로 보인다. 이러한 말의 사육은 B.C. 18세기 이후 유라시아의 유목민들이 고도로 발달된 문화를 지닌 수메르와 이집트에 침입할 수 있었으며 그 침략에 성공할 수 있었던 이유를 설명해주고 있다.[1] 말의 사육과 사육된 말로 조직된 유목민은 해마다 규칙적으로 이동하는 유목생활의 반복적 훈련을 통해 부족 전체가 기동력을 갖춘 '이동하는 군단'으로 발전했으며 병사들은 고도로 훈련된 기마군으로서 강력한 전투력을 보유하게 되었던 것이다.[2]

이러한 유목 기마군단이 역사의 기록에 등장한 것은 B.C. 7세기부터 B.C. 3세기경이었으며 그 주인공은 남러시아 초원지대에 걸쳐 군림했던 스키타이Scythai[3]였다. 스키타이의 활동에 관해서는 그리스의 역사가 헤로도토스Herodotos(B.C. 484~B.C. 425년경)가 그의 책『역사』를 통해 자세히 전하고 있다. 유라시아 초원에서 기마군단으로 성장한 스키타이는 신속하게 남쪽의 그리스 도시국가들을 침략해 부족한 식량을 약탈한 후 빠른 기마를 활용해 초원으로 돌아가는 행위를 반복했다. 그리고 시간이 경과하면서 그리스와 인근 페르시아의 관계에도 간여했던 것이다.

시대적 차이는 있으나 동아시아에 있어서도 매우 유사한 상황이 전개되었다. 헤로도토스의『역사』보다 약 350년이 경과한 즈음 중국 한조漢朝 시대의 사마천司馬遷(B.C. 145~B.C. 92년경)은 그의 책『사기史記』를 통해 동아시아의 흉노에 관해 기록하고 있다.『사기』에 나타나는 흉노는 스키타이와 매우 흡사한 활동양상을 보여주고 있다.

『사기』에 의하면 "B.C. 8세기경 주周의 선왕은 북방 험윤獫狁의 침입을 물리치고 남의 정만을 정벌하고 동의 이적을 토벌했다"[4]고 기록하고 있다. 험윤은 그 이전에는 훈육으로 불렸으며 이들의 본거지는 몽골고원 지역으로서 전국시대에 이르러서는 흉노匈奴로 불렸다. 로마 제국도 변경의 이민족을 야만의 뜻으로 훈Hun, 페르시아는 후나Huna 라 불렸는데 중국의 호칭과 음운이 유사하다. 황하 중원에 위치한 중국은 주변에 거주하는 이민족을 동이東夷, 서융西戎, 남만南蠻, 북적北狄 이라고 하고 이들을 야만胡으로 인식하고 전서에도 그렇게 기록했다.

또한 『사기』에는 B.C. 4세기경 전국시대 산서 지방에 위치했던 조趙 나라의 무왕武王이 "호복胡服을 입고 말을 타고 활을 쏘았으며 북쪽으로 영토를 넓혔다"[5]는 기록이 있다. 이는 조나라가 북방 흉노를 대적하기 위해 흉노의 기마와 기마 복장을 모방한 것이었다. 중국의 조나라는 농경사회의 문명국이었으나 흉노의 공격을 방어하기 위해 장성을 쌓았고 결국 기마騎馬와 기마복장까지 흉노군을 흉내 내야 했던 것이다.

## 문명왕조와 기마제국

중국의 농경 정주사회는 춘추전국시대를 거쳐 B.C. 221년 진秦에 의해 통일됨으로서 최초의 농경 통일왕조가 건설되었다. 중국을 통일한 진시황은 수도 함양과 지방을 잇는 차도車道[6]의 건설, 한자의 문자체 통일, 도량형의 통일, 분서갱유焚書坑儒 등을 통해 중앙 집권의 강화와 중국이라는 정체성을 확립해나갔다.

진시황은 전국시대에 연, 조, 진 등이 만들어놓은 장성長城을 서로 연결하고 개수해 동서 만리萬里에 걸친 장성을 구축했다. 이 만리장성은 진시황이 북방의 기마세력인 흉노를 방어하기 위해 장군 몽염蒙恬으로 하여금 구축하도록 한 것으로 고대의 중국판 마지노선이었던 것이다. 진시황은 중국 통일을 이룬 막강한 군사력을 보유하고 있었음에도 불구하고 장성을 쌓아 대비해야 할 만큼 흉노의 기마 세력은 엄청난 것이었음을 알 수 있다.

사마천의 『사기』에 의하면 흉노가 북방의 유목세계를 통일한 것은 B.C. 3세기 후반이라고 한다.[7] 흉노는 수장을 선우單于라고 불렀으며 선우의 본영은 몽골고원의 오르콘 강 상류에 위치한 카라발가순 Qarabalgasun[8]에 있었다. 선우는 그 밑에 좌우 현황을 두어 동서를 관장하게 했는데 동東으로는 그 세력이 대흥안령과 중국의 산서에까지 미치고 서西로는 중앙아시아 초원, 타림분지, 중국 감숙 지방에까지 미쳤다. 사마천은 이러한 흉노의 모습을 "본거지인 몽골고원의 자연형세를 훌륭히 본받아 동방, 중앙, 서방의 3대 지역을 횡적으로 합하여 전체를 삼고 있는데 이것은 마치 학이 날개를 펼치는 것 같은 형태를 만들고 북으로부터 남의 중화中華지역을 크게 압박했다"[9]고 기록하고 있다.

흉노의 역사는 스스로 남긴 기록은 없으나 문명사회의 기록인 사마천의 『사기』를 통해 그 모습을 개괄적이나마 알 수 있다. 『사기』는 (그 후 중국 전서들이 흉노를 야만적 약탈자로 묘사하기는 했으나) 유목 기마의 군사적 힘이 거대한 중국 문명을 압박하고 있었음과 동시에 동아시아가 '농경문명'과 '유목기마'라는 두 세력의 갈등관계에 있었음을 설명해주고 있다.

동아시아에 있어서 진秦이라는 정주사회의 통일왕조가 등장한 그 시점에 흉노라는 유목제국이 출현한 것은 동아시아 역사에 있어서 새로운 시대의 개막을 예고하는 것이었다. 이제 동아시아는 장성을 경

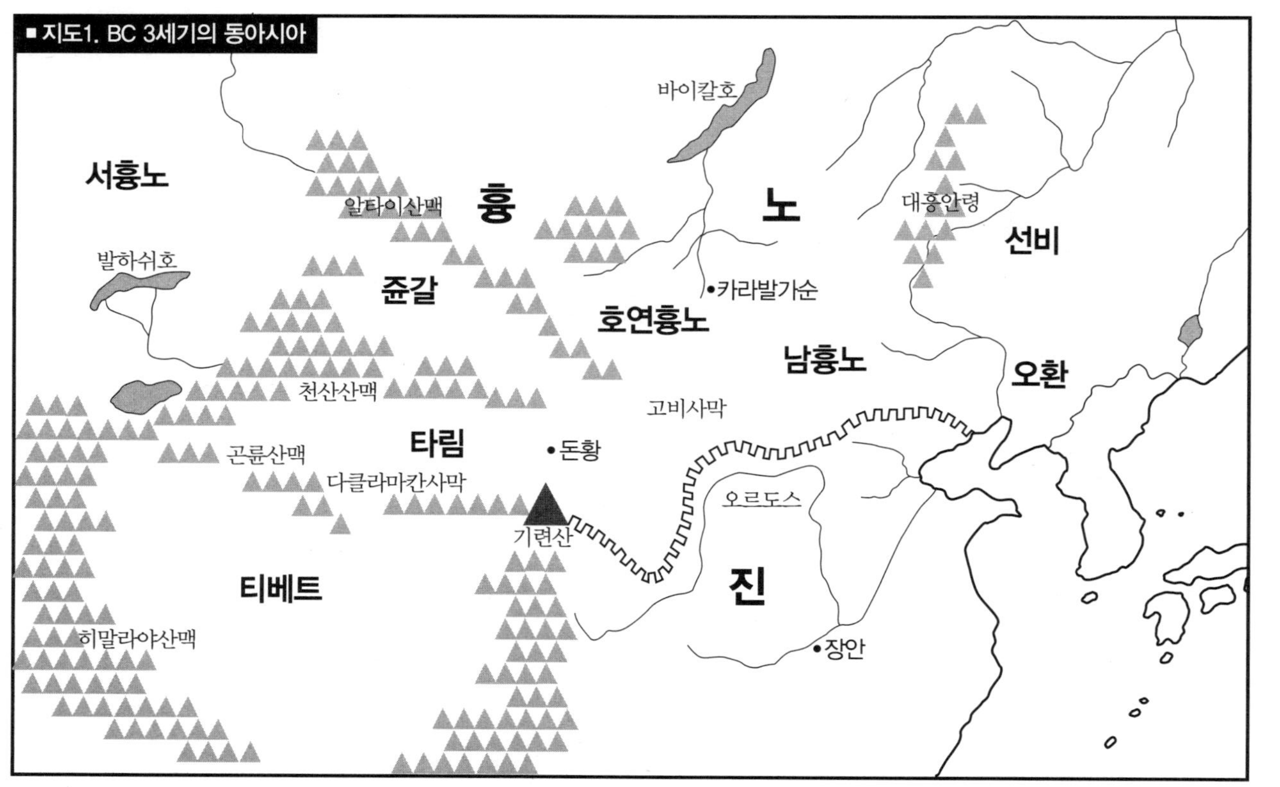

■ 지도1. BC 3세기의 동아시아

계로 진과 흉노라는 두 개의 거대한 정치세력으로 분리된 것이다. 시대의 발전 단계로 볼 때 두 개의 세력으로 분리된 것이 아니라 두 개의 세력으로 통합되었다는 표현이 사실에 더 가까울 것이다.

하나의 왕조로 통일된 장성 안은 정주사회로서 그리고 문명세계로서 한자를 사용하는 한민족과 그 문화에 의해 정체성이 확립되어나갔다. 장성 안에 혼재하던 이민족들은 이제 장성 밖으로 나가든가 장성 안의 문화에 동화하든가의 선택을 강요받게 되었다. 이들은 빠른 속도로 중국에 동화同化(또는 漢化라고 표현)되어갔다. 장성은 흉노의 남하를 막기 위해 축조된 군사적 방어선이었으나 세월이 경과하면서 정주의 벽, 문명의 벽으로 인식되기 시작했으며 그리하여 화이華夷의 2분법은 황하의 중원으로부터 이제는 장성을 경계로 차별화하게 된 것이다. 장성의 마력은 여기에 있었다. 장성은 장성 안의 세계를 하나의 통일된 문명의 세계로 급속히 변모시키는 역할을 했던 것이다. 춘추시대의 황하 유역에 불과했던 중원은 이제 진으로 통일되면서 화북의 전역으로 확대되어나갔다.

농경 세력을 대표하는 진과 유목 세력을 대표하는 흉노는 이후 중국의 정주왕조와 기마제국의 원형이 되었다. 단명했던 진의 뒤를 이은 한조에 이르러서는 화북을 중심으로 한 중국의 역사가 양자강 너머로 그리고 서역과 만주지역으로까지 확대되었는데 이것은 동아시아 전역에 새로운 역사가 전개되고 있음을 의미하는 것이었다. 이러한 농경과 유목 간의 갈등의 역사는 진과 흉노가 통일제국을 건설한 B.C. 3세기 후반으로부터 청조가 멸망하는 1912년까지 2100여 년 지속되었다.

진으로부터 청조에 이르는 2000여 년 동안 중국에 등장한 왕조를 중국사 체계에 따라 살펴보면 진, 전한, 후한, 위촉오의 3국시대, 진, 5호16국, 남북조, 수, 당, 5대, 북송, 남송, 요, 금, 원, 명, 청과 같다. 이 왕조 중에서 진秦, 한漢, 진晉 수隨, 당唐, 송宋, 명明은 중국의 한족 왕조이며 북위北魏, 요遼, 금金, 원元, 청靑은 이민족인 유목민족의 왕조들로서 북위는 선비족鮮卑族[10], 요는 거란, 금은 여진, 원은 몽골, 청은 여진이 세웠다.

■ 표1. 민족 중심으로 본 중국 왕조사

| 한족왕조 | 이민족왕조 |
| --- | --- |
| 진秦(B.C. 260~B.C. 207) | |
| 전한(B.C. 206~A.D. 25) | |
| 후한(A.D. 25~220) | |
| 3국 시대(220~280) | |
| 진晉(260~420) | 5호胡16국: 만주족(302~401) |
| 남북조/남조(진)(420~589) | 남북조/북위: 선비(386~581) |
| 수(581~618) | |
| 당(618~907) | |
| | 5대五代: 만주족(907~960) |
| 북송(960~1127) | 요: 거란(916~1125) |
| 남송(1127~1279) | 금: 여진(1125~1234) |
| | 원: 몽골(1206~1368) |
| 명(1368~1644) | |
| | 청: 여진(1616~1912) |

동아시아는 중국의 진과 한 그리고 북방의 흉노와 돌궐 제국을 거치면서 농경왕조와 북방유목 세력의 이해충돌이라는 기본 구도하에 있게 되었으며, 동편의 만주와 서편에 위치한 중소국가들이 두 강대 세력의 부침에 영향을 받거나 때로는 세력균형에 영향을 주는 질서가 형성되었다. 특히 10세기 이후에는 유목 세력이 중원에 진출해 중국의 한족왕조를 대체하고 한족왕조가 이민족왕조를 교체하는 반복현상을 맞게 된다.

진으로부터 청조에 이르는 2000년의 동아시아 역사를 '농경문명왕조와 유목기마제국의 시대'라고 부를 수 있을 것이다. 동아시아에서는 청조를 마지막으로 유목세계의 존재는 사라지고 프랑스혁명과 산업혁명 이후 동아시아에 진출한 서구 세력의 제국시대를 거쳐 오늘날의 '지구촌시대'를 맞이하게 된다.

### 문명의 교차로

동아시아의 농경 세력과 유목 세력 간의 갈등관계는 동아시아 지역에만 머물러 있지 않았다. 이들은 동아시아를 넘어 다른 지역과도 관계를 형성하면서 영향을 주고받았는데 이러한 상호작용은 시대의 흐름에 따라 다방면으로 팽창해나갔다.

그 최초의 사례는 아마도 강요된 월지月支[11]의 민족이동일 것이다. 평성의 백등산 전투에서 한을 제압한 흉노는 계속해서 중국 서부의 감숙甘肅과 타림Tarim지역(신강성)에 거주하던 월지를 공격했다(B.C. 177년). 월지는 흉노에 쫓겨 결국 중앙아시아로 이주해 알렉산더의 원정 이래 헬레니즘Hellenism문화의 영향하에 있던 박트리아Bactria를 공격해 원주민을 내쫓고 이곳에 정착했다. 월지의 이주는 아시아 역사에 기록된 최초의 민족이동으로서 정치적, 문화적 의미를 갖는 사건이었다고 볼 수 있다.

이러한 기마제국의 중앙아시아에 대한 영향력 확대는 유라시아 대륙의 지역 간 접근을 확대시키는 데 기여했다. 중국도 한 무제 이후 중앙아시아에 대한 관심이 높아졌고 페르시아, 비잔티움 제국도 중국에 대한 관심이 증대되면서 교류가 확대되었다. 교역은 훗날 '실크로드'[12]로 불리는 미로를 통해서 이루어졌는데 이 교역로는 경제적 이유뿐 아니라 군사적 이유로도 중국과 유목제국 간에 그 지배권 쟁탈이 끊이지 않은 지역이기도 했다.

중국의 장안長安으로부터 서역으로 통하는 길은 양주, 숙주, 사주를 통해 돈황敦惶을 거쳐[13] 타림분지를 통과하는 요로였다. 타림의 남쪽과 북쪽으로 중앙아시아와 연결되는 두 개의 통로가 있다. 북으로 천산天山 기슭을 따라 오아시스 소왕국인 하미, 투르판, 쿠차, 페르가나 등이 줄지어 있고, 천산을 넘으면 바이칼 호 남쪽의 이식쿨을 거쳐 타시켄트, 사마르칸트를 통해 페르시아와 연결된다. 또한 남쪽으로는 곤륜산 기슭을 따라 돈황의 옥문관을 통과하면 선선, 차만, 우미, 호탄의 대상도시가 점으로 연결되어 파미르 고원에 이르고 캐시미르를 통해 페르시아와 인도로 연결된다.

당 태종에 이르러서는 돌궐突厥과 서역西域을 모두 복속시킴으로써 그 세력이 파미르 고원을 넘어 중앙아시아 대초원에 이르게 되었다. 중앙아시아는 알렉산더 대왕의 원정 이래 토착화한 인도, 유럽계 문화와 페르시아, 중국문화가 접목되고 종교적으로는 불교, 힌두, 마니

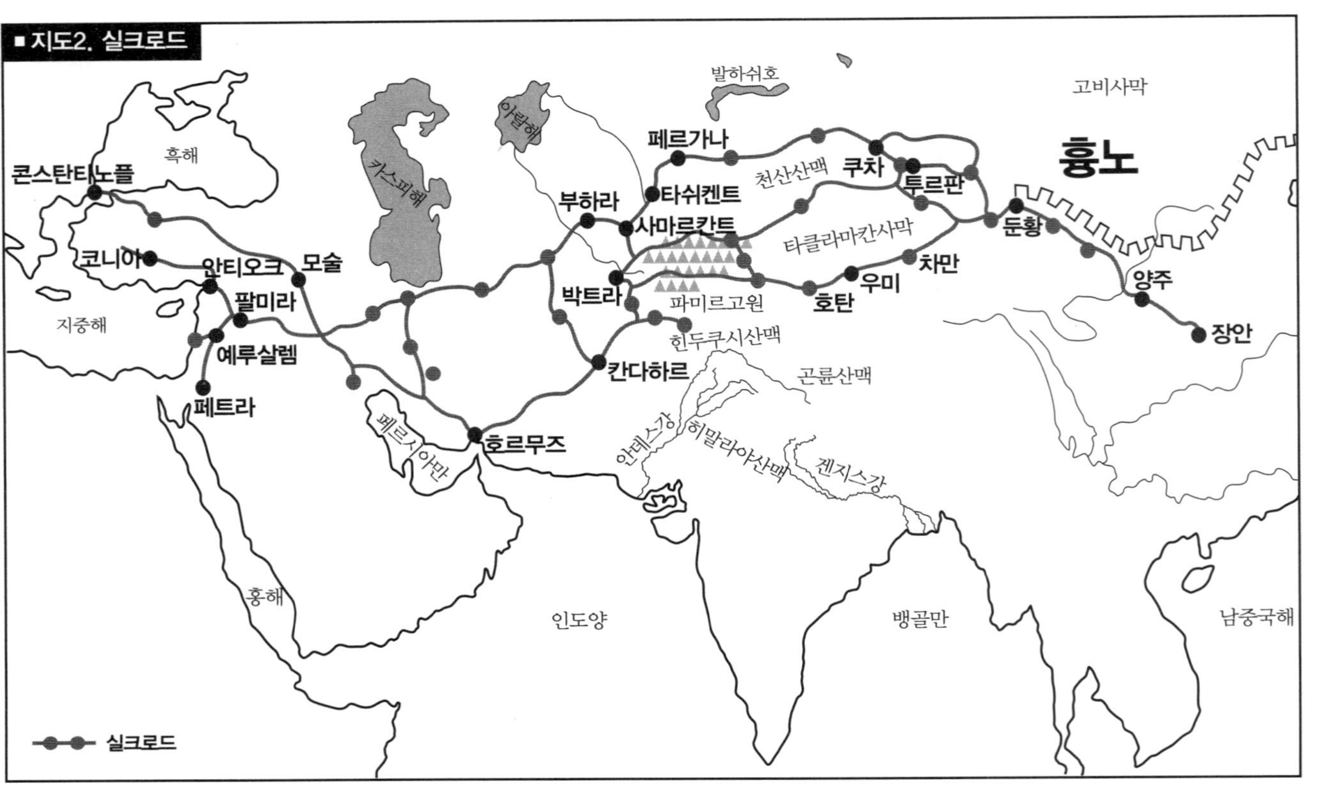

■ 지도2. 실크로드
발하쉬호
고비사막
콘스탄티노플
흑해
카스피해
아랄해
페르가나
흉노
천산산맥
쿠차
투르판
타쉬켄트
부하라
사마르칸트
타클라마칸사막
둔황
코니아
안티오크
모술
박트라
파미르고원
호탄
우미
차만
양주
지중해
팔미라
예루살렘
한두쿠시산맥
곤륜산맥
칸다하르
장안
페트라
페르시아만
호르무즈
인더스강
히말라야산맥
겐지스강
홍해
인도양
뱅골만
남중국해
실크로드

교, 이슬람, 기독교가 혼재하는 '문명의 교차로'가 되었다. 오늘날 우즈베키스탄, 아프가니스탄, 카자흐스탄 지역 등지에서 보이는 복잡한 민족 구성과 문화유산은 이러한 역사적 배경에서 유래되었다.

또한 중앙아시아는 문화의 교류뿐 아니라 동서 제국 간의 정치적 이해가 충돌하는 전략적 요충지이기도 했다. 당이 중앙아시아로 진출했던 640~645년 기간은 이슬람 제국이 사산조 페르시아를 멸망시키고(642년) 동진하던 시점이어서 당 제국과 이슬람 제국은 중앙아시아에서 '문명의 충돌'[14]을 하게 되었다. 이러한 제국 간의 충돌은 중앙아시아 초원을 다시 한 번 역사적 비운의 장소로 만들었던 것이다. 중앙아시아는 오늘날에도 강대국의 이해가 충돌하는 역사가 되풀이되고 있음을 볼 때 역사는 우연이 아니라 반복되고 있음을 발견하게 된다.

### 문명에로의 동화

진과 흉노가 등장하는 B.C. 3세기 후반으로부터 청조가 멸망하는 20세기 초까지의 동아시아 역사는 황하의 농경사회에서 꽃피운 한자 문화와, 북방 유목사회에서 말의 사육으로 발아된 기마의 물리적 힘(군사력) 간에 갈등과 공존, 전쟁과 평화의 역사였다고 요약될 수 있다. 2000여 년 동안 동아시아 역사의 수레는 문명文明과 기마騎馬라는 두 개의 바퀴 위에 앉아 전진했던 것이다.

이 두 개의 수레바퀴가 동아시아 역사를 이끌어간 동인動因이자 실체였다고 볼 수 있다. 이 역사는 문명 간의 충돌이 아니라 '문명과 비문명의 충돌'이었던 것이다. 중국의 농경 정주사회는 한자, 유교, 실크로 대표되는 문화의 힘으로 그리고 북방의 유목사회는 기마, 정복

으로 대표되는 이동하는 군단의 힘으로 동아시아의 역사를 전개해나
간 것이다.

그러면 동아시아에 있어 문명과 기마의 충돌은 어떤 결과를 가져
왔는가? 북방의 유목민은 엄청난 기마의 위력을 앞세워 중국이라는
문명의 용광로 속으로 들어가 주인이 되고는 불나방과 같이 자신을
불태우면서 그 속에 용해되어갔던 것이다. 한편 중국은 유목의 강인
한 힘과 진취적 기질을 수혈받아 새로운 왕조를 건설해나갔던 것이
다. 이러한 유목민의 중국문명으로의 동화 현상漢化은 역사적으로 반
복되었다. 유목민족은 강력한 지도자가 등장하면 그 부족을 통일하
고 이어 유목세계를 통일한 후 중국을 정복해 왕조를 세우거나 내분
이 일어나면 중국의 왕조에 복속해 동족인 유목민을 견제하는 번병藩
兵의 역할을 하면서 문명 세계로 동화되어갔다.

이들이 문명 세계로 침투하고 나면 그들의 초원에는 자신의 후예
유목민들이 과거의 자신들처럼 '이동하는 기마군단'을 형성해 자신들
이 밟았던 길을 걷고 있었다. 따라서 문명 세계로 향한 유목민은 다시
돌아갈 고향이 없게 된 것이다. 고향을 떠난 유목민은 동화의 길이 유
일한 미래가 될 수밖에 없었다. 유목민의 중국왕조 건설과 그들의 한
화漢化 현상은 이러한 이유로 역사적 반복을 거듭하게 된 것이다. 또한
중국에서 한족왕조가 성하면 유목민족이 쇠하고 유목왕조가 성하면
한족왕조가 쇠하는 현상도 힘을 가진 유목민의 중국 정복과 이들의 중
국 문명으로의 동화 현상으로 인해 역사적으로 반복되었던 것이다.

중국이라는 문명의 고장은 2000여 년의 장구한 역사를 통해 유목
민족의 동화뿐 아니라 그들의 영역도 넘겨받아 오늘날 중국은 광대한

영토를 차지하게 되었다. 동아시아 역사에 있어 문명과 비문명의 충돌, 그리고 유목세계의 농경세계로의 편입은 청조가 붕괴한 1912년을 끝으로 대단원의 막을 내리게 된다. 이 기간 동안 때로는 제왕으로서 정복자로서 그 시대의 주인공으로서 그리고 역사의 창조자로서 활약했던 유목 기마세력은 자신을 불태우고 역사의 뒤안길로 사라져버린 것이다.

이제 동아시아의 새로운 시대는 산업 혁명을 이룬 서구의 서세동점西勢東漸에 의해 개막되었고 문명과 군사력이 기계 혁명에 의해 하나의 힘으로 일체화된 지구촌시대가 막을 올리면서 이동하는 기마군단은 더 빠르고 강한 '기계군단'에 의해 대체된 것이다. 오늘날 우리는 역사의 동인이었던 문명과 기마(군사력)의 두 수레바퀴가 철로 위에 올라앉아 함께 질주하고 있는 지구촌시대에 생활하고 있는 것이다.


## 2. 동아시아의 지역질서

### 한자 문화권

우리가 동東아시아 역사라고 지칭하여 다른 지역의 역사와 분리하는 데에는 동아시아의 지역적 특성과 함께 그 역사의 전개과정이 다른 아시아 지역과 구분되는 배타적 특징을 갖고 있기 때문이다. 지역적 개념으로 볼 때 아시아 대륙은 크게 동서남북과 중앙의 5개 지역으로 구분해볼 수 있다.[15]

동아시아는 중국을 중심으로 서로는 티베트 고원, 북으로는 몽골

고원, 동으로는 만주, 연해주, 한반도, 일본을 포함하고 있다. 그리고 남아시아는 힌두쿠시 산맥 이남의 인도, 파키스탄 등 서남아시아와 인도네시아와 태국 등 동남아시아를 합한 지역이다. 서아시아는 중동지역으로 불리는 이란, 사우디, 이라크 등 이슬람권 지역이다. 중앙아시아는 아프가니스탄과 구소련으로부터 분리된 카자흐스탄, 우즈베키스탄 등으로 구성된 넓은 스텝Steppe지대이다. 그리고 북아시아는 오늘날 남러시아와 시베리아로 알타이 산맥과 몽고고원, 만주 대흥안령의 북쪽 지역으로 볼 수 있다.

이 지역들 간에는 높은 산과 넓은 사막으로 분리되어 교통수단이 발달하지 못했던 고대 사회에서는 상호 왕래하기 어려운 지리적 장벽이 있었던 것이며, 이러한 자연적 환경이 동아시아를 다른 지역과 분리시키는 주요한 원인이 되었다고 볼 수 있다. 문명의 발달과 인구의 증가, 그리고 유목민족에 의한 말의 사육과 기마의 발달은 이러한 지리적 제약을 극복하고 지역 간 접촉을 가능하게 했으며 그 결과로 지역 간에 교류와 충돌이 확대되어나갔다.

그러나 지역 간 교류에도 불구하고 각 지역의 농경문화는 동질화되지 않았으며 그들은 전통적인 문화를 바탕으로 외래문화와 교류하면서 배타적인 문화를 발전시켜나갔음을 발견할 수 있다. 따라서 문화적 요소를 기초로 아시아 지역을 분류해도 지리적 개념의 분류와 별 차이가 없다는 것을 알 수 있다. 문화적 기준으로 볼 때 동아시아는 유교(한자) 문화권으로, 서아시아는 이슬람(아랍) 문화권, 남아시아는 힌두(산스크리트) 문화권으로 볼 수 있다. 중앙아시아는 이러한 의미에서 독자적 문화권을 형성하지 못하고 사방의 문화가 뒤섞인 '문명의 혼혈아'가 되었던 것이다. 북아시아는 거주 환경이 열악하여 지역적 개념으로서는 존재하나 문화적 개념으로는 독립적 권역을 형성하지 못했다고 볼 수 있다.

이 책의 검토 대상이 되는 동아시아 지역을 좀 더 구체적으로 살펴보면 우선 북北으로는 몽골 고원과 대흥안령, 서西로 티베트와 타림, 남南으로는 히말라야 산맥과 중국 운남의 높은 고원에 의해 분리되어 있다. 그리고 동아시아는 정치, 문화적 측면에서 ①한자를 공통의 문자로 사용해왔고, ②유교를 정치, 사회적 이념으로 공유해왔으며, ③그 결과 가부장 질서가 유지되어왔다는 점에서 한자 문화권(또는 유교 문화권)이라고 부를 수 있다. 이러한 지역적 구분과 정치, 문화적 특징이 동아시아 역사를 다른 지역의 역사와 분리시키는 원인이 되고 있는 것이다.

### 가부장 사대질서와 주권차등의 시대

동아시아가 한자 문화권으로 발전되어왔음은 주지의 사실로 특별한 설명이 필요하지 않을 것이다. 우리가 한자 문화권이라 할 때 그 개념은 보통 문명, 문화적 성격의 발전 과정에 초점이 맞추어져 있다. 그러나 국제관계에는 문화적 요인 이외에도 국가관계를 규율하는 규범이 존재하기 마련이다. 동아시아 지역에서는 이러한 지역질서가 매우 특징적인 형태로 발전되어왔다.

동아시아의 규범과 질서는 중국에 의해 주도되었다고 볼 수 있다. 중국은 이러한 질서의 개념이 주周시대에 형성되기 시작한 것으로 보인다. 주는 황하 유역의 제후국 중에서 가장 우월한 위치에 있었으며 다른 봉건 제후국과 복속 관계를 유지했다. 주를 중심으로 중국인들은 황하 지역이 하늘아래 땅의 '중원中原'이고 그 문화의 우월함은 화華이므로 '중화中華'라고 인식했다. 그리고 한족이 중화이므로 주변의 이민족들은 야만이라 하여 이들을 '화이華夷'의 2분법으로 구분하는 중국 한족의 전통사상을 구성하게 되었다.

중국은 진과 한이 통일왕조를 건설하면서 춘추전국 시대의 제자백가, 특히 효孝와 위계질서를 중시하는 유가儒家의 논리가 중앙집권의 이론적 기초를 제공하게 되었다. 중국 중심의 중화사상이 유가의 이념과 접목되면서 새로운 통치 질서를 창출하게 된 것이다. 그것은 곧 가부장家父長 제도를 의미하는 것이었다. 중화와 유가에 기초한 가부장적 이념은 진시황이 통일 왕조를 세운 후 국내적으로는 황제의 존호, 짐과 같은 전용어 그리고 황제의 의복과 복색(황색), 휘장 등 장식을 통해 점차 제도적으로 정착되어갔다고 볼 수 있다. 진시황은 중국 최초의 통일왕조의 황제이자 천하의 가부장인 천자天子로서 군림하려 했던 것이다.

진秦은 단명했으나 이러한 제도와 이념은 한대漢代에 이르러 더욱 발전했다. 특히 한 무제에 이르러서는 장성 밖으로 확산되었다. 한 무제는 유목세계를 제압해 동아시아를 한 제국 중심으로 일원화하고 다양해진 국가 관계에 가부장 체제를 적용함으로써 이 제도는 동아시아의 규범과 질서로 발전해나갔다. 이 가부장 질서는 곧 동아시아 지역의 사대제도事大制度를 의미하게 되었다.

이 '가부장 사대제도'는 한 무제 대에 제정된 중국 황제의 연호와 정삭定朔의 사용[16], 책봉冊封·조공朝貢과 같은 구체적인 제도와 격식을 갖추면서 보다 정형화되었다. 책봉은 주변국의 왕이 중국의 황제를 군주로 인정하고 황제는 주변국의 왕을 자신의 보호하에 있는 군주로 인정하는 것이었다. 그리하여 중국 황제의 연호年號와 정삭을 사용하게 됨으로써 그 정통성을 인정받는 것이었다. 이러한 관계가 형성되면 절차에 따라 계기 별로 사신을 파견 접수하고 일정한 규범에 따른 예물을 교환하는데 그 규모가 컸고 이를 조공이라 했다.[17]

이러한 불평등한 관계를 통칭 복속관계 또는 사대관계라고 부른다. 오늘날의 주권평등主權平等 사회에서는 이해할 수 없는 불합리한 개념이지만 지난 2000년 동안의 동아시아는 가부장 사대질서가 지배하는 '주권차등主權差等의 시대'였던 것이다. 그러나 이 가부장 사대질서는 대소국이 공존하던 동아시아 구성원 상호 간에 필요로 하는 평화와 안정 유지에 근간이 되었던 것이다.

사대제도를 좀 더 구체적으로 정리하면 대국과 소국 간에 ①책봉 조공, 정삭, 연호 사용의 외교 형식을 통하여, ②소국의 왕위에 대한 정통성을 승인(오늘날의 국가 승인 또는 정부 승인)하고, ③소국의 왕위 결정이나 국정에 간섭하지 않으며(오늘날의 내정 불간섭의 원칙), ④소국은 이중의 사대관계를 맺지 않으며, ⑤대국은 소국의 영토를 존중(오늘날의 영토 불가침)하는 것을 내용으로 하는 동아시아 지역 사회의 규범이 었던 것이다.

동아시아의 사대제도는 지역 질서의 관점에서 볼 때는 오늘날의 국제사회가 국제협약과 관행에 의해 국제질서를 유지해나가는 것과 유사한 개념으로 보아야 할 것이다. 차이점은 주권평등이 아닌 주권 차등으로서 소국은 대국과의 사대관계를 통해 정치적 정통성을 부여

받고 영토와 주권에 대한 안보적 보장을 받는다는 것이다. 대국은 지역사회의 초강대국으로서 경찰국가의 역할도 담당했다고 볼 수 있으며 소국은 그 보호의 우산 속에서 평화와 안전의 길을 택했던 것이다.

중화사상에 뿌리를 둔 가부장 사대질서 체계는 한족이 군사적, 문화적 우위에 있고 주변 이민족이 열세에 있을 때 가능할 수 있었다. 그러나 역사적으로 중국의 문화적 우위는 계속되었으나 군사적 상황은 반드시 그렇지 못했다. 중국은 통일 왕조가 건설된 진 초기부터 흉노의 등장으로 심각한 도전을 받게 되었다. 또한 한 고조 유방劉邦도 흉노에게 패해 이들과 형제지국의 관계를 맺고 엄청난 세폐歲幣를 지불하면서 비로소 흉노와 평화를 유지할 수 있었던 것이다.

사대질서는 군사적 우위가 확실했던 한 무제에서 비롯되어 당 태종대에 이르러 정착되었다고 볼 수 있다. 당 이후에는 중국에 한족왕조가 들어서면 한족왕조 중심으로, 유목왕조가 중국에 들어서면 유목왕조가 사대제도를 주변에 강요했던 것이다. 가부장 사대제도는 중국 한족왕조뿐만 아니라 유목왕조에 의해서도 운영되었던 것이다.

소국이 사대를 인정하지 않고 오늘날의 주권 평등과 자주 외교의 독자적 길을 선택하려면 황제를 자칭하고 독자 연호를 사용稱帝建元하게 되는데 이것은 기존의 황제에 대한 전쟁선포와 다름없는 조치로서[18] 군사적 대결을 전제로 하는 경우이다. 역사적으로 농경왕조와 유목왕조 간에 어느 일방이 결정적으로 우세하지 못했을 때, 또는 초강대국이 몰락해 힘의 공백이 초래된 혼란기에는 국가 간에 형제관계, 숙질관계와 같은 변칙적인 관계가 나타나기도 하고 소국이 대국의 연호사용을 중지하거나 조공 파견을 중단하는 사대제도의 교란이 일어나

곤 했다. 그러나 시간이 경과함에 따라 다시 대국大國질서로 재편성되었던 것이다.

중국의 한족왕조는 강력한 유목세계의 기마 군사력에 도전을 받으면서 중화에 의한 가부장 질서를 실현하는 데 현실적으로 한계가 있음을 알게 되었고 만리장성만으로 이들을 방어하기가 어렵다는 점을 인식하게 되었다. 그리하여 이들 유목 집단과 이민족 소국들을 유화해 복속시키기 위한 이른바 기미책[19]과 함께 오랑캐夷를 포섭해 오랑캐夷를 제압하는 '이이제이책以夷制夷策'을 고안해냈다. 중국은 이러한 전략적 보완책을 통해 가부장 제도를 유지해나갔던 것이며 기미, 이이제이야말로 사대事大라는 규범의 틀 안에서 실제 중화사상의 맥을 이어갈 수 있었던 외교, 안보 전략들이라고 할 수 있다.

중국을 차지한 유목왕조의 가부장 제도는 한족왕조와 비교해 더욱 힘에 의존했다는 차이가 있을 뿐 본질적으로 동일한 것이었다. 차이가 있다면 유목왕조는 모두 정복적, 제국적 성격을 갖고 중국을 정복한 이후에도 영토를 계속 확대해나간 반면 중국의 한족왕조는 보다 외교적, 문화적 성격의 가부장 제도를 운영했다고 볼 수 있다. 동아시아의 역사는 한자 문화와 가부장 사대질서라는 특징에 의해 다른 지역의 역사와 확연하게 구분된다고 볼 수 있다.

### 모화배번

우리는 동아시아의 역사를 중국의 한족왕조 중심으로 이해하고 그 주변에 이민족이 위성처럼 존재하는 구도로 생각해왔다. 그러나 앞에서 검토해본 바와 같이 유목 세력도 중국과 함께 동아시아 역사의 주체로 등장하고 있어 우리의 인식과 차이가 있으며 다소 혼란스러움을 느낄 수도 있다.

그러면 우리의 이러한 인식은 어디에서 유래한 것인가. 이것은 오랫동안 중국과 사대의 관계를 맺고 중국 문화를 숭배해온 모화의 사고와 관련이 있다. 즉 '사대모화事大慕華'의 인식이 우리의 의식 구조에 뿌리 깊게 자리 잡고 있으며, 이러한 의식 구조가 우리의 역사 인식을 지나치게 중국과의 관계에 편중시켜 역사를 주로 중국왕조의 체계에 따라 이해하는 경향을 갖도록 만든 것으로 볼 수 있다.

이러한 우리의 역사 인식은 이민족을 차별화하는 중국의 화이사상華夷思想이 우리에게도 익숙해져 있기 때문이기도 하다. 우리도 농경 정주사회이자 문화민족으로서 중국과 같이 유목민족을 야만으로 배번시하게 된 것이다. 그리하여 우리에게 '모화배번慕華排蕃'의 역사 인식이 함께 각인된 것이다. 이러한 모화배번도 우리 역사를 한-중관계의 범주에서 인식하도록 했던 것이다. 중국과의 관계가 우리 역사에 있어 중요한 부분임은 분명하나 중국도 한국도 동아시아 역사의 부분이었음을 간과해서는 안 될 것이다.

중국 중심의 역사 인식은 그 역사 기록의 대부분이 중국 사가에 의해 기록되었고, 역사 연구가 이러한 중국의 기록에 의존할 수밖에 없다는 현실적 이유에도 기인한 것으로 보인다. 비문명 세계였던 유목민족은 그 유목이라는 환경으로 인해 그들이 주도한 역사에 관해 일관된 기록이 없다. 그리고 그들이 정복했던 중국에서도 한화된 관계로 자신들의 주관에 의한 역사 기록을 별로 남기지 못했다. 동아시아 역사는 주로 중화사관中華史觀과 정주문명사회의 관점에서 기록된 것이다.

이것은 문명사회의 당연한 권리이며, 역사의 귀결임을 부정할 수 없다. 그러나 역사 연구의 관점에서는 이것을 중국사 또는 문명사라고 할 수 있어도 동아시아 역사라고 할 수는 없는 것이며 또한 역사의 진실과도 거리가 있는 것이다. 우리는 사대모화의 역사 인식과 함께 중국의 역사 기록에 의존해 우리의 역사를 인식함으로써 오늘날까지도 우리의 역사와 동아시아 역사를 객관적으로 인식하는 데 어려움을 갖고 있는 것이다. 중국이 남긴 역사 속에는 비록 야만, 오랑캐, 약탈자로 묘사되어 있기는 하나, 유목민족과 그 세력이 남긴 발자취도 자세히 기록되어 있다. 중국의 전서에서 사가들의 중화, 화이사관을 배제하고 유목 세력을 역사동인의 실체로 파악해 이를 복원하면 역사의 진실에 가깝게 접근할 수 있다고 본다.

우리 역사를 그리고 동아시아 역사를 중국사의 체계에서 인식할 경우 또 다른 문제에 봉착하게 된다. 왜냐하면 중국사 스스로가 여러 가지 문제를 안고 있기 때문이다. 중국사의 기초가 되는 중화사상과 화이의 구별은 중국의 전통사상이기 때문에 이러한 사관에 의한 역사는 중국사일 수밖에 없는 것이다. 중국사 자체가 이미 지적한 사관의 함정에 빠져 있음을 알 수 있다. 따라서 중국의 역사는 자칫 초상화가 아니라 추상화가 될 수도 있는 것이다.

진으로부터 청에 이르기까지 2100여 년 동안 중국의 왕조는 한, 당, 송, 명과 같이 한족왕조 이외에도 유목왕조인 위, 금, 원, 청의 중국 지배 역사가 675년이나 된다. 그리고 중국 역사의 5호16국, 5대10국, 중국 정사에서 정통 왕조에 포함시킨 요(거란) 기간까지 가산하면 진秦 통일 이래 청淸말까지의 반에 해당하는 1000년의 기간을 중국 한족이 주권을 상실하거나 이민족의 영향하에 있었다고 볼 수 있다.

이러한 농경 세력과 유목 세력의 작용과 반작용, 상호작용의 역동적 역사를 중국왕조의 단선 체계로, 화이사관에 의한 일방적 기술로 설명하는 것은 역사의 진실과는 차이가 있다. 예를 들어 중국 마지막 왕조인 청은 여진족으로서 중국을 지배하다가 서양의 세력과 접촉하게 되자 이들을 '양이洋夷(서양 오랑캐)'라고 불렀다. 중국이 유목민을 오랑캐로 표현한 것 같이 유목왕조도 서양의 제국주의자를 오랑캐로 부른 것이다. 이것은 한자 문화권 그리고 중화·화이사상의 한계로 볼 수 있다. 중국 한족도 중국을 지배한 유목왕조도 모두 역사의 함정에 빠져 있었던 것이다.

우리의 역사 인식 가운데 짚고 넘어가야 할 문제가 또 하나 있다. 우리는 사대모화의 뿌리 깊은 역사 인식의 결과로서 은연중에 사대 지향과 이에 대한 열등감이 공존해왔다는 점이다. 특히 역사의 열등감은 근대에 들어 일제시대를 경험하면서 식민사관植民史觀에 의해 더욱 심화되었다. 우리가 문화적으로 앞선 것으로 인식해온 일본에 의해 식민지배를 당한 것은 우리의 역사 인식에 또 다른 의미의 열등의식을 갖게 만든다. 사대모화와 식민사관 모두 우리에게는 역설적 의미에서의 역사의 함정이 될 수 있는 것이다. 이제 새로운 시대에 생활하고 있는 우리는 구시대에 전개된 2000여 년의 동아시아 역사를 한-중 간의 제약된 관계에서 벗어나 보다 역사의 진실에 가깝게 이해할 필요가 있는 것이다.

## 사대제도와 사대주의

우리 역사에서 나타나는 사대는 사대제도로서 사대 본래의 뜻인 '큰 나라를 섬긴다는 것'과는 구별할 필요가 있다. 가부장 이념에 기초해 형성된 동아시아 지역의 사대제도는 지역 내 국가 간의 질서를 유지하는 규범이었기 때문에 이것은 옳고 그름 또는 자긍과 굴욕이라는 이원적, 대립적 구도에서 평가될 수 있는 대상이 아니다. 우리가 사대제도에 대해 갖고 있는 열등감은 우리가 대국이 되지 못한 데서 연유하는 것이지 사대제도를 탓할 수는 없는 것이다.

우리나라가 역사적으로 중국에 비해 작은 나라였고 문화적으로도 앞서지 못했다는 현실을 인정해야 할 것이다. 한편 중국도 힘에 의해 운영되는 냉혹한 국제사회의 현실 때문에 유목민족에게 오랜 세월을 피지배 계층으로 있어야 했다. 따라서 중국도 역사의 맥락에서는 매우 역설적이지만 피해자인 셈이다. 역사를 있는 그대로 이해하면 이러한 사대의 열등감은 극복될 수 있을 것이다.

우리의 역사 인식에서 문제가 되는 것은 역사상의 사대제도가 아니라 실제로 큰 나라를 섬기는 사대의 본뜻, 즉 사대事大(다른 말로 慕華)주의인 것이다. 사대주의는 사대제도와 달리 마음으로부터 큰 나라에 의존하는 심정적 사대인 것이다. 심정적 사대는 전략적 사대와 구분하면 그 뜻이 명백해진다.

우리는 현실적으로 중국 등 주변 국가에 비해 작은 나라이다. 따라서 우리의 안전을 위해 이들 큰 나라들과 선린우호관계를 맺고 안보협력을 하는 것은 전략적 사대로서 가부장 질서하의 사대제도와 일맥상통하는 것이다. 그러나 질서와 전략으로서의 사대가 아니라 우리의 주권과 안보를 전적으로 강대국에 의지하는 것 그리고 강대국의 문화를 지나치게 숭배하는 모화는 심정적 사대인 것이다. 이러한 점을 역사 속에서 구별해 사대제도와 사대주의 그리고 전략적 사대와 심정적 사대를 혼동해서는 안 될 것이다.

역사상에는 자주와 자존을 내세우는 사대주의자도 많이 있었으며 사대제도를 전략적으로 활용하여 국가의 이익을 확보한 인물도 많이 있었다. 후자의 대표적인 인물로서 이 책에 소개하는 서희를 제시할 수 있을 것이다.

오늘날의 주권평등 사회에서도 과거와 다름없이 대국과 소국은 똑같이 존재하고 있음을 인식해야 한다. 과거에는 주권차등의 사대제도로서 대소국 간에 평화 안정이 유지되었으나 오늘날에는 주권평등의 계약 질서하에 평화 안정이 유지되고 있다는 차이가 있을 뿐이다. 주권 평등의 시대에 있어서도 대소국의 평등이 보장되는 것은 아니며 대소국 간의 평등을 보장하는 제도는 존재하지 않는다.

# 고려의
# 북방정책

앞 장에서 검토한 지난 2000년의 동아시아 역사를 배경으로 하여 이 책의 중심과제인 고려 태조 왕건(918~943년)과 외교관 서희(942~998년)가 활동했던 10세기의 시대적 상황으로 접근해보자.

이 시기의 동아시아 지역은 한 시대가 저물고 새로운 시대가 개막되는 전환기적 상황에 있었다. 중국 역사상 그 유래가 없을 정도로 광대한 영토를 차지하고 고도의 문화를 창달했던 당 제국(618~907년)은 당시 지구상에 존재했던 비잔티움 제국(379~1453년), 이슬람 제국(571~1258년)과 더불어 동시대의 세계를 삼분했다. 그러나 당 제국의 지배적 위치는 중국의 정치 질서와 한자 문화가 동아시아에 뿌리내리는 계기가 되었고 동서교류에도 이바지함으로써 세계사적 의미도 갖게 되었다.

그러나 당 제국의 몰락과 이로 인한 동아시아에서의 힘의 공백은 새로운 영웅과 새로운 세력의 출현 그리고 새로운 질서의 태동을 예고하는 것이었다. 중국 내에는 절도사 출신의 한화된 유목왕조가 부침하고 장성 밖에서는 거란이 발흥하여 북방유목세계의 새로운 패자로 등장하고 있었다. 이 혼란기에 해동성국으로 불리던 발해는 거란에 의해 멸망(926년)하고 한반도에서는 왕건이라는 걸출한 영웅이 출현해 삼국을 통일(936년)했다.

고려의 삼국통일은 단지 후삼국의 통일에 머물지 않고 고구려 역사를 부활시킴과 동시에 고구려와 조선왕조를 연결함으로써 우리 역사의 골간을 이루게 되었다. 본 장에서는 왕건의 고려건국과 삼국통일의 과정 그리고 왕건이 구상했던 발해와의 통일 추진이 갖는 역사적 의미를 살펴본다.


## 1. 떠오르는 기마제국

### 사타돌궐

당의 몰락으로 초래된 동아시아의 힘의 공백은 유목민족에게 세력 확대의 기회를 제공했다. 당대 변방의 절도사는 문관의 기피현상과 이이제이책에 따라 대부분 유목민 출신 무장으로 임명되었는데 그들은 일종의 용병傭兵으로서 북방의 유목집단을 견제하는 임무를 수행하고 있었다. 이들 중에는 산서山西와 같이 북방의 전략적 요충지에 위치한 절도사節度使들이 있었다. 당 태조도 산서 태수로 있으면서 힘을 기르고 그 일대 유목집단의 막강한 군사력을 지원받아 중원을 차지할 수 있었다. 특히 당말 반란 진압을 위해 동원된 이극용李克用은 사타돌궐沙陀突厥 출신의 용병 절도사였으며 북방지역에는 이들 사타돌궐 출신의 사병이 많이 배치되어 있었다. 변방에서 중국문화에 익숙해진 이들 유목민들이 주인이 없어진 중원을 차지하는 것은 그리 어려운 일이 아니었다.

사타돌궐은 서돌궐로부터 분리되어 7세기부터 몽골고원의 남부와 감숙 사이의 지역에 살고 있다가 티베트족에 쫓겨(712년) 서쪽으로 이주했다. 이들은 다시 티베트의 공격을 받게 되자 당에 보호를 요청했는데 당은 이들을 북부 오르도스Ordos[1]의 동북방에 머물게 하고 번병으로 삼았다. 그 후 중국문화에 접하면서 한화의 길을 걷고 있던 사타는 방훈龐勛의 난이 일어나자 당으로부터 그 진압을 요청받고 난을 평정하게 된다. 사타의 수장 주사적심朱邪赤心은 그 공로로 당 조정으로부터 국성인 이씨 성을 하사받은 후 자신을 이국창李國昌이라 했다.

사타는 808년까지 오르도스에 머물러 있었으나 중국에 내란이 극심해지자 산서로 이동해 대동지역을 탈취했다. 황소黃巢의 난으로 정국이 더욱 혼란해지자 이를 감당하지 못하던 당 조정은 오히려 산서를 점령한 이극용(이국창의 아들)에게 난의 진압을 요청했다. 난 진압에 참가한 이극용은 그 대가로 산서의 태원 태수로 봉작되었다(883년). 이극용은 장안에서 황소군을 쫓아냈을 때 무기력해진 당을 대체해 황제에 오를 기회가 있었으나 태원 태수에 만족하고 산서로 돌아갔다.

황소의 난이 진압되고 이극용이 산서로 돌아가자 당을 멸망시키고 황제에 올라 후량後梁을 건국한 것은 하남의 주전충朱全忠이었다(907년).

그는 한때 도적의 수괴로서 황제로서의 자격에 문제가 있었으며 또한 그가 통치할 수 있었던 영역도 하남과 하북 정도였다. 후량 내부 또한 정권 다툼이 끊이지 않는 가운데 주전충은 아들 주우규에게 피살되고 우규는 그의 동생 우탁에게 피살되는 악순환을 거듭했다.

이때 이극용은 죽고 그의 아들 이존욱李存勖이 태원 태수로 있었는데 그는 이미 사라진 당조唐朝에 대해서는 도덕적 부담이 없는 한화된 이민족 3세대 인물이었다. 그는 진국을 건설하고 힘을 축적한 후 후량을 넘어뜨리고 후당後唐을 세웠다(923년). 이어 산서, 하북, 하남 등을 차례로 정벌해 화북을 거의 통일했다. 그러나 이존욱은 유력한 사병을 거느리던 양아들에 의해 왕위를 찬탈당하고 그는 또다시 양아들에 의해 폐위되었다.

이때 또 다른 사타돌궐 출신의 하동 절도사 석경당石敬瑭이 동북방의 신흥 세력인 거란의 지원을 받아 후량을 무너뜨리고 936년 후진後晉을 세웠다. 석경당은 거란의 도움을 받으면서 연운 16주(연燕은 북경 지역이며 운雲은 산서의 대동지역)를 거란에 할양했는데 이 지역은 중국왕조의 수도가 위치해 있는 황하의 중원과 평야로 직접 연결되기 때문에 전략적으로 매우 중요한 위치에 있었다. 중국은 바야흐로 사타돌궐 출신의 절도사에 의해 그 정권이 유린되는 혼란기를 맞게 되었다.

## 거란

이러한 격변기에 장성 밖에서 힘을 키워 북방유목세계를 통일한 것은 거란契丹이었다. 거란은 만주의 요하 상류로 흘러 들어가는 시라무렌Siramuren의 비옥한 초원에 근거지를 두고 유목생활을 하던 몽골계 유목민족이다. 그리고 그들의 인근에는 해奚와 습霫[2]과 같은 사촌 간이라고 볼 수 있는 유목부족들이 거주하고 있었다.

거란의 부족 명칭은 405년경 북위시대의 석각문에 기록된 것으로 보아 5세기에는 이미 유목집단으로 활동한 것으로 보인다. 거란이 위치한 요하 상류는 남으로는 중국의 요서를 압박하고 북으로는 대흥안령에 둘러싸여 방비에 수월하며 서로는 유목세계의 중심지인 몽골고원과 통하는 요충지에 위치해 있었다. 이러한 전략적 위치 때문에 중국 왕조와 몽골고원의 유목국가 그리고 만주세력 간에는 늘 미묘한 갈등관계가 반복되었던 것이다.

수양제가 직접 대군을 이끌고 수차례 고구려 원정을 했던 것은 복속을 거부하는 고구려에 대한 응징 차원 이외에도 이와 같은 안보상의 이해가 고려되었을 것으로 보인다. 특히 고구려가 북방 유목제국과 연합할 경우 중국 왕조는 안보 위협에 직면할 뿐 아니라 당 제국이 개척한 서역 경영을 위해서도 그 반대편 요동의 안정이 필요했을 것이다. 고구려도 같은 전략적 이유로 돌궐에 복속한 거란을 공격해 대파한 적이 있다(654년).

거란은 고구려가 멸망하자 다시 세력을 키우기 시작했다. 거란은 당의 유화정책인 기미의 대상이었으나 당에는 복속하지 않았다. 다시 힘을 키운 거란은 영주를 공격했는데 이에 놀란 당의 측천무후는 몽골고원의 동돌궐과 연합해 거란을 멸망의 지경에 이르도록 했다(697년). 거란은 치명타를 입고 제국의 꿈을 포기한 채 상당기간 유목생활에 전념해야 했다.

당 현종 말에는 거란군이 평로(평원)에서 당군을 격퇴한 적이 있었는데 당시 그곳 절도사는 안록산安祿山이었으며 그로부터 4년 후 난을 일으킨 안록산의 주력부대는 거란의 유목용병이었다고 한다. 거란은 중국 세력보다는 북방 유목 세력과의 연합을 선호했다. 8세기 위구르Uighur, 回族가 동돌궐을 대체했을 때에도 거란은 당보다는 위구르에 복속했다. 고구려를 대체한 발해와는 갈등도 있었으나 당에 대해서는 공동 전선으로 협력하는 등 이중의 관계를 갖고 있었다.

위구르가 몽골 북방의 키르키즈Qirghiz에 의해 대체되면서 북방 유목세계가 약화되자(840년대) 거란은 성장의 기회를 맞이했다. 중국, 고구려와 근거리에 위치해 농경사회의 문화적 영향을 받아온 거란은 유목과 정주문화가 접목되면서 이중적 기질을 갖고 강고한 세력으로 발전해나갈 수 있었던 것이다.

## 야율아보기

당말唐末 사타 출신 절도사들이 독자 세력으로 부상하고 있을 무렵 거란은 산재했던 부족을 8부의 대부족으로 조직화해 이들 간에 세습적인 수장 칸Qan 또는 카칸Qaghan을 선출하는 발전적 정치체제를 운영하고 있었다. 이즈음 거란에서는 야율아보기耶律阿保機라는 걸출한 인물이 나타났다. 그는 혼덕근掘德堇 카칸이 죽자 907년 쿠데타를 통해 수장이 된 후 카칸 선출제를 폐지하고 야율씨에 의한 세습제로 바꾸었다. 그리고 국명을 대거란국으로 했다. 아보기가 거란국을 선포한 때는 당이 멸망하고 주전충이 후량을 건국한 시점이었다.

아보기는 유목세계를 통일하고 중원에 왕조를 건설하려는 야망을 갖고 있었다. 그는 장성 안으로 자주 쳐들어가 한족을 포로로 데려온

후 전문직에 활용하고 당을 떠난 한족 관리들을 포용해 국가 운용에 활용하면서 중원진출의 기반을 닦았다. 특히 천연암 독점개발을 통해 경제적 기반을 튼튼히 하면서 국력을 향상해나갔다. 그리고 916년 스스로 황제에 올라 거란이 후량에 대한 도전 세력임을 분명히 했다.

그는 중원 진출을 위해 하북 방면에 대한 공략을 시도(922년)했으나 사타 절도사 이존욱李存勖에게 패배해 중원 진출의 꿈을 뒤로 미루어야 했다. 같은 해 이존욱이 황제가 되어 후당後唐을 세우자 야율아보기는 북방 몽골고원으로 눈을 돌렸다. 그는 몽골고원을 차지하고 있던 키르키즈를 공격해 그들을 다시 북방으로 몰아냈다. 그리고 돌궐 잔여 세력과 티베트 등을 차례로 정벌한 후 유목세계의 패자가 되었다.

야율아보기는 북방을 통일하자 926년에는 발해를 정복하고 귀국하던 도중에 사망하고 말았다. 그는 당대에 거란 부족을 통일하고 몽골고원과 만주지역 등 유목세계를 통일해 거란을 동아시아의 강대국으로 부상시키고 중국 진출의 기반을 조성했던 것이다.

### 발해의 멸망

발해渤海는 고구려의 주장 대조영大祚榮(?~719년)[3]이 고구려가 망한 지 30년이 지난 후 고구려유민을 수습해 699년 옛 고구려 땅에 세운 국가였다. 당은 복속을 거부하는 거란을 공격하다 실패하자 전략을 바꾸어 대조영을 군왕으로 책봉(713년)한 후 거란을 견제하도록 했다. 진국으로 개국했던 대조영은 당의 책봉을 수락하고 713년 국명을 발해로 바꾸어 즉위했다.

그러나 요동을 둘러싸고 발해와 당의 관계는 원만하지 못했다. 오히려 발해가 거란과 연합해 요동을 공격하자 당현종은 신라와 연합해 발해를 공격(733년)했으나 별 성과를 거두지 못했다. 안사安史의 난 이후 당의 국내 사정이 어려워지자 요동에 있던 안동도호부는 더 이상 견디지 못하고 요서로 이동했다. 이로 인해 당은 만주에 대한 영향력을 상실하게 되고 발해는 옛 고구려 강토의 대부분을 자신의 영토로 편입할 수 있었다.

융성기의 발해 영역은 남쪽으로 한반도의 대동강–원산만을 경계로 신라와 접하고 서쪽은 요하 상류 부여부를 경계로 거란과 접하고 동쪽은 연해주와 동쪽 해안지역, 북부는 흑룡강, 송화강 일대의 광대한 지역에 자리 잡게 되었다. 이로부터 230여 년 해동성국으로 불리며 번영했던 발해가 야율아보기의 거란군에 의해 불과 1개월여 만에 수도가 함락된 것은 실로 예상치 못한 무기력한 패전이었다. 패전 원인은 잘 알려지지 않고 있는데 발해 멸망 후 거란군에 의해 사료가 분실되고 발해인 스스로도 기록을 남길 수 없었던 까닭도 있거니와 발해에 대한 다른 나라의 기록도 충분치 못한 것이 그 이유가 될 수 있다.

발해는 고구려유민이 그 지배층으로 국가를 운영했으나 북만주 일대와 동부 연해주 일대의 말갈(후에 여진으로 불림)을 피지배계층으로 했기 때문에 이중구조의 사회였다고 볼 수 있다. 따라서 농경 지도층이 유목집단의 기동성과 화합을 이룰 경우 대외적으로 강력한 힘을 발휘할 수 있으나 반대로 두 계층 간에 마찰을 빚는 경우에는 언제나 분열될 수 있는 취약점을 갖고 있었다.

발해가 거란군에 의해 무기력하게 무너질 때의 상황으로 보아 발해의 군사력은 미약했던 것이 분명하다. 훗날 동란국東丹國의 야율우지耶

律羽之가 발해의 무저항에 가까운 상황을 두고 "태조(야율아보기)는 그
들의 마음이 서로 맞지 않는 틈을 타서 공격해 싸우지 않고 이겼다"[4]
고 했는데 이로서도 발해는 거란의 공격을 받을 당시 내부 갈등으로
그 힘이 약화되어 있었음을 짐작하게 한다.

발해의 중심부 홀한성은 송화강 상류에 위치해 고구려의 중심부였
던 요동과는 상당한 거리에 있었다. 요동은 연운과 만주를 연결하는
군사적, 전략적 요충지일 뿐만 아니라 양질의 철 생산지로 고구려는
이곳을 중심으로 군사적, 경제적 힘을 유지할 수 있었다. 발해가 고구
려 멸망 후 명목상 당에 넘어간 요양, 심양 등의 산업, 군사도시를 되
찾지 못하고 강한 군사집단이 없었던 연해주 방면으로 영토를 넓히게
된 것은 발해가 군사력에 약점이 있었기 때문인 것으로 보인다.[5]

무왕의 동생 대문예大門藝는 "옛 고구려의 전성기에는 30만의 병력
이 있어 당과 맞서 싸울 능력이 있었는데도 당에게 멸망되었는데 우
리 병력은 고구려의 3분의 1밖에 안 된다"[6]고 한 것으로 보아서도 발
해의 군사력은 고구려에 비해 상당히 미약했음을 알 수 있다.

## 동란국

야율아보기는 발해를 정벌하고 이곳에 동란국東丹國을 설치한 후
장남 아율배를 국왕에 앉히고 귀국하던 도중 사망했다. 거란 내부에
서는 승계 문제에 관해 태후가 권한을 가지고 있었는데 태후는 동란
국의 장남 배를 부르지 않고 거란에 잔류하던 차남 덕광耶律堯骨을 후
계자로 지정했다. 그가 태종(926~947년)이다.

황위에 오른 태종은 동란국에 있는 형과 불편한 관계가 되었다. 원

거리에 떨어져 있는 형이 불만을 품고 독자 세력을 구축할 경우 거란은 둘로 갈라지게 된다. 태종은 마침내 동란국의 수도를 옛 발해의 수도인 상경上京(홀한성忽汗城)에서 거란과 지근거리에 있는 요동의 요양으로 이전하도록 결정했다(928년). 신변에 위험을 느낀 배는 동란국을 포기하고 중국 강남의 남당南唐으로 망명하고 말았다.

형과의 정치적 문제를 정리한 태종은 자신의 권력 기반을 더욱 공고히 하는 한편 군사, 산업의 중심인 요양遼陽을 강화해 중국 진출에 전념할 수 있게 되었다. 태종이 동란국의 서천을 단행한 것은 형에 대한 경계와 감시라는 정치적 목적 이외에도 중국을 진출하기 위해 요동을 전진기지화하려는 목적도 있지 않았나 생각된다. 태종은 동란국 천도 후 발해유민을 대거 요동으로 사민시켜 요양의 군수시설 개편을 추진했는데 이러한 전후의 사정으로 미루어 태종의 천도 목적을 짐작해볼 수 있다. 그러나 거란의 동란국 서천은 결과적으로 요동을 제외한 동만주의 광활한 초원을 포기하는 결과가 되어 훗날 또 하나의 강인한 유목민족 여진의 성장을 방치함으로써 거란의 패망을 재촉하는 원인을 제공하게 된다.

**연운 16주**

중원 장악의 기회를 노리던 태종에게 그 기회는 의외로 빨리 왔다. 중국의 후당後唐 내부에서 적자와 양자 간에 왕권다툼으로 황실이 분열된 것이다. 거란은 후당을 위협하는 한편 다른 사타인 하동의 절도사 석경당을 부추겨 후량을 공격하도록 한 후 군대를 보내 지원했다. 후량은 석경당의 후진後晉에 의해 대체되었으며 거란은 지원의 대가로 연운煙雲 16주(북경北京과 대동大同)의 할양과 후진의 복속을 받아냈다.

거란은 드디어 장성長城 안에 그들의 확실한 교두보를 마련한 것이다. 연운 지역의 풍부한 인적자원과 농지 그리고 그들의 농경 기술이 유목부족인 거란의 제국화에 밑거름이 되었음은 두말할 나위가 없다. 태종은 시라무렌 강 임황에 상경上京, 요양에 동경東京을 두고 연경(북경)에 남경南京을 두어 행정조직을 정비하면서 중국 공략을 본격화해나갔다.

한편 후진은 석경당이 사망하자 내부가 동요하기 시작했다. 석경당이 거란에 군사 지원을 받고 연운을 할양하는 문제에 대해서도 내부에서는 반론이 많았고 건국한 후에도 거란에 대한 사대관계를 끊고 연운을 탈환하자는 의견도 많았다. 석경당의 뒤를 이은 석중귀石重貴(석경당의 조카)는 거란에 대해 칭신稱臣을 거부하기에 이르렀다. 태종은 장례식 참여를 구실로 직접 거란군을 이끌고 후진의 수도 개봉開封에 입성했다(947년). 그러나 거란군의 난폭함에 놀란 중국인들이 수도 인근에 위치한 창덕에서 민중 봉기를 일으키자 태종은 더 이상 개봉에 머물 수 없게 되었다. 그는 중국의 조정대신과 많은 포로들을 잡아 남경으로 돌아가던 귀로에 사망했다.

태종은 개봉으로 진격할 때 중국에 그의 왕국을 건설할 의도를 갖고 있었던 것으로 보인다. 그는 국호를 중국식 대요大遼로 바꾸고 연호도 대동이라 했으며 개봉에서는 한족漢族의 복장을 하고 있었다고 한다. 그가 중국 황제로의 등극 기회를 상실했을 때 거란의 역사는 바뀌고 말았다. 거란군이 돌아가자 산서에 있던 또 하나의 사타 절도사

유지원劉知遠이 후진을 대체해 후한後漢을 세웠다(947년).

## 농경파와 유목파

태종의 죽음은 거란 조정에 내재했던 정치적 갈등을 불러일으켰다. 태종의 모태후를 중심으로 한 유목파와 태종의 조카 세종(배의 아들)을 중심으로 한 농경파와의 대립이 그 좋은 예이다.

거란은 순수 유목 세력인 흉노, 돌궐과 달리 유목과 농경이 혼재한 이중 구조의 사회였음에 주목할 필요가 있다. 거란의 내부는 중국에 동화되지 않고 그 정체성을 유지하려는 세력과 중국에 진출해 왕조를 건설하고 한화를 추진하려는 세력 간에 갈등이 존재해왔던 것이다. 북방 유목계는 전자의 경우이며 남방 농경계農耕系는 후자의 경우로서 국호가 때로는 거란, 때로는 중국식의 요遼로 수차례 변화한 것은 이러한 두 세력 간의 입장 차이를 나타낸 것으로 볼 수 있다.

행정구역도 유목 초원지대는 전통적 거란 유목 방식에 따른 유목 영주와 독립 봉지가 인정되었고, 장성 안의 연운에는 중앙에서 관료를 임명하는 중국식 중앙집권제도를 실시했다. 따라서 거란은 그 이전에 존재했던 흉노, 돌궐 등의 유목제국과도 차이가 있고 후대에 중국에 왕조를 건설한 금, 원, 청 등의 유목왕조와도 차이가 있는 이중 구조의 유목국가였음을 지적해둘 필요가 있다.

세종의 농경파가 승리함에 따라 거란의 중국지향정책은 계속되었다. 그러나 끊임없는 정권 다툼과 맞물려 세종은 피살되고 세종의 뒤를 이은 유목계 목종도 반대파에 의해 살해되는 등 유목민족 특유의 골육상쟁이 재현되었다. 이로 인해 거란의 대외 진출은 소강상태로 접어들었다. 거란 내부의 정치적 갈등은 거란의 명군으로 불리는 성종(98~1031년)에 이르러 비로소 전환국면을 맞게 된다.


## 2. 고려의 삼국통일

### 고려 태조 왕건

사타 이존욱이 중원에 왕조 건설의 꿈을 키우고 있을 무렵 그리고 거란의 야율아보기가 부족을 통일한 후 제국의 길을 걷기 시작하던 그 시기에 한반도에서는 왕건이라는 영웅이 출현해 민족 통일을 위한 힘찬 발걸음을 내딛고 있었다.

당과 연합해 고구려와 백제를 멸망시키고 한반도의 통일을 이루었던 신라는 당이 쇠잔하던 비슷한 시기에 국력이 기울면서 민심이 이반하기 시작했다. 신라의 무장이었던 견훤甄萱(?~936년)은 옛 백제에 후백제를 세우고(900년), 신라의 왕자출신 궁예弓裔(?~918년)는 미륵보살을 자처하며 후고구려[7]를 건국(901년)해 삼국이 경합하는 상황을 맞고 있었다. 개성의 호족 출신으로 궁예의 부하 장수였던 왕건은 부하로부터 신뢰를 잃은 궁예를 축출하고 고려를 세웠다(918년).

왕건은 후백제와 전쟁을 치르면서 많은 공을 쌓았고 궁예가 당면하고 있었던 국내적 취약점은 물론 후백제와 신라의 정세 그리고 당말 이후 주변 정세의 변화에 대해서도 경험과 안목을 쌓을 수 있었다. 이러한 과정에서 왕건은 새로운 국가 건설에 대한 비전을 키울 수 있었다. 그는 남으로 신라와 후백제, 북으로 발해, 거란과 경합해야 하는 국내외적 도전을 안고 출발했던 것이다.

이러한 정세하에서 즉위한 태조 왕건이 취한 첫 번째 조치는 국호를 고려[8]로 정한 것이었다. 국호를 고려라고 한 것은 무엇을 의미하는가? 이것은 고려가 고구려를 계승하는 정통성 있는 국가임을 국내외에 천명한 것이었다. 국호만으로 국가가 계승된다고 볼 수는 없겠으나 그 이상의 분명한 의지 표명도 찾아보기 어려운 것이다.

고려를 국호로 결정한 것은 역사적으로 중요한 의미를 갖는다. ① 후백제, 신라와의 통일 경쟁에서 고려는 신라의 정통성을 계승하겠다는 것이 아니고 신라와 당에 의해 멸망한 고구려를 계승하겠다는 뜻을 분명히 한 것이다. ②고구려를 계승함으로써 고구려 옛 영토의 회복을 추구하며 이를 정당화한다는 것이다. ③고구려 계승은 한 걸음 더 나아가 고구려의 옛 영토를 차지하고 있는 발해와의 통일 의지를 천명한 것이다.[9] 고려의 고구려 계승과 발해 통일 구상을 북방정책北方政策이라고 부르기로 하자.

왕건이 발해를 통일의 대상으로 한 것은 고려의 국호 결정만으로도 명백한 사실로 볼 수 있다. 왕건의 이러한 구상은 고구려를 멸망시킨 당 제국이 건재해 있었다면 그 발상이 무모하고 현실적으로 불가능한 정책이었다고 볼 수 있겠으나 영원한 제국으로 보였던 당이 멸망하여 중원이 유목민족에 의해 유린되고 있으며 천년 사직의 신라가 붕괴 직전에 있던 당시의 상황하에서는 이를 무모한 정책이라고 할 수는 없는 것이다. 왕건은 깊은 역사 인식을 갖고 주변 상황을 통찰해 고려를 국호로 결정한 것이며 이 결정은 고려의 국가 목표이자 그의 야심 찬 비전이었다고 평가할 수 있다.

왕건은 그의 원대한 구상을 실현해나가기 위해 우선 정치 기반을 강화하는 것이 급선무였다. 왕건은 신라의 통치권 누수 현상으로 각 지방에서 독자적 세력을 구축하고 있는 호족들과의 친교를 통해 그의 세력 기반을 확대해나갔다. 특히 그들과 혼인 관계[10]를 맺는 한편 호족들에게 지방행정을 관장하게 하는 사심관제도事審官制度, 그들의 자제를 우대하는 기인제도其人制度를 실시해 호족 세력을 포용해나갔다. 왕건은 이러한 노력을 통해 이합집산이 극심한 난세의 상황에서 자신의 왕권을 강화해나갈 수 있었던 것이다.

남방南方의 통일 경쟁에 있어 왕건은 군사력이 강한 후백제와 전쟁을 계속할 경우 소모전의 양상으로 치닫게 될 것으로 보았고 이러한 소모전이 결국 '승리해도 패배하는 결과'가 되리라는 것을 인식했던 것 같다. 이러한 관점에서 그는 기본적으로 후백제, 신라와의 평화 공존을 견지하되 국력이 쇠잔한 신라에 대해서는 '포용정책'을, 호전적인 후백제에 대해서는 '맞대응 상호주의 정책'을 취했던 것이다.

한편 견훤은 삼국 간의 대립에서 신라를 먼저 공략하고 후에 고려를 도모하는 것이 유리하다고 판단하고 고려 왕건의 즉위 시에 사절을 보내 축하하는 등 친선을 표시했다. 왕건도 견훤과의 휴전은 바람직한 관계였으므로 사절을 후대하고 양국의 화친을 다짐했다.[11] 한편 국세가 기운 신라도 특사를 고려에 보내 왕건의 즉위를 축하하고 양국 간 우호 관계를 돈독히 하기로 약속했다.[12] 신라는 호전적이고 신라 왕손인 궁예보다는 왕건을 선호했다. 또한 침략적인 견훤을 견제하기 위해서도 고려와의 우호관계가 필요했던 것이다.

왕건은 즉위 초 이러한 구상하에 후백제와 전략적 화의를 유지하면서 자신의 큰 구상인 고려의 꿈을 실현하기 위해 발걸음을 북방으로 재촉했던 것이다.

## 북방정책

국호를 고려로 함으로써 고구려 계승의 뜻을 분명히 한 왕건은 즉위한 첫 해(918년)부터 자신의 구상을 바로 실천에 옮기기 시작했다. 그는 남방의 통일을 서둘지 않고 우선 북방정책부터 추진했다.

그 첫 번째 대상은 고구려의 옛 수도였던 평양이었다. 왕건은 "옛 도읍 평양이 황폐된 지 오래되어 터는 남아 있으나 가시나무가 우거지고 번인蕃人들이 그 사이에서 사냥하고 침략해 피해가 크니 마땅히 백성을 옮겨 살게 해 변방을 튼튼히 하라"[13] 하고 황주, 풍주, 해주, 백주, 남주(연안)의 여러 고을 백성을 평양에 살게 해 대도호부를 만들고 그의 당제唐帝 왕식렴王式廉과 광평시랑 열평列評을 보내어 지키게 했다.

평양성이 완성되자 왕건은 고관의 자제와 여러 군현의 양가자제들도 서경西京(평양)으로 이주시켰으며 왕건 자신도 자주 서경을 순행하고[14] 성곽을 계속 쌓는 한편 학교와 관부를 건설해 수도 개성과 격을 같이 해나갔다. 훗날 왕건은 "삼한을 평정하면 장차 서경에 천도하겠다"[15]고도 했다. 이러한 왕건의 북방정책 우선은 고구려 계승과 발해 통일을 염두에 둔 첫 번째 구체적 조치였다고 볼 수 있다.

동북 방면에서는 삭방의 골암성주骨癌城主 윤선尹瑄이 투항해옴(918년)으로써 이 방면 진출에 진전을 보였다. 그는 궁예의 박해를 피해 골암성(안변 부근)으로 가서 이 지역에 잡거하던 흑수黑水 등 이민족을 규합하여 독자적인 세력을 형성해오던 사람으로 동북 변경의 사정과 이민족에 관해 정통한 인물이었다. 또한 922년에는 명주의 장군 순식順式이 내부內附해옴에 따라 왕건은 그를 크게 우대하고 국성인 왕씨 성을 하사해 중용했다. 비슷한 시기에 흑수 말갈[16] 추장이 170명을 데리고 귀화했는데 이들의 내부內附는 윤선과 순식의 고려 귀순과 무관치 않은 것으로 볼 수 있다. 또한 동북 방면 평주 출신 장군 유금필庾黔弼은 3000명을 이끌고 골암에 진주해 그곳 말갈부족을 복속시키고 고려인 포로 3000명을 돌려보냈다.[17]

왕건은 이들 북방출신 장군들의 도움을 받아 신라말 이민족의 진출로 혼란해진 북방 변경지역의 사정을 파악해 그의 북방정책을 강력히 추진해나갔다고 볼 수 있다. 왕건은 평양성을 포함해 북방의 여러 지역에 성을 쌓아 북방 진출을 계속하면서 백성을 사민시켜 이 지역을 영토화해 나갔다.

이 중에서 안북부安北府 성책은 유의할 필요가 있는데 이는 고려가 평양을 중심으로 청천강 이남 각지에 성책을 쌓아 군사지역화를 완료했음을 의미하며 서북 방면의 전초기지가 평양에서 청천강유역인 안북부로 옮겨지고 있음을 알 수 있다.[18] 태조 왕건의 재위 중에 고려의 서북경계는 신라의 서북계인 대동강으로부터 청천강으로 북상해 옛 고구려 영토의 일부를 수복한 것을 의미한다.

왕건은 훈요10조訓要十條의 유훈을 통해서도 "서경은 수덕이 순조하여 우리나라 지맥의 근본이요 대업만대의 땅이 되는 것이니 마땅히 4중(2월, 5월, 8월 ,11월의 4개월)에 순주하여 머무르기를 백일이 넘도록 하여 안녕을 이룩하라"[19]라고 해 평양의 중요성과 북방진출이 후대에도 계속 이어지도록 했다.

### 대외관계

왕건이 즉위할 무렵 중국에서는 단명의 사타 출신 왕조가 부침하고 북방에서는 거란의 야율아보기가 유목세계를 통일해가고 있었다. 왕건은 주변 국가와의 대외관계에도 관심을 기울였다. 우선 중국 강남의 오월국吳越國 출신의 문사文士 주언규의 귀화를 받아들여[20] 오월국과 관계를 맺고 있는데 이는 후백제가 오월국과 우호관계를 맺고 있음을 감안한 것으로 보인다. 거란과는 태조 원년(918년)에 두 번의 고려 사절이 거란에 내왕한 바 있다.[21] 궁예는 거란과의 관계를 중시해 보검을 거란에 보내는 등 적극성을 보였는데 918년의 고려사절은 그 해에 궁예가 축출되었기 때문에 궁예가 보낸 사신인지 왕건이 보낸 사신인지는 분명하지 않으나 전후 사정으로 보아 궁예가 보낸 것으로 판단된다.

거란 측에서는 922년 고려에 낙타와 모필을 보내왔다.[22] 양측 기록

■ 표2. 10세기 초 고려-거란 관계

| 907 | 당 멸망 |
| --- | --- |
| 916 | 야율아보기, 거란 건국 |
| 918 | 왕건, 고려 건국 |
| 921 | 흑수말갈의 추장 고자라 등 고려 귀화 |
| 922 | 거란, 고려에 낙타와 말 모직물을 선물 |
| 925 | 고려, 거란에 사신 파견 |
| 926 | 거란, 발해 정복 |
| 936 | 고려, 삼국통일 |
| 937 | 거란, 고려에 사신 파견 |
| 938 | 호승 말라, 고려 방문 |
| 939 | 거란, 고려에 사신 파견 |
| 942 | 서희 탄생 / 만부교 사건 |
| 947 | 고려, 광군사 설치 |

으로 볼 때 왕건 즉위 후 양국관계는 상호 적대감 없는 정상적 통교 관계를 유지한 것으로 보인다. 고려로서는 거란과 우호관계를 유지하고 있는 후백제와의 경쟁에서 외교적으로 고립되지 않기 위해 거란과의 관계가 필요했고 거란으로서는 후당과 발해와의 경쟁을 염두에 두고 고려와의 관계를 유지했던 것으로 볼 수 있다. 고려는 이 시점까지 거란의 발해 침략 저의를 포착하지 못한 것으로 보이며 거란도 고려의 고구려 계승과 발해 통일 구상을 의식하지 못하고 있었던 것으로 보인다.

고려는 923년 중국왕조 후량에도 사절을 파견해 통교를 추진한 것으로 보아 왕건 즉위 5년이 경과한 이 시점에는 후백제, 신라를 포함해 화북의 후량, 강남의 오월 그리고 거란까지 모두 통교하고 있었다. 고려의 이러한 대외관계는 신라, 후백제와의 외교 경쟁이라는 측면뿐만 아니라 고려 건국과 새로 즉위한 태조 왕건의 정통성 확보를 위한 외교적 노력의 일환이었다고 평가할 수 있다.

왕건의 즉위 초 국경을 맞댄 발해와의 관계가 중요한데 이에 관한 양측의 기록이 보이지 않으므로 제3국의 기록을 통해 양국 관계를 추정해보자. 우선 왕건의 고려 국호 천명은 발해와의 통일도 의미하므로 고구려를 계승한 발해가 고려에 어떠한 반응을 보였는가 하는 것이 중요한 의미를 지닌다. 왕건 즉위 후 수년간 고려와 발해는 통교가 없었던 것으로 보아 고려의 건국에 대한 발해의 초기 대응은 냉랭했을 가능성이 높다. 고려의 건국과 고려라는 국호는 고구려 후신인 발해에게 불편할 수밖에 없었을 것이며 고려의 서경 진출과 청천강 방면의 진출은 발해에 대한 도전으로 인식되었을 것이다.

그러나 주변 정세의 변화가 양국관계에 영향을 준 것으로 보인다. 거란이 유목세계를 정복하면서 그 세력이 확대되자 거란과 국경을 맞댄 발해는 풍전등화의 상황이 되었다. 급박해진 발해가 어떻게 대처했는지 발해 측의 기록은 없으나 거란의 기록에 의하면 "태조가 흥기해 8부를 병합하고 군사를 동원해 해국奚國을 정벌하니 대인선大諲譔(발해 마지막 왕)이 은밀히 신라 등 여러 나라와 상호원조를 약속했다"[23]라고 했다.

여기에서 다급해진 발해와 상호 원조하기로 했다고 한 '여러 나라'에는 고려도 포함되었을 것으로 보인다. 고구려 왕조의 뿌리를 공유하는 차원 이외에도 남쪽으로 국경을 접한 고려와의 관계 정상화가 필요했을 것으로 보인다. "고려는 발해와 동맹을 맺고 통혼까지 했으며 발해를 지원하기로 약속했다"[24]는 『발해국지』의 기록도 있다.

거란의 위협에 직면한 발해와 고려의 관계는 거란이 발해를 공격(925년 12월)하기 3개월 전에 발해 장군 신덕申德 등 500인, 예부경 대화균大和均 등 100호, 좌수위소장 모두간冒豆干 등 1000호의 고려 귀순[25]이 있었던 것으로 보아 발해에 내분이 있었음과 동시에 발해 지도층이 이미 고려와 밀접한 관계에 있었음을 알 수 있다. 고려로서는 발해와의 통일이라는 기본 입장에서 이들을 포용한 것으로 볼 수 있다. 또한 통일 대상인 발해를 공략하려는 거란을 견제하기 위한 전략적 차원에서도 발해와의 협력은 필요했다고 볼 수 있다. 고려 초 고려-발해 관계는 고려의 북방정책으로 냉랭했으나 거란이라는 공동의 적을 맞아 급속히 긴밀해졌음을 알 수 있다.

왕건은 즉위 초 거란과 정상관계를 유지해왔으나 거란의 발해 공격이 임박한 924년부터 거란에 대한 경계심이 높아진 것으로 보인다. 이 시점에서 고려는 발해와 협력하는 한편, 후당과의 안보 협력을 통해 거란을 견제하는 '친중견란親中牽丹'의 입장을 채택하고 후당에 빈번한 특사를 파견하는 등 중국 왕조와의 관계를 발전시켜나갔다.

그러나 거란이 발해를 공격했을 때(925년 12월) 고려가 군대를 파견해 지원하지는 않았다. 후백제와 군사적으로 대치 상황이었던 고려가 발해에 군대를 지원하기는 어려웠을 것으로 보이며 또한 거란과 교전 당사자가 되어 남북으로 적을 갖게 되는 무모한 전략을 선택할 수는 없었을 것으로 보인다.

왕건은 발해를 친척국가로 인식하고[26] 발해인과의 민족적 유대감을 갖고 있었고 이들과의 통일을 염두에 두어온 만큼 발해의 멸망(926년 1월)으로 엄청난 발해유민이 발생했을 때 이들을 포용하고 우대했다. 1784년 발간된 유득공柳得恭의 『발해고』에 의하면 이들 숫자가 10여만 명에 달했다고 한다. 발해 세자인 대광현은 발해가 멸망한 지 7년이 지난 934년에 내투한 바도 있다. 왕건은 대광현大光顯에게 왕씨 국성을 주어 고려 왕족에 편입시키고 그 막료와 군사에 이르기까지 집과 농지를 하사했으며 이들을 서북면 경계에 배치했다.

왕건이 발해 왕족과 장군, 유민을 포용하고 이들을 즉각 요직에 앉히는 등 우대한 것은 고려가 같은 뿌리인 발해인에 대한 배려와 함께 고구려 계승이라는 국시國是에 따라 발해와의 통일을 목표로 하고 있었음을 입증해주는 좋은 사례라 할 수 있다. 또한 왕건은 발해의 고급 인력을 수혈받아 정권기반과 국방력을 강화하는 등 이들을 유익하게 활용했던 것이다.

## 삼국통일

고려-후백제 간에 유지되어온 평화공존 관계는 견훤의 신라 침입 (920년)으로 변화를 보였다. 신라는 고려에 원군을 요청했다. 왕건은 삼국 간의 평화공존을 원했으나 후백제의 신라 점령을 방관할 수는 없었다. 신라는 고려 원군에 힘입어 구원되고 후백제군은 퇴각했다. 이로 인해 고려와 후백제는 적대 관계가 되었고 고려와 신라는 긴밀해졌다. 고려의 신의를 목격한 신라의 외곽지역 장수들은 고려에 투항하는 일이 빈번해졌다.

고려와 후백제의 관계는 후백제군이 고려의 조물성曹物城(금천)을 공격하면서 열전으로 치닫게 되었다. 924년과 925년 2차에 걸친 공격에도 조물성이 함락되지 않은 가운데 양측은 강화협정에 합의했다. ①전투 중지와 상호 불가침, ②인질의 교환(견훤의 생질 진호眞虎와 왕건의 종제 왕신王信), ③왕건과 견훤은 상부尙父의 관계를 맺는다는 내용이다.

조물성 협정은 전투에서 완패하지 않은 고려에게 다소 불리해 보인다. 이 협정은 양국 간에 전투의 중지와 상부의 관계를 교환한 것으로 볼 수 있는데 왕건이 비록 열 살 연하라 하더라도 부자에 해당하는 상부 관계를 약속한 것은 체면을 중시하는 사회에서 굴욕적인 협약으로 볼 수 있기 때문이다. 이러한 왕건의 굴욕 감수 태도를 중폐비사重幣卑辭라고 비하하기도 한다.[27]

그러나 왜 왕건이 굴욕을 감수했는가에 대한 좀 더 합리적인 설명이 필요하다. 왕건이 이를 받아들인 사유를 추정해보면, 첫째, 휴전은 소모전을 원치 않는 왕건의 기본 전략과 일치하고, 둘째, 그 시기에 거란의 발해 공격이 있었음에 따라 왕건으로서는 북방에 대해 좀 더 경계를 강화해야 할 필요성이 있었을 것으로 보인다. 당시 발해는 고려에 원조를 기대하고 있었고 거란은 후백제와 우호관계를 갖고 있었다. 북방의 긴박해지는 상황을 고려할 때 왕건으로서는 남방의 후백제와 평화 내지 정전관계가 필요했다고 보인다.

고려가 후백제와 강화 협정을 체결한 데 대해 신라의 경애왕은 "견훤은 음흉하고 거짓말을 자주 하므로 그와 강화하는 것이 옳지 않다"[28] 라고 해 견훤에 대한 응징을 촉구하기도 했다. 그러나 왕건은 그의 구상과 전략을 바꾸지 않았다. 후백제에 대한 응징을 요청하는 신라의 사절에 대해 왕건은 "내가 견훤을 두려워하는 것이 아니라 그의 죄가 쌓여 스스로 넘어질 것을 기다릴 뿐이다"[29]라고 했다. 왕건은 견훤의 성격과 후백제 내부 사정을 파악하고 속전속결보다는 지구전을 통해 가급적 '싸우지 않고 승리'하는 입장을 견지했던 것이다. 왕건의 저자세는 견훤을 안심시키기 위한 전략적 태도였다고 볼 수 있다.[30]

고려와 후백제간 조물성 협약은 고려에 인질로 있던 견훤의 생질이 갑자기 병사하면서 오해가 발생해 양국은 다시 열전으로 이어졌다. 견훤은 926년 고려의 웅진(공주)을 공격한 데 이어 927년에는 신라를 공격해 경애왕은 자살하고 경주는 불탔다. 신라로부터 구원 요청을 받은 고려는 구원군을 파견해 견훤군과 대전했으나 패하고 말았다.

양국 간 전쟁이 격화되고 있을 즈음 오월국의 사절이 와서 화해를 청함에 따라[31] 양측은 일단 휴전 상태에 들어갔다. 930년경 신라의 북부 대부분은 고려에 투항한 상태였고 고려의 국세는 흥성하는 반면 후백제는 견훤의 폭정으로 민심이 이반되어가고 있었다. 934년에는 후백제와의 병산대전과 운주대전에서 고려가 승리함으로써 대세는 고려에 기울고 있었다.

운주에서 패한 후백제는 궁중반란이 일어나 견훤은 그의 아들 신검神劍에 의해 감금되었다. 견훤은 탈출해 고려에 투항했는데 왕건은 그를 후히 대우했다. 신라 경순왕은 934년 군신회의를 개최하고 고려에 항복을 결정했다. 이로써 신라는 56대 992년 만에 멸망했다. 왕건은 장녀 낙광공주를 경순왕과 결혼시키는 등 신라 왕손을 후대했다.

왕건은 936년 9월 대군을 이끌고 신검神劍의 후백제군을 일리천一利川(선산)에서 대파해 삼국을 통일했다. 고려의 유금필은 말갈 등 유목 기병 9500명을 이끌고 이 전투에 참가[32]했는데 이는 왕건이 즉위 후부터 추진해온 북방경영의 결과로서 이 지역 유목 기마군을 남방 전투에 투입했음을 확인할 수 있다. 또한 발해유민을 포용해 내부 정권기반 강화와 북방 변경수비에 활용하는 한편 신라와는 싸우지 않고 승리해 통일 후의 후유증을 완화하고 정치적 안정을 이룩할 수 있었다.

### 통일의 외적 요인

고려의 통일은 역사적으로 의미가 큰 만큼 통일 과정에 관해 좀 더 자세히 생각해보기로 하자. 고려의 삼국통일 과정은 살펴본 바와 같으나 통일의 과정에 영향을 미친 외부 요인에 관해서도 검토해볼 필요가 있다.

고구려-백제-신라의 삼국시대로 돌아가 보자. 고려가 계승을 자처한 고구려는 삼국 중 가장 강했음에도 불구하고 당의 간섭을 받았고 결국 신라와 당의 협공에 의해 붕괴(668년)되었다. 고구려의 멸망은 군사적 열세와 국론 분열에 그 원인이 있었으나 이것이 패망하게 된 원인의 전부는 아니었다. 고구려는 70여 년 동안 수당과 전쟁을 치르면서 이들을 격퇴했으나 중국 왕조와 계속 대립관계에 있었고 멸망 직전에는 신라와의 관계도 악화되어 있었다. 신라가 고구려로부터 빼앗은 한강 하류의 땅을 둘러싸고 양국은 심각히 대립하게 되었고 신라는 이곳을 빼앗기면 당에 입공할 항로를 잃어 조공의 길이 막히게 된다는 김춘추金春秋의 논지가 당에 설득력을 갖게 된 것이다. 고구려를 눈에 가시로 생각하던 당에 호기가 찾아온 것이다. 그 결과 고구려는 나당 연합군에 의해 붕괴되었다.

　당은 주변 세력들을 가급적 약화시킬 수 있는 정책을 선호하기 마련이다. 만약 고구려가 신라와 선린, 우호관계를 유지하거나 또는 제국으로 자리 잡은 당과의 관계를 우호관계로 전환했다면 그 결과는 다른 방향으로 전개될 수도 있었던 것이다. 고구려로서는 중국의 힘이 분산 내지 공백이 초래되었을 때를, 즉 외적 요인이 성숙되기를 기다려 통일을 추진하는 것이 바람직한 정책이었다고 할 수 있다. 물론 이것은 이상적인 작전을 의미하나 이 교훈은 오늘날까지도 잘 음미해야 할 외교 안보전략이 될 수 있을 것이다.

　고려가 삼국통일을 이룰 수 있었던 것은 내적 요인 이외에도 이러한 외적 요인이 우호적이었으며 이를 잘 관리했기 때문에 가능할 수 있었다. 중국은 이민족 정권에 의한 혼란기였고 군사대국으로 부상한 거란은 중국 왕조와 대치하고 있어 아직 한반도에 깊이 간섭할 수 있는 상황은 아니었다. 동아시아는 유일 초강대국이 존재하지 않았던 난세였던 것이다. 고려도 고구려와 같이 남북 양방에서 거란과 후백제와 대치했으나 거란의 간섭을 상대적으로 적게 받았던 것이다.

『삼국사기』에는 "거란의 사신 사고沙古, 마돌麻咄 등 35명이 후백제에 와서 예방하니 견훤은 최견崔堅으로 하여금 전송하도록 했는데 북상하다가 폭풍을 만나서 당나라(후당) 등주에 이르러 모두 처단되었다"[33]라고 했는데 이 사건(927년)은 후백제가 신라를 공격하고 있던 시점으로 거란과 후백제의 관계가 매우 긴밀했음을 보여주고 있다. 고려는 거란과의 관계에서 적대적으로 대처하지 않고 특히 거란의 발해 침공 시 군대 파견을 자제해 거란과 교전하지 않은 것이 통일을 위해서는 바람직한 외교 전략이었다고 보인다.

만약 거란이 발해를 정벌(926년)하고 이어 중국 왕조 건설에 성공했다면 그리고 고려가 통일을 이루지 못하고 있었다면 거란은 삼국 분단의 고착화를 위해 막강한 군사적, 외교적 압력을 사용했을 것이다. 이러한 상황이 되었다면 고려의 통일은 요원한 것이 될 수도 있었던 것이다.

고려는 통일에 이해관계가 있는 주변 강대국이 상호 대치하고 있었기 때문에 통일 과정에서 외부의 절대적 영향을 받지 않았고 또한 왕건은 신라, 후백제와의 관계뿐만 아니라 대외관계에 있어서도 전략적 사고를 통해 대내외적 환경을 잘 조화해나감으로써 통일과 북진을 함께 이룰 수 있었던 것이다. 바꾸어 말하면 고려의 삼국통일은 국내적 여건과 대외적 여건이 모두 성숙했고 이를 잘 관리했기 때문에 가능했던 것이다.

삼국을 통일한 왕건은 발해와의 통일을 이루지는 못했으나 이제 명실 공히 한반도의 주인으로서 북방의 거란과 직접 마주 보게 되었다.


## 3. 왕건의 발해 통일 노력

### 만부교 사건

고려가 삼국통일을 이룬 936년 이후 잠잠했던 고려와 거란 관계는 942년 일대 변화를 맞게 된다. "거란이 사신과 함께 낙타 50필을 보내왔는데 왕(태조 왕건)이 이르기를 '거란은 일찍이 발해와 화친하다가 갑자기 의심하여 맹약을 어기고 멸망시켰으니 이것은 매우 무도한 행위로 (거란과) 화친을 맺는다 해도 오래가지 못할 것이다' 하여 마침내 교빙을 거절하고 사신 30명을 섬에 유배시키고 낙타는 만부교萬夫橋 아래 매어 모두 굶겨 죽게 했다"[34]는 소위 만부교 사건이 발생한 것이다.

거란과의 국교 단절뿐만 아니라 선전포고나 다름없는 이 조치는 왕건의 성품과 그간의 정책들로 미루어 볼 때 매우 이례적이고 지나치게 강경한 대응이 아닌가하는 의문을 갖게 된다. 그리고 왕건은 그 이유를 10년 전에 멸망한 발해와 관련짓고 있는데 이 사유만으로 동아시아의 초강대국으로 부상한 거란과 일전도 불사한다는 무모한 조치를 취한 것은 잘 이해가 되지 않는다.

이 만부교 사건에 대해서는 왕건의 토번인관吐藩人觀 사상에 따른 거란 배척의 결과라든가, 거란의 힘을 파악하지 못하고 저지른 외교적 실수라든가, 또는 통일 전 거란-후백제 우호관계에 대한 응징 차원의 조치[35]라든가 하는 견해가 제시되어왔다. 그러나 이러한 이유만으로 초강대국이 된 거란과 국운을 건 결전을 벌인다는 것은 납득할 만한 설명으로 보이지 않는다.

이 사건의 진상을 밝히기 위해 고려-거란 관계와 당시의 주변 정세를 좀 더 자세히 살펴보기로 하자. 왕건이 즉위한 후 고려와 거란은 통상적 관계를 유지해왔으나 924년 거란의 발해 공격이 표면화되면서 고려는 친중견란의 입장으로 선회[36]했음은 앞서 살펴본 바 있다. 그리고 발해 멸망 후 고려는 발해유민을 거두어 우대하고 북방을 강화하는 한편 삼국통일에 매진했던 것이다.

한편 거란은 발해 정복 후 곧바로 한반도로 남하할 계획을 갖고 있지 않았으며 중국 진출에 관심을 두고 후당後唐과의 일전을 준비하고 있었다. 거란은 하동절도사 석경당을 활용해 후당을 전복(936년)시키고 후진後晉을 세운 후 장성 내 요충지인 연운 16주를 할양받는데 성공했으며 같은 해에 고려는 삼국통일을 완성(936년)할 수 있었다. 그러나 거란은 발해 정벌과 연운 지역의 확보로 동아시아 초강대국으로 부상하고 있었으며 삼국을 통일한 고려가 거란과 중국 왕조 사이에서 새로운 변수로 등장하게 된 것이다.

거란의 지원에 의해 들어선 석경당의 후진은 연운을 거란에 할양한 이유로 인해 진통을 겪고 있었다. 수도 대량(개봉)으로부터 화북평야로 이어지는 장성 안의 연운에 거란의 군대와 지방정부가 들어앉아 있는 한 후진은 정치적, 안보적으로 독립 상태로 보기 어렵기 때문이었다. 이러한 후진의 내부적 진통은 거란의 위협에 직면한 고려와 전략적 제휴를 위한 동기가 조성되었다고 볼 수 있다.

고려 측도 친중견란의 입장에서 후당에 이어 곧바로 후진에 사절을 파견하고 후진의 연호를 사용했다(938년). 그리고 939년부터는 후진의 사절도 고려에 내왕하기 시작했다. 즉 고려와 후진관계가 긴밀해진 이 시점에서 만부교 사건이 발생한 것이었다.

이러한 주변 상황을 볼 때 만부교 사건이 왕건의 토번인관에 의한 것이라든지 거란의 실체를 예견치 못한 외교적 실수라든지 하는 이유에 의한 것 같아 보이지는 않는다. 왕건은 흑수 말갈과 발해유민을 포용해 북방의 군사대비와 삼국통일에 활용했던 냉철한 전략적 사고를 가진 인물이었다. 더구나 거란의 발해 공격 시에도 파병하지 않고 거란과의 마찰을 피하면서 삼국통일을 완성한 왕건이 특별한 목적 없이 거란보다 더 야만적인 사건을 저질렀다는 것은 납득하기 어렵다.

## 왕건과 말라의 비밀협상

그러면 어떤 이유에서 그리고 무엇을 위해서 왕건은 만부교 사건이라는 초강수 조치를 취했던 것일까. 이 의문에 대한 결론을 내리기에 앞서 만부교 사건과는 무관하게 다루어온 후진의 호승胡僧 말라襪羅가 고려에 왕래한 문제에 관해 살펴보기로 하자.

『속자차통감』에 의하면 "후진 고조(936~943년) 기간에 서역승 말라가 후진에서 고려로 갔는데 왕건이 연전에 멸망한 발해는 친척의 나라이므로 그 원한을 풀어주고자 하니 돌아가 고조(석경당)에게 양국의 거란 협공을 설득시켜주도록 요청하므로 말라가 돌아가 그 뜻을 전했으나 고조가 듣지 않았다. 출제出帝(석중귀)에 이르러 거란과 싸우게 되자 말라의 권유에 따라 곽인우郭仁遇를 고려에 보내 고려로 하여금 거란을 쳐서 견제하도록 했으나 마침 왕건은 죽고 왕무王武(혜종)는 옛 대신들과 뜻이 맞지 않아 어수선했고, 그 일이 수습된 후에도 군비는 갖추어져 있지 않고 전의도 불충분해 뜻이 이루어지지 못했다"[37]라고 전하고 있다.

이 중요한 기사는 한국과 중국의 다른 사료에서는 찾아볼 수 없는 유일한 내용으로서 이를 객관적으로 입증할 수 있는 근거가 없다는 데 문제가 있다. 또한 거란에 사대의 예를 갖추고 연운 16주를 할양하는 등 거란의 보호국이나 다름없는 후진에게 고려가 거란 협공을 제의했다는 것은 이치에 맞지 않으므로 이 기사는 허구이거나 조작된 것으로 보는 견해가 있다. 그러나 당시의 고려와 후진의 관계, 후진 내부의 반거란 세력 동향 그리고 태조 21년(938년)에 고려를 방문한 인도 홍범대사가 말라와 동일인일 가능성을 추정해 이 기사를 사실로 보는 견해도 있다.[38]

먼저 『자치통감』 기사에 관해 검토해보자. 첫째, 말라의 고려 방문이 이루어진 936~943년 기간 중 936년은 고려가 삼국통일을 이루고 후진이 건국한 해이며, 942년에는 만부교 사건이 있었고, 943년은 왕건이 타계한 해이다. 고려는 926년 발해 멸망 이후 친중견란의 입장에 따라 후진이 들어서자 바로 사절을 파견했고(936년) 이어 후진 연호를 사용했다(938년). 후진도 고려에 사절을 파견하고 고려왕을 책봉했으며(939년) 941년에는 고려왕을 추가책봉加冊하는 관계를 유지했다. 이러한 양국의 친선 우호 분위기하에서 말라가 고려를 내왕한 것으로 볼 수 있다. 몇 번을 왕래했는지는 불확실하나 문맥으로 보아 7년의 기간 중에 수차례 왕래했던 것으로 생각해볼 수 있다.

둘째, 이 기사의 내용을 추정해보면 말라가 고려를 내왕하면서 왕건과 서로 신뢰하는 관계가 되었고 주요 사안에 관해 의견을 교환할 수 있었으며 또한 말라는 주요 협의 내용을 후진 석경당에게 전달한 것으로 보아 그는 양국 수뇌의 교량 역할을 수행한 밀사의 위치에 있었다고 볼 수 있다.

셋째, 왕건과 말라는 이러한 의견교환과정에서 주변 안보상황과 상호 내부 사정에 대해서도 협의하고 특히 왕건은 고려의 입장을 말라에게 설명하고 말라는 후진 내부의 반거란 움직임 등에 대해서 설명했을 것이다. 왕건은 거란과 관련해 고려와 후진의 이해가 일치됨에 따라 후진에 거란 협공을 제의한 것으로 추정해볼 수 있다.

넷째, 말라가 이 왕건의 제의를 전달한 데 대해 석경당이 동의하지 않은 것은 우선 석경당 자신이 즉위하는 데 있어 신세를 진 거란을 의식하지 않을 수 없고 고려의 군사력과 결전 의지가 어느 정도인지 알 수 없는 상황에서 말라의 말에 의존해 이 중요한 결정을 내리기 어려웠을 것이다. 또한 거란의 군사력을 잘 알고 있는 석경당으로서는 과연 고려와 동맹해도 거란을 이길 수 있는지에 대해서도 의문을 가졌을 것이다.

다섯째, 석경당이 죽고 942년 석중귀가 즉위한 후 말라의 권유에 따라 곽인우가 고려에 내왕한 것도 사리에 부합한다. 석중귀는 반거란 인물로서 이미 즉위 이전에 연운 16주의 회수를 주장한 바 있어 거란과의 일전을 염두에 두고 있는 만큼 고려와의 군사 협력에도 관심이 있었을 것이기 때문이다. 그러나 석중귀도 석경당과 같이 고려의 전의와 군사력에 의문이 있었을 것이므로 곽인우를 고려에 보내

사정을 알아보도록 했을 것이다. 이때 고려는 '왕규王規의 난'[39]으로 정국이 혼란스러웠고 이러한 상황하에서 그의 눈에 비친 고려의 전의는 불충분하게 보였을 것이다. 이 점에 있어서도 이 기사의 내용은 사실과 다름이 없다 하겠다.

말라의 고려 왕래와 왕건의 군사 협정 제의에 관한 이『자치통감』의 기사는 당시의 정황과 전후 사정으로 미루어 볼 때 사실과 부합한다고 보아야 할 것이다. 다만 고려 측 사료에 이 내용이 나타나지 않은 이유를 구태여 추정해본다면 이 사건은 태조 왕건이 직접 수행한 고도의 비밀협상이므로 결과적으로 군사동맹이 성사되지 않은 교섭 내용을 문서로 기록에 남기지 않았을 가능성이다. 또한 후대에 거란 성종의 고려 침입으로 많은 문건들이 소실된 적이 있었는데 특히『고려사』의 고려 초(태조~성종 기간) 부분이 매우 부실한 것은 이러한 역사적 이유에 기인한다고 볼 수 있다.[40]

태조로부터 반세기가 지나서는 서희-소손녕 협정에 따라 중국 송과의 정치관계는 단절되고 고려-거란 관계가 사대관계로 전환되어 양국 간에 100여 년의 평화관계가 지속된 점을 감안할 때, 태조 대에 성사도 되지 않은 거란에 대한 군사 협공내용을 고려 측이 계속 문서로 보존하고 있었을 것인가에 대해서도 의문을 가져볼 수 있다.

### 연중제란

이제 만부교 사건으로 다시 돌아가 보자. 외국의 사신을 유배시킨 것은 국교 단절과 함께 선전포고나 다름없는 극단적 조치였다. 또한 사람의 왕래가 많은 다리 아래에서 낙타를 굶겨 죽인 것은 상당 기간 동안 공개 처형을 실시한 것으로 이것은 의도적으로 누구에게인가 알릴 필요가 있기 때문에 취한 방법일 것이다. 밖으로 알릴 필요가 없다면 구태여 다리 아래에서 낙타를 굶겨 죽일 이유가 있는지 반문해볼 필요가 있다.

누구에게 알리려 한 것인가. 우선 국내적으로는 거란에 대한 경각심을 높이고 거란에게 나라를 빼앗긴 발해유민을 포용하는 반거란 분위기 조성에 어느 정도 도움이 될 수 있을 것으로 보인다. 그러나 이러한 목적으로 고려가 거란과의 일전을 불사하는 극단적 결정을 내렸다고 보기는 어렵다.

그러면 만부교 사건을 통해 반거란 입장을 알리고자 한 대상은 후진後晉일 가능성이 있다. 만부교 사건(942년 10월)이 있었던 해에 후진에서는 석경당이 사망하고 석중귀가 즉위했다. 석중귀는 알려진 바와 같이 반거란 인물로 거란에 대해 칭신稱臣의 예를 거부함으로써 그의 선왕인 석경당이 거란과 맺은 협약을 사실상 파기했다. 이는 거란과의 군사적 대결을 의미하는 것이었다.

거란과의 일전을 각오하고 있는 후진의 사정을 염두에 두면서 말라의 고려 방문 기사와 연계해보자. 후진은 고려와의 군사동맹이 필요하지만 고려가 어느 정도의 의지를 갖고 있는지 그리고 어느 정도의 군비를 갖추고 있는지에 대한 구체적 정보가 필요했을 것이다. 고려를 내왕하는 말라는 이 결정적 증거가 있다면 석중귀를 설득시킬 수 있다고 생각했을 것이다. 이러한 맥락에서 만부교 사건은 후진으로 하여금 고려의 군사행동 의지를 확인시킬 수 있는 명백한 입장표시임에 분명하다.

왕건이 후진과 대거란 군사 협공을 성사시키기 위해 만부교 사건을 결행했다고 추정해볼 경우 만부교 사건과 『자치통감』의 기사 내용은 그 뜻이 명백해진다고 볼 수 있다. 물론 이 만부교 사건 기간 중에 말라가 고려를 방문하고 있었는지는 알 수 없으나 그가 만부교 사건을 직접 목격했을 가능성도 배제할 수 없을 것이다. 고려의 '친중견란親中牽丹' 입장은 만부교 사건을 통해 중국과 연맹해 거란을 공격한다는 '연중제란(친중견란)'의 입장으로 한층 적극화했음을 알 수 있다. 즉 연중제란의 확고한 대외적 의사 표시가 만부교 사건이었던 것이다.

그러면 무엇을 위해 왕건은 후진과 군사 동맹해 거란을 협공하려 한 것인가의 의문이 제기된다. 『자치통감』의 기사 내용에서 왕건은 '친척국가 발해의 원한을 풀어주려고' 군사동맹을 제의했다. 이 뜻은 민족적으로 친척국가인 발해의 원한을 풀어주기 위한 감상적 의미보다는 군사협공의 결과로서 거란을 물리치고 '발해와의 통일'을 이루어 고구려 계승의 뜻을 완성하겠다는 의미로 해석되어야 할 것이다. 삼국통일을 이룬 왕건은 그의 생전에 고구려 계승과 발해통일 구상을 실현하기 위해 후진이 반거란 입장으로 선회하자 만부교 사건을 결행했던 것으로 볼 수 있다.

왕건의 중국 경사傾斜를 흔히 모화배번의 사고와 연계해 비판하는 경우가 없지 않다. 그 예로서 빈번히 교체되던 중국의 후당, 후진 등 왕조에 대한 잦은 조공사의 파견이라든지 왕조 교체시마다 즉각 중국 연호를 사용하고 책봉을 받는다든지 하는 점이 그 사례로서 지적되곤 한다.

최승로崔承老조차도 그의 시무時務 28조(제5항)에서 "태조는 큰 나라

섬기는 일에 많은 관심을 보였음에도 몇 년에 한 번씩 사신을 보냈는데 지금은 사신뿐 아니라 무역으로 보내는 사신도 많으니 중국에서 천하게 여길 것이 염려됩니다"라고 한 바 있다.[41] 그러나 살펴본 바와 같이 왕건이 중국 왕조에 대해 빈번한 사절 파견과 조공 정책을 서두른 것은 국가안위를 위한 조치였음을 알 수 있다. 왕건의 이러한 균형 잡힌 전략적 사고가 삼국통일과 민족중흥의 원대한 구상을 가능하게 했다고 보는 것이 타당할 것이다.

### 고려의 역사적 위상

신라의 통일은 역사적으로 완전한 통일로 볼 수 없다. 왜냐하면 당에 거병 요청을 했고 그 결과 고구려 영토를 상실했기 때문이다. 신라의 통일은 고구려, 백제 멸망 후 당의 지배에 항거해 백제와 고구려의 유민이 신라와 연합해 당을 백제에서 몰아내고 이룩한 통일로서 영토적 의미보다는 민족적 통일의 의미가 크다고 하겠다. 그러나 고려의 통일은 신라의 말기적 현상으로 분단된 삼국의 통일에 그 의미가 국한되지 않고 우리 역사의 중심 골격을 형성하는 중요한 통일 과업이었다. 고려는 건국 시에 국호를 고려로 함으로써 고구려 승계를 국내외에 분명히 했고 삼국통일을 성취함으로써 고려는 신라가 아니라 고구려를 계승했다는 역사적 의미를 갖게 된 것이었다.

또한 고려가 발해와의 통일을 이루지는 못했으나 그러한 구상을 갖고 통일을 추진했다는 것은 우리 역사에 있어 고려의 고구려 계승 못지않게 중요한 의미를 갖는다. 왜냐하면 신라의 삼국통일은 민족적 통일은 이루었으나 영토적 통일은 이루지 못한 미완성 통일이었기 때문에 고구려의 옛 영토에 그 유민이 건국한 발해와의 통일 추진은 우리 민족의 영토적 통일과 깊은 관련을 갖게 되기 때문이다. 나아가 삼국을 통일한 고려가 고구려를 계승하고 발해와의 통일을 추구했다는 것은 발해가 우리 역사상의 왕조임을 입증해주는 중요한 역사적 사건이기 때문이다.

고려가 발해와의 통일을 추진했다는 근거로서 ①고려를 국호로 하여 고구려를 계승하고, ②신라, 후백제와의 통일보다 북방정책을 우선시해 고구려의 수도인 평양에 서둘러 진출했으며, ③발해를 친척 국가라고 인식해 민족적 유대감을 갖고 거란에 공동 대처하고, ④발해유민도 고려를 망명지로 택하고 고려는 이들을 포용했으며, ⑤연중제란의 입장에서 만부교 사건을 통해 발해 영토의 회수를 추진한 사건들을 열거해볼 수 있다. 이러한 사례만으로도 고려의 발해 통일 구상과 통일 추진 노력은 분명한 역사적 사실이었다고 볼 수 있다. 특히 왕건은 발해와의 통일을 민족적 차원에서뿐만 아니라 영토적 차원에서도 추진했다는 점을 발견할 수 있기 때문에 더욱 역사적 의미를 갖는다 하겠다.

이러한 왕건의 발해 통일 구상이 『고려사』 등 사료에 명백히 보이지 않고 있음은 유감스러운 일이다. 발해가 거란에 의해 멸망하고 고려는 훗날 거란과 사대의 관계를 맺는 등 상황이 변화되면서 이러한 구상이 고려 측 사료에 전수되지 못한 것이 아닐까 추정해본다. 그리고 고려시대에는 거란과 몽고의 잦은 외침으로 많은 문건들이 소실된 점도 그 이유가 될 수 있을 것이다. 또한 조선 초에 편찬된 『고려사』는 알려진 바와 같이 그 집필 과정에서 편집자의 교체 등 논란이 많았고 조선조 창업자인 이성계의 위화도 회군과 요동 진출의 반대, 명明의 영향 등 당시의 상황이 반영되어 고려 초 왕건의 고구려 계승 의지와 발해 통일 노력이 수록되지 못한 것이 아닐까 추정해본다.

왕건은 발해와의 민족적, 영토적 통일을 추진했으나 거란이라는 거대한 유목 기마세력의 등장으로 인해 그 꿈을 실현하지 못하고 말았던 것이다. 그러나 왕건이 발해와의 통일을 추진한 역사적 사실은 발해를 우리 역사에 포함시키는데 기여할 수 있을 것으로 본다. 고려의 통일은 고조선-고구려, 백제, 신라-통일신라와 발해-고려-조선으로 연결되는 민족적 통일의 완성과 함께 비록 미완성이기는 하지만 일부 고구려 옛 영토의 회복을 통해 영토적 통일의 맥을 잇는 역사적 통일이었다고 할 수 있다.

고려의 통일은 신라의 통일 이후 우리 역사에서 사라질 뻔했던 고구려를 다시 한민족의 역사로 편입시킨 통일일 뿐만 아니라 발해를 우리 역사에 포용하는 통일이었던 것이다. 고려의 고구려 계승은 이후 서희를 통해 거란으로부터 옛 고구려 영토인 강동 6주를 영토화함으로써 그 역사적 정당성이 인정되는 또 하나의 계기를 마련하게 된다. 이러한 고려의 삼국통일과 북방정책이 불과 왕건의 18년 재위기간에 이루어졌다는 점에서 그의 놀라운 지도자적 능력을 평가하지 않을 수 없다. 고려가 없었다면 그리고 국호가 달랐다면 고구려를 우리의 역사로 주장하더라도 이해 당사국이 이를 인정하지 않을 것이다.

민족과 그 민족의 영토는 역사의 추이에 따라 변천해왔다. 민족은 소멸하지 않았으나 영토가 소멸한 경우도 허다하다. 반대로 영토가 확장해 민족이 거대해지는 경우도 있다. 동아시아에 있어서 그 후자의 대표적 경우는 오늘날의 중국이라 할 수 있으며, 전자의 대표적 경우는 북방 유목민족들이라고 할 수 있다. 우리 한민족은 동아시아의 민족과 영토가 부침하는 지난 2000년의 역사 과정에서 그 영토는 축소되었으나 한반도 안에서 단일 민족으로서의 정체성을 이어나갈 수 있었던 것이다.

# 제3장

# 서희의
# 외교

고려의 삼국통일(936년)에 이어 중국에서는 송이 5대10국五代十國의 혼란기를 수습하고 통일을 이루었다(960년). 중국을 통일한 송은 거란과의 대립이 불가피했다. 그러나 송은 거란과의 고량하 전투에서 패전하여 거란이 점유하고 있는 연운 16주를 회수하지 못한 채 양국관계는 일단 소강상태로 들어섰다. 거란도 국론분열로 송을 전면 공격하기에는 어려움이 있었다. 송과 거란의 두 강대국이 대치하고 있는 정세하에서 그 동쪽에는 고려와 여진이, 서쪽에는 서하가 세력을 형성하여 동아시아 정세의 중요한 변수로 작용하고 있었다.

이러한 불안정한 세력 균형은 이해 당사국 간 때로는 국지전을 전개하면서 안보 이해에 따라 치열한 외교전을 수반하게 마련이다. 본장에서는 이제까지 검토해온 당말 이후 동아시아의 정세 변화를 배경으로 유목세계를 대표하는 거란에 성종이 즉위(982년)하면서 농경파에 의한 중국진출 노력이 재개되고 이러한 거란의 남하정책이 고려의 북방정책과 충돌(993년)하는 10년 동안을 거란-고려 관계에 초점을 맞추어 살펴보고자 한다.

여기에서는 이 책의 주제가 되는 거란의 고려 침공과 이에 대응하는 고려 조정의 정책 결정 과정 그리고 우리 역사에 빛나는 서희의 외교협상을 조명해본다. 또한 서희 외교의 결과로서 나타난 사대와 영토의 교환이 역사적으로 갖는 의미에 관해 검토해본다.

# 1. 송의 중국 통일과 동아시아의 새로운 세력 균형

### 송 태조 조광윤

당 제국이 붕괴된 후 중국의 화북에서는 후량(907~923년), 후당(923~936년), 후진(936~946년), 후한(947~950년), 후주(951~960년) 등 단명의 다섯 왕조가 부침했다. 이 기간 동안 강남에서는 하남 절도사가 세운 오국(902~936년), 남경의 남당(936~975년), 항주의 오월국(908~970년), 복건에는 한국(909~947년)이 세워져 할거했다. 그리고 강서에는 소남국(917~971년), 호남의 초국(927~951년), 광동의 남한국(917~971년)이 건국되었고 사천에서는 전촉국(906~925년)에 이어 후촉국(934~965년) 등이 우후죽순처럼 세워지고 있었다.

이러한 난세의 상황에서 동아시아 정세 변화에 결정적 영향을 미친 세력은 화북의 유목왕조들이었다. 앞서 살펴본 바와 같이 당은 후량에 의해, 후량은 후당에 의해 그리고 후당은 후진에 의해 붕괴되고 후진에 석중귀가 들어서면서 거란에 반기를 들자 거란 태종은 후진을 정벌하려 했으나 반란이 일어나 귀국하던 도중 사망하고 말았다.

거란이 퇴거하자 혼란해진 상황에서 어부지리를 얻어 후진을 무너뜨리고 후한을 건국한 것은 산서에 웅거한 또 하나의 사타돌궐 출신인 하동 절도사 유지원劉知遠이었다. 그는 즉위한 지 얼마 안 되어 병사하고 그의 아들이 대를 이었으나 금군부장 곽위郭威에 의해 전복되어 후한은 4년이라는 최단명의 왕조가 되었다. 곽위는 한족 출신으로 후주를 건국했는데 후주는 앞선 후당, 후진, 후한이 모두 사타돌궐 출신의 절도사에 의한 왕조였음을 감안할 때 중국의 한족이 다시 중원을 차지했다는 점에 그 의미가 있다고 할 수 있다.

곽위와 그 아들 세종은 중국의 통일을 위해 거란과 항쟁하는 한편 국내적으로 조세 삭감과 토지개간 등 개혁을 실시하고 민생 안정에 노력했다. 특히 곽위의 양아들인 세종은 뛰어난 군주로서 왕조찬탈과 정치적 불안정의 원인이 되어온 사병私兵을 정비하는 등 많은 업적을 이루었으나 불행하게도 갑작스럽게 사망하고 말았다. 후주의 장군 출신으로 귀덕 절도사였던 조광윤趙匡胤은 거란과 북한국의 연합군과 싸우기 위해 진군하던 중 세종이 사망하자 아군의 옹립을 받아 즉위하고 송宋을 건국(960년)했다. 이로써 당 멸망 후 54년 동안의 혼란은 종식되고 중국은 송에 의해 다시 통일되었다.

송에 앞선 다섯 왕조를 중국사에서는 5대五代(907~960년)로 부르며 강남과 강서에서 부침한 나라를 10국이라 하여 5대10국으로 부르고 있다. 이들 왕조의 창업자들은 남당의 이승李昪을 제외하고는 모두 당 말 절도사 출신이었음을 볼 때 이 시기는 절도사에 의한 무단 통치의 격변기였음을 알 수 있다.

한편 중국 역사는 강남의 한족왕조인 10국을 정사正史로 하지 않고 이민족왕조가 중심이었던 5대를 정사正史로 다루고 있음은 주목을 요한다. 또한 중국의 역사는 거란의 요, 몽고의 원, 만주의 청 등 유목왕조들 모두 정사에 포함시키고 있는데 이것은 중국이 중화역사의 단절을 막기 위해 중원(화북)지역을 차지한 왕조를 중심으로 이들 이민족 역사도 중국사에 통합시켜 중국 역사의 맥을 이어갔다고 볼 수 있다. 이러한 중국사관이 중국사 체계의 전반에 걸쳐 근간이 되고 있음을 알 수 있다.

송을 건국한 태조 조광윤(960~976년)은 절도사 출신으로 지난 반세기의 대혼란이 어디에서 연유된 것인지 잘 알고 있었다. 그는 우선 절도사에 의한 지방 군벌의 해체에 착수했다. 절도사의 아군으로 구성된 금군조직을 개편해서 황제 직속에 편입시켰다. 그리고 지방 절도사의 사병 양성을 금지시키고 그들의 행정권을 축소하는 한편 재정권도 분리해 전문가에게 이양토록 했다.

조광윤은 군사 병무를 다루는 최고 기관으로 문관 출신의 추밀원을 설치해 이를 황제 직속에 둠으로써 사실상 군통수권을 문관이 장악토록 했다.[1] 또한 과거제科擧制를 통해 인재를 중용하고 이들 관료 집단을 통해 훈구 대신을 견제하는 등 전제권을 강화해 중앙집권화를 이뤄나갔다. 이러한 내정의 개혁과 왕권 강화는 그의 아우 태종 때까지 30여 년 계속되어 마침내 송의 전제 군주제가 확립되었다. 조광윤은 국내 정국을 안정시키는 한편 971년 남한南漢과 남당南唐 그리고 이어 강남을 차례로 평정했다.

이러한 송의 통일 과정에 거란의 간섭이 없었던 것은 송 측의 행운이었다. 거란은 태종이 급사한 이후 농정파와 유목파 간에 암투가 심화되어 중국에 관심을 갖지 못하고 있었고 세종에 이어 목종도 암살되는 등 혼란에 빠져 송의 통일을 방관할 수밖에 없었던 것이다. 거란은 연운 지역을 확보하고 있는 것으로 만족해야 했다.

## 북한국

송태종(976~997년)은 태조로부터 안정된 국정과 국내의 통일을 물려받은 후 거란에 빼앗긴 연운燕雲지역의 탈환을 구상했다. 이 연운의 회수를 위해서는 우선 거란에 복속하고 있는 산서의 북한국北漢國 공략이 필요했다. 북한국(959~979년)은 후한 황제 유지원의 일족인 유숭劉崇이 산서로 도망해 세운 국가로 태원을 수도로 했다. 북한국의 위치는 연운과 같이 송과 거란의 중간에 자리 잡고 있었다.

거란 측은 연운의 관리를 위해서는 북한의 협조가 필요했고 북한은 송에 대한 안보상의 이유로 거란을 필요로 했다. 송은 연운 없이는 진정한 중국 통일을 이룰 수 없었고 연운의 회수를 위해서는 북한 정벌이 관건이었던 것이다. 968년 송 태조는 북한을 공격한 바 있으나 거란이 신속하게 원병을 파견해 실패한 바 있다.

태종은 979년 북한 정벌에 나섰다. 송군은 유주 부근 산악 지대에서 북한군을 격파하고 드디어 북한을 정벌할 수 있었다. 거란은 이 전투에 개입했으나 국내 사정으로 충분한 지원을 하지 못했을 뿐 아니라 산악지대인 산서에서의 싸움은 기병 중심의 거란군보다는 보병 중심의 송군에 유리했던 것이다.

태종은 북한 정벌에 이어 내친김에 연운 16주를 공략했다. 태종은 북경 부근까지 진출해 거란군을 포위했으나 북경 서북부의 고량하高 梁河에서 거란의 장군 야율휴가耶律休哥에 의해 격파되고 말았다. 송군 은 퇴각해 하북의 남단에서 겨우 거란군의 남하를 막아낼 수 있었다. 거란군도 전면전 준비가 되어 있지 못해 송군을 더 이상 추궁하지 못 했다. 이 고량하전투를 계기로 양국 관계는 소강상태를 유지했다. 송 은 북한을 정벌했으나 연운의 회수는 실패한 가운데 양국은 열전이 아닌 냉전의 상황을 맞게 된 것이다.

## 정안국

중국이 한족왕조인 송宋에 의해 통일되면서(960년) 동아시아 정세 는 새로운 국면으로 접어들었다. 이 시기 거란은 국내 정정 불안으로 대외문제에 전념할 수 없는 상황이었고 만주에서는 발해유민에 의한 부흥운동이 끊이지 않았다. 동란국의 천도는 점령 후 불과 2년 만에 이루어진 일로서 거란은 요동을 행정구역에 포함시켜 영토화했으나 나머지 구발해의 광활한 영토에 대해서는 유효한 지배 체제를 완성하 지 못하고 있었다.

거란의 정복 방식은 빠른 속도의 유목 기마대를 이용해 우선 수도 로 직접 들어가 그 수뇌부를 붕괴한 후 보호국가를 세워 관할했기 때 문에 속전속결이었다. 따라서 야율아보기가 동란국을 세운 후에도 발해 전역이 거란 통치하에 있었던 것은 아니며 수도 홀한성과 주요 거점을 장악한 데 불과했던 것이다. 이러한 상황에서 동란국 수도의 요동 서천西遷은 발해유민으로 하여금 독립운동을 일으킬 수 있는 여건을 제공했을 뿐만 아니라 발해 수도인 홀한성과 연해주에 대해서는 그 관할을 포기한 것이나 다름없었다.

또한 발해유민에 대한 요동으로의 강제 이주는 남만주 일대의 부흥운동을 부채질하는 결과를 초래했다. 서경압록부, 두만강 북안의 중경현덕부, 동경현덕부, 함경북도의 남경남해부가 그 대표적인 예다. 특히 서경압록부는 압록강 하구에 위치하고 있었고 동남북 3면이 험한 산으로 둘러싸여 있어 외부로부터의 공격이 어려운 천연 요새일 뿐만 아니라 앞서 살핀 바와 같이 만주로부터 해로를 통해 중국과 연결되는 교통의 요충지이기도 했다.

발해유민의 여러 광복 운동 중 가장 조직적인 노력은 발해 왕족 대씨大氏와 그 추종 세력에 의한 것이었다. 이들의 거점은 서경 압록부였는데 이들을 역사상 후발해라고 부른다. 대씨 정권은 압록강 하구에서 해로를 이용해 후당과 긴밀한 관계를 유지할 수 있었는데 첫 번째 통교는 동란국이 서천(928년)한 이듬해에 이루어졌고 이 관계는 후당이 멸망하는 936년까지 지속되었다. 대씨 정권의 후발해는 태종이 급사한 이후 거란이 국내 혼란을 겪던 기간 동안에 압록강 동부, 두만강 일대에까지 그 세력을 미쳤던 것으로 보인다.

후발해는 947년 이후 후한, 후주 등과의 관계가 기록에 나타나지 않다가 송대에 이르러 정안국定案國의 이름으로 다시 등장한다. 그러나 970년에 송에 사신을 보낸 정안국의 국서는 대씨가 아니고 열씨의 왕성으로 되어 있어 947~970년 사이에 정권의 변화가 있었던 것으로 보인다. 중국과 거란 등에 기록이 없어 이 정권 변화의 과정은 알려진 바 없다. 그러나 발해의 부흥 운동은 고려와 밀접한 관계가 있

으므로 대씨로부터 열씨에 이르는 정안국의 정권 변화과정을 추적해
볼 필요가 있다.

고려 측 사료를 통해 그 실마리를 풀어보도록 하자. 926년 발해가
멸망하자 많은 유민이 고려로 유입되었음은 앞서 살펴본 바 있다. 첫
번째는 925년 9월 거란이 발해를 공격(925년 12월)하기 전에 신덕申德
장군, 예부경 대화균大和均 등 대신 그리고 장군 모두간冒豆干 등이 많
은 호구戶口를 이끌고 귀순한 바 있다.[2] 발해 멸망 직후 927년 3월에
는 공부경 오흥吳興 등 50인, 승려 등 60인, 928년 3월에는 김신金神
등 60호, 7월에는 왕족 대유범大儒範이 유민을 끌고 합류했다. 그리고
9월에는 수를 알 수 없는 유민이, 12월에도 선박 20척에 나누어 탄
유민이 고려에 왔다.

이후 유민의 고려 내투는 보이지 않다가 934년 7월 발해세자 대광현
大光顯이 수만 호를 이끌고 내투하고 12월에는 진림 등 160인이 함께
내부[3]해왔는데 이것은 발해가 망한 지 8년이 경과한 후였다. 왜 이렇게
된 것일까. 서경 압록부를 중심으로 대씨에 의한 발해 부흥운동이 시
작된 지 몇 년이 경과한 후에 세자인 대광현이 그곳을 떠났다는 것은
발해유민 정권 내에 큰 내분이 있었음을 의미하며 그 내분은 왕족 대씨
와 970년 송에 국서를 보낸 열씨 사이에 권력 쟁투였을 가능성이 높다.

대씨는 발해의 왕성王姓으로 고려와 친척국가의 인식을 갖고 있었
기 때문에 고려로 망명한 것으로 보인다. 한편 열씨 정권은 그들의 정
치적 보호를 중국왕조에서 찾았던 점에서 어렴풋이나마 이들 간에 정
치적 갈등이 있었음을 발견할 수 있다. 열씨의 정안국은 그 후 정권이
오씨로 넘어가고 발해의 유민들은 그곳 토착민들과 제휴해 거란에 대

한 저항을 계속했던 것이다.

## 여진과 당항

거란이 동란국 수도를 요양遼陽으로 서천한 이래 발해의 피지배 계층이었던 말갈족은 조직적인 독립 세력으로 성장하지는 못했으나 거란의 강압적 사민정책과 탄압에 못 이겨 곳곳에서 그들 나름대로의 정치적 연합체를 결성하고 있었다.

그들은 중국 및 고려와 통교하면서 거란에 대한 조직적 저항세력으로 발전하고 있었는데 그 대표적인 연합체가 압록강 하구에 위치해 있었다. 이들도 대씨 정안국과 같이 해로로 중국과 통할 수 있는 압록강 하구 방면에 그 본거지를 잡은 것이다. 이 시기로부터 만주 지역에 산재했던 말갈족은 중국과 거란 그리고 고려의 사료에 여진女眞[4]이라는 이름으로 등장하고 있다.

여진은 터키-몽골계와 다른 퉁구스계 유목민으로 알려져 있다. 이들은 동부 시베리아에서 유목생활을 하다가 조금씩 남하해 만주까지 이주해온 것으로 보이는데 중국 사서에 여러 다른 이름으로 기록되고 있다. 선진시대에는 숙신肅愼, 한대에는 읍루挹婁, 북위 대에는 물길勿吉, 수와 당대에는 말갈靺鞨로 불린 것으로 보인다.

『북사』에 의하면 물길은 7부가 있었는데 6세기 중엽 물길이 무너진 후 그 지배하에 있던 제 부족이 말갈로 불리고 당대에 오면 이들 중 송화강 상류의 속말 말갈과 그 하류에서 퍼져 나온 흑수 말갈의 예맥계는 남북에서 웅거했으나 고구려에 예속되었고 이어 고구려 멸망 후에도 발해의 피지배층으로 복속되었다.[5]

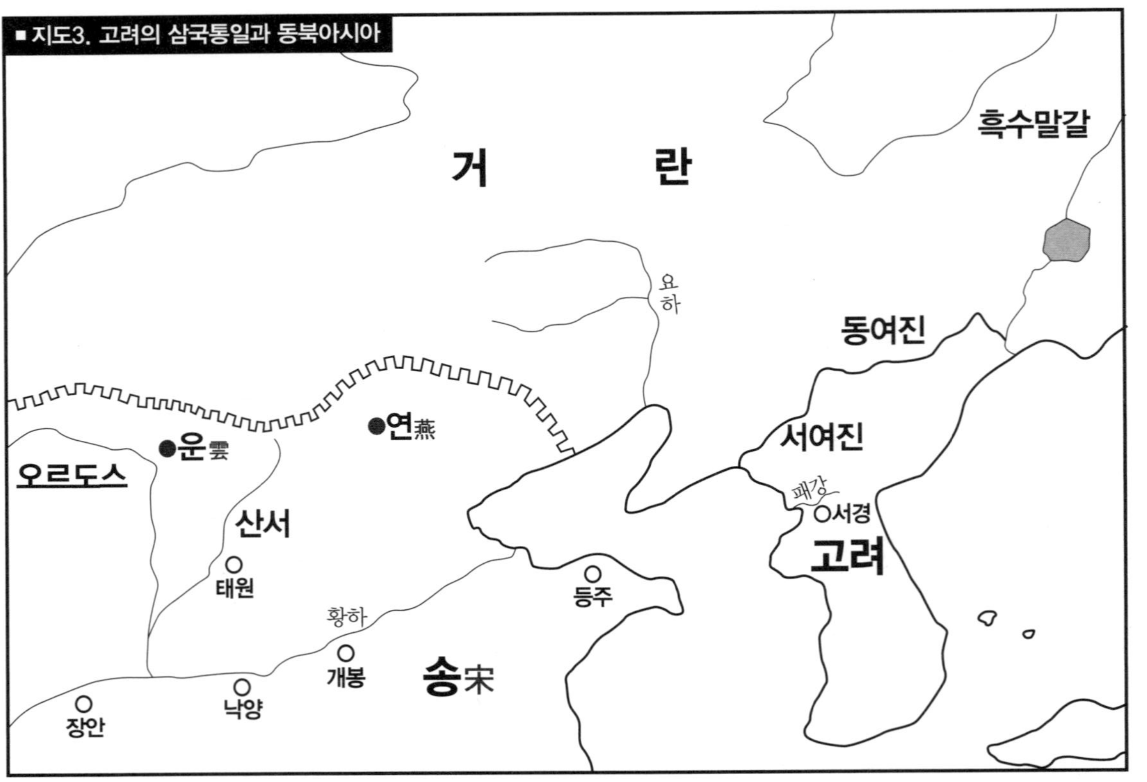


■지도3. 고려의 삼국통일과 동북아시아
거 란
흑수말갈
요하
동여진
서여진
패강
서경
고려
오르도스
운雲
연燕
산서
태원
황하
등주
개봉
송宋
낙양
장안

속말과 흑수 부족은 발해의 영역에 편입되었으나 속말은 발해의 구성원이 되어 동화된 듯하고 흑수는 발해에 편입을 거부해 비교적 독립 세력으로 남아 있었다. 이 흑수말갈은 말갈 부족 중에서 가장 늦게까지 문명을 수용하지 못한 채 '야만적' 유목부족으로 남아 있다가 훗날 거란을 대체하고 중국에 금 왕조를 건설하게 된다.

송이 중국을 통일한 시기에 송, 거란, 고려와 이해관계가 있었던 여진은 주로 압록강 하구 방면의 서여진이었다. 정안국은 발해 광복을 목표로 하나 현실적으로 거란의 압박하에서 생존의 문제가 보다 절실했다. 따라서 송에 복속하고 고려와의 화친이 필요했다. 여진도 구발해의 지배 계층이었던 정안국과 제휴해 송에 조공하고 고려와의 화친을 필요로 했다. 이들은 송과의 사대관계를 근간으로 해서 거란에 대해서도 등거리 외교를 할 수밖에 없었다.

송의 건국으로 거란과의 일전이 불가피한 가운데 송과 거란 사이에 정안국과 서여진이 출현하고 고려는 북방 진출을 계속하고 있었다. 한편 동아시아의 서쪽 방면에서도 새로운 변화의 조짐이 싹트고 있었다.

중앙아시아에 이르는 길목인 청해 지역과 티베트 고원에는 당말 이래 티베트계의 당항족黨項族이 자리 잡고 있었다. 당항족의 일부는 당이 쇠락하자 동쪽으로 이주해 황하 상류의 오르도스 부근에 정착하면서 그 세력을 확대하기 시작했다. 당은 이이제이책에 따라 이들을 회유해 국성인 이씨 성을 부여했다. 그리고 당항족은 군마용 말을 당에 공급하고 있었다. 이들은 당의 서역 교역로를 차지하고 있었기 때문에 전략적으로 매우 중요한 위치에 있었던 것이다.

당이 붕괴한 후 중국이 혼란해지자 이들 세력은 더욱 확장되었는데 야율아보기가 북방 유목세계를 정복했을 때는 거란에 복속했다. 그러나 송이 중국을 통일한 후에는 수장 이계봉李繼捧이 마음을 바꾸어 송에 귀순할 것을 결정했다. 그러나 그의 아우 이계천李繼遷[6]은 거란의 회유에 동조한 후 반발 세력을 규합해 중국의 협서 지방으로 가서 분리 독립했다.

이계천은 친거란 입장을 취하면서 송을 위협했다. 송 태종이 979년 거란의 연운 16주를 공략했을 때 이들은 송의 배후를 건드렸다. 송이 고량하 전투에서 패배하고 송-거란 관계가 소강상태로 들어가자 당항은 송 측의 회유에도 응하면서 등거리 외교를 통해 어부지리책을 구사했다. 훗날 당항의 수장은 거란으로부터 하주왕으로 책봉되었는데 이 당항국을 역사상 서하西夏로 부르고 있다.

동아시아는 송과 거란의 두 강대국이 대치하는 가운데 동편에는 고려, 정안과 여진이 그리고 서편에는 서하가 자리 잡으면서 팽팽한 외교전과 함께 때로는 국지전을 병행하는 양상으로 발전했다. 이 모습은 당말 이후 혼란했던 동아시아 정세가 새로운 형태의 질서와 세력 균형을 모색해가고 있음을 의미하는 것이었다.

## 2. 압록강 하구의 전략적 이해

### 송-거란-고려의 이해관계

송은 960년 중국을 평정했으나 완성하지 못하고 있었다. 장성 안에 위치한 연운 16주를 거란이 확보하고 있었기에 첫째는 완전한 통일을 이루지 못했고, 둘째는 연운 지역이 거란의 전진 기지로서 작용하고 있어 안보상으로도 거란의 직접 위협하에 노출되어 있었기 때문이다. 산서의 북한을 정벌(979년)할 때는 송군이 주로 산악지대에서 거란군과 접전했으므로 보병이 우세한 송군에 주도권이 있었으나 연운의 지세는 북으로 산악이지만 남으로는 화북평야가 연결되어 고량하 전투(979년)에서는 기동성이 강한 거란의 기마군이 유리했기 때문에 비록 장성 안에서 싸우는 전투임에도 불구하고 송군이 승리하지 못하고 있었다.

또한 송은 거란과 대치하는 동안 서하가 어부지리를 얻어 송의 후방을 계속 약탈하고 그 세력을 확대해가고 있었기 때문에 거란과의 관계에만 모든 역량을 집중시킬 수 없는 상황이었다. 따라서 송은 거란과 대치하면서 서쪽의 서하를 유화하고 동으로는 정안국과 서여진 그리고 고려와의 안보 협력을 통해 거란을 압박하는 외교 전략을 구사했다. 이것은 중국 고유의 원교근공遠交近攻과 이이제이以夷制夷의 연장선상에 있었음은 두말할 나위가 없다.

거란은 국내적으로 농경파와 유목파가 분열되어 일사불란한 남하 정책을 수행하지 못하고 있었으며 송과의 속전속결도 어렵게 되었다. 이러한 송과의 대치상태가 장기화될 경우 거란에게는 고려와 여진 그리고 서하와의 관계가 중요한 의미를 갖게 된다. 여진은 발해 멸망 이후 거란을 적대시하고 송에 복속해 부담이 되었고 고려는 송과 화친하면서 발해유민을 대거 포용하는 한편 계속 북진하고 있었기 때문에 거란으로서는 경계의 대상이 될 수밖에 없었다. 또한 고려와 여

진을 공격하면 송이 연운을 공격할 수도 있기 때문에 송, 고려, 여진
이 동맹하거나 반거란 전선을 형성하지 못하도록 하는 문제도 늘 염
두에 두어야 했다.

한편 고려는 북진을 계속해 서북계는 신라의 대동강으로부터 청천
강 북변에까지 이르렀다. 고려는 친중견란 입장에 따라 송이 건국하
자 사신을 보내 통교하고 우호관계를 유지해나갔다. 이것은 송으로
서도 원하는 바였으므로 양국 관계는 순조로웠다. 다만 고려는 여진
과의 관계에 있어서는 이중적 입장을 갖고 있었다. 거란에 대한 견제
와 완충지대로서 여진의 협력이 필요한 반면 옛 고구려 영토의 회복
을 위해서는 여진의 거주지를 더욱 북으로 내몰아야했다. 고려는 여
진을 유화하고 내부한 자를 포용하는 한편 여진 거주 지역에 성을 구
축하면서 그 영토를 북으로 확대해나갔던 것이다.

고려의 북방 진출은 발해를 정벌하고 여진을 복속시킨 거란과는
이해가 상충할 수밖에 없었다. 결국 거란의 남하와 고려의 북방정책
은 충돌할 수밖에 없는 운명에 놓여 있었던 것이다. 고려가 북방 진
출을 포기하고 거란에 대해 유화적 태도를 취했다 하더라도 거란은
고려에 대해 송과의 관계 단절을 요구했을 것이므로 고려가 송과 거
란 사이에서 등거리 외교를 할 수는 없었을 것이다. 이 시기는 평화
를 추구하기 위해 외교를 구사했던 시대가 아니고 열전을 앞둔 냉전
의 시기였기 때문에 평화공존을 위한 등거리 외교等距離 外交는 성립
하기 어려운 상황이었던 것이다. 고려가 송과의 관계를 끊고 중립적
입장을 취하면 거란은 더욱 쉽게 고려를 좌초시킬 가능성이 있기 때
문이다.

이러한 송과 거란, 거란과 고려 간의 이해가 상충되는 그 한복판에 정안국과 서여진이 자리 잡고 있었다. 이들은 압록강의 중류로부터 하구에 이르는 지역에 위치해 있었다. 정안과 여진은 송과의 정치, 통상 관계를 유지하기 위해 사신 등을 왕래해야 하는데 거란이 요동을 막고 있으므로 육로로는 통과할 수 없고 압록강 하구에서 배로 송과 왕래하고 있었다. 발해 시대의 당과 통교해온 이 수로를 후세에 조공로朝貢路[7]라 불렀다. 압록강 하구와 이 수로는 군사적으로도 매우 중요한 전략 지역으로 송으로서는 거란과 전쟁 시 육로 이외에도 선편으로 이곳에 군단을 수송해 거란을 공격할 수 있었던 것이다.

고려는 이 지역이 요동에 이르는 관문으로서 옛 고구려 영토회복을 위한 북방정책의 최우선 대상지임과 동시에 거란의 남하南下를 방어하기 위해서도 압록강 하구를 거란에 넘겨줄 수는 없는 입장이었다. 거란의 입장에서는 압록강 하구를 확보해야 정안국과 여진의 대송 교통로를 차단하고 고려 공략의 교두보를 마련할 수 있게 된다. 한편 송으로서는 압록강 하구가 정안과 여진의 교통로로서 뿐만 아니라 거란의 배후를 공격할 수 있는 수로의 확보라는 의미가 있으나 반대로 이곳이 거란으로 넘어갈 경우 그 이점을 모두 상실하게 되어 거란에 대해 전략적 열세를 면하기 어렵게 되는 것이다. 이곳 압록강 하구야말로 이 지역 당사국 모두의 이해가 교차하는 전략적 요충지였던 것이다.

송은 981년 정안국에 사신을 보내 거란에 대한 군사 공격을 비밀리에 제의한 바 있는데 이러한 송의 제의는 수륙 양면에서의 거란 공략을 염두에 둔 것으로 보아야 할 것이다. 송과의 군사동맹을 갈망해온 정안으로서는 이를 마다할 이유가 없었다. 정안국왕 오현명烏玄明은 그의 답변에서 조부 때부터 거란의 공격을 받아온 울분을 토로하고 송의 비밀계획에 적극 동의해 조상의 원수를 갚겠다고 굳게 약속했다.[8]

송과 정안국의 이 비밀군사동맹을 화-만華-滿협약이라고도 부른다. 이 협약은 송 측의 입장 변경으로 실천에 옮겨지지는 않았으나 송의 대거란 작전을 밝혀주는 좋은 사료임이 분명하다. 송의 거란 공격은 연기되어 986년에 이루어지게 되는데 이때 송은 고려에 군사 동원을 요청하게 된다.

### 거란의 여진 공략

송이 정안과 협공 교섭을 하고 있을 무렵 거란에서는 성종이 12세 나이로 즉위했다. 성종은 49년(982~1031년)을 재위했는데 이 성종의 치세를 거란에서는 '유성이쇠由盛而衰'라 하여 거란의 전성시대임과 동시에 거란이 쇠퇴의 길을 걷게 되는 시기로 보고 있다.[9]

어린 성종이 즉위하자 모후母后인 승천황태후가 섭정을 하게 되었는데 섭정기간이 약 20년 이상을 지속했으므로 이 시기 거란의 정책은 모후에 의해 결정되었다고 해도 과언이 아니다. 모후는 성격이 강인한 진보파로서 거란의 정책은 다시 군사 강경노선으로 선회했다. 송을 제압하기 위해 고려와 정안, 여진을 먼저 복속시키는 전략을 택했다. 송이 건국한 이래 고려와 송의 관계는 밀착되어갔고 고려의 대거란 자세는 냉랭했으며 고려의 계속적인 북진은 자칫 압록강 하구를 고려에게 잠식당할 수도 있다는 우려를 주었을 것이다.

성종 즉위 이듬해 10월 거란은 마침내 고려 정벌을 결정하고 동경(요양)유수를 총사령관에 임명해 군사행동을 개시했다.[10] 그러나 거란군은 고려까지 침공하지는 않고 여진을 공격한 후 패주하는 여진을 쫓아 고려의 서북 경계까지 진출했다가 회군했다.[11] 이때 거란 기병이 고려 진영에까지 일부러 와서 고려 수비병에게 "나는 거란 기병이다. 여진이 거란 변경을 침략하므로 이들을 정벌하고 이제 군대를 철수한다"[12]라고 알려주었다.

거란이 일부러 고려에 여진토벌과 회군 사실을 알려준 것은 고려의 경계심을 이완시키기 위한 조치였던 것으로 보인다. 이 시기에 거란은 고려 측에 한림학사를 보내서 국경 문제를 협의하고자 제의했는데 이는 거란이 고려 공략을 위해 그 지리를 탐지하는 한편 평화를 앞세워 고려를 안심시키려는 외교 전략으로 보인다. 그럼에도 불구하고 거란의 여진 공격은 고려의 경각심을 불러일으키기에 충분했다.

거란은 이어 다시 한 번 고려 정벌을 결정(985년 7월)하고 군대 장비와 도로를 점검했다.[13] 그리고 실제 작전은 지난번과 같이 여진을 공략했다. 그 이유로서 "요역(요하 하류 일대의 습지) 때문에 고려 원정을 미루고 여진을 치기로 하고 요역이 마르기를 기다려 출정하게 했다"[14]라고 했는데 이때 거란군이 공격한 여진의 위치는 분명치 않다. 이번에 공략한 여진은 지난번 공략한 서여진이 아니고 정안국이었을 것이라는 유력한 견해가 있다.[15] 거란군은 포로 10여만 명과 말 20여만 필을 얻는 전과를 거두고 회군했다.[16]

거란이 2차에 걸쳐 고려 정벌을 결정한 후 여진만 공격하고 퇴각한 것은 검토를 요한다. 거란은 고려 공격이 목표였으나 그 중간 지대에 위치한 서여진과 정안국의 정벌이 선행되어야 했다. 그러나 2차에 걸친 공격에도 불구하고 정안국과 서여진이 붕괴되지 않았던 것은 습지, 산지 등 이 지역의 지형지세가 험준해 그 공략이 용이하지 않았음과 거란의 기병이 이러한 지형지세에서 큰 힘을 발휘하지 못했음을 알 수 있다.

거란은 고려에 대한 속전속결이 어려워지자 전략을 바꾸어 986년 고려에 궐렬厥烈을 사신으로 보내 화친을 제의했다.[17] 이러한 거란의 태도 변화는 같은 시기에 송의 거란 공격이 시작된 데에도 영향을 받은 것으로 보인다. 거란의 여진 방면 군대는 송과의 대전을 위해 압록강 전선으로부터 요동으로 이동해야 했으며 거란은 송과 고려의 협력을 견제하려는 목적에서 고려에 궐렬을 파견했음을 알 수 있다.

거란은 2차에 걸친 압록강 연안의 여진과 정안에 대한 공격에도 불구하고 이들의 대송 교통로를 차단한다든지 교두보를 확보한다든지 등의 가시적 성과를 올리지 못한 채 오히려 송으로부터 공격을 받게 된 것이다. 여진과 정안은 아직 송과의 조공로를 확보하고 있었고 거란의 추가 공격에 대비해 송에 더욱 접근하고 있었다.


### 목계 사건

고려 성종(981~997년)은 거란의 성종이 보위에 오르기 한 해 전에 즉위했다. 성종은 곧바로 송에 사절을 파견해 예를 갖추었고 이어 송은 성종을 고려 국왕에 책봉하는 사대의 절차를 취했다. 이러한 송과 고려의 사절 교환은 양국 간 전통적 우호관계뿐 아니라 거란을 견제하기 위한 서로의 필요성이 있었기 때문이다. 성종 즉위 후 거란이 고려 정벌을 결정하고 여진에 군사행동을 취한 것은 송, 고려, 여진의 결합을 사전에 차단하고 여진과 고려를 힘으로 복속시키려는 의도로 볼 수 있다.

고려는 이런 상황에서도 계속 북진을 시도했다. 거란이 여진을 공략하던 시기에 고려는 이겸의李謙宜로 하여금 압록강 연안에 관성을 쌓도록 했는데(984년) 이겸의가 여진군에 포로가 되어 실패한 사건[18]이 있었다. 서여진은 거란의 공격이 고려의 사주로 이루어진 것이라고 하면서 이의 급함을 알리는 목계木契(나뭇조각에 글을 쓴 문서)로 "고려는 거란과 관계해 서로 의지하고 원조하며 여진의 백성을 노략해 돌려보내지 아니한다"[19]라고 송에 고했다.

송 태종은 여진의 목계를 접하고 마침 고려에서 사신으로 송을 방문하고 있는 한수령韓逐齡에게 이 사실을 알리면서 여진의 포로들을 석방해주도록 당부했다.[20] 여진의 목계는 거란이 여진을 공격하고 있는 상황에서 고려가 여진의 거주지를 '침식' 해온 데 대한 적개심에서 비롯된 것으로 볼 수 있다. 결과적으로 거란의 여진 침공은 고려와 여진 간에 결속을 가져온 것이 아니라 상호 불신을 증폭시켰던 것이다.

### 송의 고려 참전 요청

거란이 두 번째 여진을 공략하던 시점(985~986년)에 송은 고려에 한국화韓國華를 특사로 파견해 장차 거란을 공격하고자 하니 고려가 군사를 동원해줄 것을 요청했다.[21] 거란 협공작전을 제의한 것이다. 송과 고려는 전통적 우호관계 이외에도 전략적 필요에 의해서 긴밀한 관계를 유지했음은 이미 살펴본 바와 같다. 이번 한국화의 고려 파견에 앞서 송태종은 특사를 보내 고려왕에 대한 관작을 추가하는 우호적 조치도 취한 바 있다.[22]

당 태종은 한국화를 통해 보낸 국서에서 "만방이 중국에 복종하고 있는데 유독 거란만이 유주 등 중국의 북쪽을 점령하고 함부로 침략행위를 하고 있

■ 표3. 10세기말 동북아 정세

| 960 | 조광윤, 송 건국 |
|---|---|
| 962 | 고려, 송에 사신 파견 |
| 963 | 송, 고려에 책명사 파견 |
| 981 | 고려, 성종 즉위 |
| 982 | 거란, 성종 즉위 |
| 984 | 거란, 고려에 국경문제 협의 제안 |
| 986 | 송 사신 한국화, 거란 징벌 제의<br>거란 사신 궐열, 고려에 화친 제의 |
| 991 | 거란-송 전쟁에서 송 패배<br>고려, 여진을 압록강 밖으로 축출 |
| 992 | 송, 고려 왕의 관작 추가 |
| 993 | 거란의 고려 침입과 서-소 담판 |
| 994 | 서희, 강동 6주에 8개 성 축성 |

으니 송에서는 거란을 대적해 그들을 진멸시키고자 하는 바 고려도 중국과의 오랜 우호관계를 지켜서 거란의 침략으로 입은 적분을 씻어야 할 때가 아니겠는가" 하고, "두 나라가 함께 공격하면 북쪽 오랑캐는 반드시 멸망할 것이고 이런 좋은 기회는 다시 오지 않을 것이니 고려왕은 이를 서두르도록 종용"하고, "전쟁 중에 사람, 가축, 재물, 가재를 포획하면 고려 장병들에게도 상을 주겠다"라고 상급에 관해서도 구체적으로 제의했다.[23]

이에 대해 고려는 회답을 피하면서 결정을 미루었다. 고려는 송과 또 한 가지 문제가 있었다. 여진의 목계에 대한 설명과 포로를 방면해주도록 송 태종이 한수령에게 당부한 데 대한 응답이 필요했다. 성종

은 한국화에게 "고려는 송의 정삭을 받고 직공을 충실히 닦고 있어 외국(거란)과 통교할 까닭이 없고 더구나 거란은 멀리 요해 밖에 있어 상종할 길이 없다"라고 하고 "양측의 사절이 송 황제 앞에서 대질해 진상을 밝히자"라고 제의해 한국화도 이에 동의했다.[24]

한국화는 송 태종의 친서를 갖고 고려의 참전을 교섭하러 왔는데 고려의 참전 수락이 쉽지 않던 차 여진의 목계 사건이 고려를 설득하는 데 호재가 되었던 것이다. 한국화는 한편 설득하고 다른 한편 위협하면서 고려의 참전을 요구했고 결국 고려가 마지못해 출병을 약속하자 한국화는 귀국했다. 송은 이 시기(986년) 거란과 도처에서 격전을 벌리고 있었고 송이 승기를 잡게 되자 거란은 압록강 방면의 거란군을 돌려 서쪽의 대송전에 참가하도록 한 바도 있다.[25] 불리했던 거란은 송장군 양계업楊繼業이 전사하면서 역전되기 시작했다.

986~989년 송과 거란의 열전 기간에 고려는 끝내 참전하지 않았다. 거란에 관한한 고려는 송과 이해가 일치하기는 하나 교전 당사자가 되기를 원치 않았던 것이다. 그러나 고려가 거병하지 않았음에도 불구하고 송-고려 우호관계는 유지되었는데 이는 양측이 모두 거란을 염두에 두고 지속적인 협력의 필요성을 갖고 있었기 때문이다.

### 압록강 하구의 교두보

송의 연운 16주 탈환 노력은 실패로 끝났다. 송은 거란과의 전쟁 중 서하西夏의 공략으로 양방에서 위협을 맞게 되었다. 한편 거란은 서하를 복속시켜 송에 대한 우위를 견지할 수 있었으며 전세는 거란에 유리하게 전개되었다. 송의 패색이 짙어지자 서여진은 재빨리 거란에 접근하고 조공사 파견도 잦아졌다(988~990년).[26] 송이 거란에 패하고 서하 문제로 동북 방면에서 손을 빼면서 압록강 하구는 거란의 영향하에 들어가게 되었다.

거란은 마침내 여진을 복속시키고 송과의 관계를 끊도록 하는 데 성공했다. 거란은 991년 2월 압록강 하구의 강구에 위치한 위구威寇, 진화振化, 내원來遠 3곳에 성을 쌓고 군대를 주둔시켰다.[27] 특히 내원성은 압록강 하구의 강 복판에 있는 섬에 축성한 것이었다. 거란은 8년에 걸친 서여진과 정안국에 대한 군사 공략과 송과의 전쟁에서 승리해 드디어 최대의 전략적 요충지인 압록강 하구를 차지할 수 있었다. 이 교두보는 거란의 다음 목표인 고려 침입의 전진기지가 될 것임은 두말할 나위가 없는 것이다.

거란에 복속한 서여진과 정안국은 이제 송과의 교통로를 차단당함으로써 고립되었다. 송의 기록에는 991년 정안국 왕자가 여진의 사신과 함께 송에 연락한 것을 마지막으로 송과의 통교는 보이지 않는다.[28] 서여진과 정안은 결국 그 독립적 지위를 상실하고 사실상 거란의 군사 보호령이 되었던 것이다.

거란이 3성을 축성하고 있던 상황에서(991년 10월) 고려는 압록강변의 여진을 다시 한 번 백두산 쪽 오지로 축출한 일이 있는데 이 사건은 거란의 3성 구축과 비슷한 시기에 이루어졌다는 점에서 중요한 의미를 갖는다. 고려와 거란은 군사적으로 압록강 하구에서 대치하게 된 것이다. 고려의 여진 축출은 기본적으로 북방정책의 일환으로서 지난번 이겸의의 축성 사건의 연장선상으로 볼 수 있다. 그러나 압록강변에서의 여진 축출은 거란이 남하해 3성을 구축하고 있던 시점이었기 때문에 사실상 양국 간에 군사적 충돌이 예상되는 매우 긴박한 사건이었던 것이다.

여기서 구발해의 영토에 관해 잠시 검토해보자. 구발해 지역은 동란국이 발해 영토에 대한 일차적 영유권을 행사했으나 동란국이 요동으로 서천한 후 요동은 거란의 행정 구역에 포함되어 거란 영토로 흡수되었다. 그러나 요동을 제외한 지역은 정안, 서여진 동만주의 30부 여진 등으로 나뉘어 느슨한 형태의 반독립적 정치 연합체를 형성하고 있었으며 그 영토는 불확정한 상태였다고 볼 수 있다.

송은 거란을 견제하기 위한 정략적 이유로 압록강 하구의 정안과 서여진을 인정하고 사대관계를 맺었으나 거란은 이들을 인정하지 않고 정복 대상으로 생각하고 있었다. 고려도 고구려 승계를 국시로 하는 만큼 옛 고구려 영토에 자리 잡은 정안과 서여진을 독립국가로 인정할 수 없었다. 그리하여 고려는 기회 있는 대로 북진을 계속했던 것이다. 이와 같이 구발해 영토는 그 땅을 필요로 하는 세력 간의 힘에 의해 그 영유권이 좌우될 운명에 있었던 것이다.

구발해 영토 중에서도 거란, 송, 고려 간에 우선적으로 이해관계가 교차하는 압록강 하구는 이 시기 동북아의 핵심적 영토문제였다고 볼 수 있다. 거란-송 관계에서 거란의 우세가 분명해진 991년에 압록강 하구는 거란에 의해 군사 점령되었으며 고려는 그 입구까지 북진해 여진을 몰아내고 있었던 것이다. 여기에서 거란의 남하와 고려의 북방정책 간에 이해가 충돌한 것이다.

# 3. 고려-거란 전쟁

## 소손녕의 대군

거란은 송을 제압했고(989년) 여진을 공략해 교두보를 확보했다(991년). 압록강 하구에서 서로 마주 보게 된 거란과 고려는 피차 다른 선택이 없었다. 성종12년(993년) 마침내 거란의 동경유수 소손녕이 대규모 군단을 이끌고 고려에 침공했다.[29]

거란군 침입이 임박한 993년 5월 서여진은 거란이 고려 침범을 준비하고 있다는 사실을 고려에 알려왔다.[30] 여진은 이미 영내에 진출한 거란군의 동향을 잘 파악할 수 있었을 것으로 보인다. 그러나 고려로서는 여진을 신뢰하지 않고 있는 터라 이 정보를 무시했다. 여진은 8월에 거란군이 이미 고려 정벌군을 동원했다고 다시 한 번 알려왔다. 이번에는 고려 조정도 사실로 받아들이고 대비를 시작했다. 10월 고려는 군대와 군량을 점검하고 군용을 갖추면서 시중 박양유朴良柔를 상군사, 내사시랑 서희徐熙를 중군사, 문하시랑 최량崔亮을 하군사로 삼아 방어군을 편성했다.[31]

이때 거란군의 선봉은 이미 고려의 서북방 봉산군(진천과 구성의 중간)을 점령하고 고려군 선봉인 윤서안尹庶顏을 포로로 했다. 군위무차 청천강 안북부까지 나아갔던 성종은 거란군의 진군 속도가 빠름에 따라 일단 서경(평양)으로 되돌아왔다.

서희는 봉산군을 구원하기 위해 나아갔는데 거란 측은 "대국 거란은 이미 고구려의 옛 땅을 차지하고 있는데 지금 고려가 그의 영토를 침범하므로 이에 정벌하고자 온 것이다"라고 말을 퍼뜨리고, 또 수차

레 고려 측에 글월을 보내 "거란은 사방을 통일했는데 아직 복속하지 않는 자는 기어이 소탕할 것이니 속히 항복하라" 하면서 "80만 명이 쳐나왔으니 항복하지 않으면 모두 멸할 것이다. 군신들은 속히 항복하라"라고 했다.[32]

서희는 소손녕이 더 이상 진군하지 않고 계속 항복만 강요하는 것이 수상했다. 그는 서경에 있는 성종께 "거란의 행동으로 보아 화해가 가능할 것으로 보인다"라고 보고했다.[33] 성종은 서희의 보고에 따라 거란 측이 협상 의사를 보인 것으로 판단하고 이몽전을 대표로 보내 거란 측과 협의하게 했다. 이몽전李蒙戬이 소손녕에게 거란의 고려 침입 사유를 물은 데 대해 그는 "너희 나라가 백성을 돌보지 않으므로 천벌을 가하는 것이니 화평을 원하면 속히 나와 항복하라"라고 했다.[34] 이몽전은 결론을 얻지 못하고 돌아왔다.

여기에서 잠시 거란과 대전하는 고려가 어느 정도의 군사력과 대비책을 갖추고 있었는지 알아볼 필요가 있다. 태조 왕건 이래 고려는 평양을 서경으로 해 북방의 전진기지로 삼고 이 인근의 여진을 몰아내거나 포용하면서 주변에 여러 성책을 쌓아 방비를 견고히 하는 한편 백성을 사민徙民시켜 이 지역을 영토화해나갔다. 왕건 당대에 청천 강까지 진출했음은 앞서 살펴본 바와 같다.[35]

태조 이후 정종 대에는 서북 방면에 창덕, 덕성 등에, 광종 대에는 오늘날의 영변 등 10곳, 이어 경종 대에는 평북 희천에 축성하는 등 태조 이후에도 북방정책은 꾸준히 계속되어 이 지역을 영토화하고 군사 대비를 했던 것이다. 한편 정종 대에는 후진에 유학하다가 거란에 붙들려 있던 최광윤崔光胤이 거란의 고려 침략 의도를 알려옴에 따라 광군사光軍司를 설치하고 군사 30만을 편성한 적도 있었다.[36] 이와 같이 북방정책에 따른 영토 확장과 함께 국방력도 강화해 거란 방비에 노력해왔음을 알 수 있다.

성종에 이르러서는 선대의 후계 문제로 어지러웠던 내정을 수습하고 군비를 정비해 좌우군을 설치하고 평북의 서북계와 함남의 동북계에 각각 병마사를 보내 그 방비를 튼튼히 했다. 그리고 유사시에 대비할 병력투입도 가능하도록 대비하고 있었다. 또한 전국의 주요 교통로에 역을 설치하고 교통과 군사의 편의를 도모했으며 고려 최초로 군인의 복색을 정한 바도 있다.[37]

성종은 서경에 행차(990년)하면서 평양부를 비롯해 안성 등 11역에 쌀 9375석을 하사[38]했는데 이는 군량미는 아니었으나 북방지역의 방비와 그곳 관민에 대한 위무의 뜻이었음을 미루어 알 수 있다. 고려군은 보병 중심으로 거란군에 비견할 수는 없으나 북방의 험준한 지형지세를 이용한 축성과 여진축출 경험 등을 통해 군사적 대비가 상당히 축적되어 있었던 것으로 볼 수 있다.

### 고려의 조정

이제 거란의 침입에 대처하는 고려 측의 정책 결정 과정을 살펴보기로 하자. 우선 당시 고려 조정의 구성은 어떠했는가. 고려의 최고 지도자인 성종은 20세 초반에 경종(5대, 975~981년)에 이어 즉위했다. 그는 광종(4대, 949~975년)이 개국 공신을 대대적으로 숙청함으로서 빚어진 여파[39]를 수습해나가야 할 무거운 짐을 안고 출발했다.

성종은 국정 쇄신을 위해 5품 이상의 관리에게 시정에 관해 건의하

도록 하는 등 의견 수렴을 중시했다. 유명한 최승노의 시무時務 28조
는 이때 성종에게 제출한 글이다. 후세 사가들은 성종을 "수성守成의
주主 또는 호문好文의 주主였으니 고려의 제도 문물은 이 시대에 이르
러 크게 정비되어 고려 왕조의 기반은 더욱 확고해졌으며 대외적으로
거란의 침입을 물리치고 도리어 압록강변에까지 영토를 넓혔다"[40]라
고 전하고 있다.

성종 대의 인물은 크게 나누어 하나는 유학을 존중하는 학자들이
고 다른 하나는 전통적인 사상을 존중하는 행정관료들이었다. 최지
몽, 최승로, 최량, 이몽유, 왕융, 이양, 김심언 등은 전자의 대표적 인
물들이고 박양유, 서희, 이지백, 이겸의, 한인경, 정우현, 이주헌, 조
지인 등은 후자의 대표적 예로 볼 수 있다. 그리고 성종의 지도 이념
을 뒷받침해주고 정책을 결정해준 것은 전자였고 후자는 주로 행정을
담당하고 정책에는 비판적 입장을 갖고 있었다.[41] 성종은 그 출신 배
경과 사상적 토대가 다른 이 두 집단을 조정에 골고루 배치해 조화와
균형을 이루면서 국정 개혁을 추진해나갔다고 볼 수 있다.

거란의 소손녕 대군이 고려에 침입했을 당시에는 최지몽, 최승로
등 유가의 원로들은 이미 타계했고 그들의 후배인 최량, 이몽유 등이
조정에 참여했는데 이들 유가 집단은 최승로를 비롯해 주로 신라 육
두품 계통이 주류를 이루었고 일부 후백제 계통이 있었다. 행정 관료
집단인 박양유, 서희 등이 고려군을 이끌고 전쟁에 참가한 주역인데
이들은 개경 인근과 서경의 호족 출신 자제들로서 대부분 과거제科擧
制를 통해 등용된 배경을 갖고 있었다. 성종 치세에 상이한 정치 이념
과 지역 출신 배경이 다른 집단이 존재하고 있었다는 점은 주목해야

할 일이라 하겠다.

성종은 국정 개혁에 있어서 주로 유가의 정치 이념에 기초한 것으로 보이며 송의 선진 문화, 제도를 도입해 정치, 사회, 경제, 교육 등 각 분야의 제도를 정비해나갔다. 이 과정에서 전통을 중시하는 신진 행정관료 집단으로부터 지나친 모화慕華에 대한 경계의 소리도 없지 않았다. 거란의 고려 침입은 이러한 성종 치세의 정치적 상황에서 발생했고 위에 열거한 인물들이 거란과의 전쟁에 대응하는 정책 결정 과정에 참여했던 것이다.

### 할지론과 항복론

거란 대군이 서경의 인근까지 공격해 봉산군鳳山郡(평북 태천泰川과 구성龜城)을 점령한 채로 더 이상 진군하지 않고 수차 항복을 요구하고 있는 가운데 성종은 신하들과 대책을 의논했다. 오늘날의 국가 안보 회의를 개최한 것이다. 『고려사』에 기록된 협의 과정을 살펴보자. 대신들의 입장은 두 가지로 나뉘었다. 하나는 "왕께서는 서울(개경)로 돌아가시고 중신을 시켜 군사를 이끌고 항복하자"는 항복론이고 다른 하나는 "서경 이북의 땅을 떼어주고 황주로부터 절령岊嶺(자비령)에 이르는 선으로써 경계를 삼는 것이 가하다"는 소위 할지론割地論이다.[42] 

앞서 논의한 대신들 중에 누가 항복론을 또는 누가 할지론을 주장했는지는 기록이 없다. 논의 끝에 성종은 할지론을 받아들였다. 그리고 서경의 곳간을 열어 백성들에게 쌀을 가져가도록 했다. 그리고 지난번 서경에 보낸 9300여 석의 쌀이 아직도 많이 남았으므로 이 쌀이 적의 손에 들어가지 않도록 하기 위해 남은 쌀을 대동강에 던져버리

도록 결정했다.[43]

『고려사』에 기록된 이 논의 과정은 고려의 운명을 결정하는 매우 중요한 전략회의이며 후세에 결정적 영향을 미칠 수 있는 역사적 결단이 되는 것이다. 따라서 대신들은 지혜를 짜내고 논리를 세워 왕 앞에 의견을 개진했을 것이다. 이들이 주장한 항복론과 할지론의 논지가 궁금한데 사료에 기록은 없다. 역사적 사실에 접근하기 위해 이 논의 내용을 추론해보기로 하자.

첫째 청병淸兵의 문제이다. 군사 침략을 받을 때 우선 생각할 수 있는 대처 방안은 우방국의 참전이었을 것이다. 고려로서 생각할 수 있는 구원의 손길은 아마도 송이었을 것이고 둘째는 여진이었을 것이다. 송에 대해서는 지난번 군사 동원을 요청했을 때 고려가 참전하지 않았던 문제가 있고 거란의 대군이 이미 들이닥친 상황이므로 시기적으로도 송의 병력 지원을 기대하기 어렵다고 판단했을 것으로 보인다. 한편 여진은 고려에 거란의 군사동원 정보를 알려주는 등 협력을 했고 거란군과 지척의 거리에 있어 그 협력의 효과는 클 것이나 고려에 의해 그들의 거주지에서 축출됨으로서 이해가 상반될 뿐 아니라 거란에 복속했고 거란군이 주둔하고 있는 상황이므로 여진의 군사협력도 기대하기는 어려울 것으로 판단했을 것이다.

둘째로 후원군이 없는 상태에서 거란군과 직접 교전 하는 경우를 검토했을 것이다. 우선 거란은 송을 물리친 동아시아 제일의 군사대국이고 동경유수이자 부마인 소손녕이 직접 출정한 것으로 보아 그 병력규모가 거란 측이 주장하는 80만 대군은 아니라 해도 대단히 컸을 것으로 추정했을 것이므로 거란과의 전면전에서는 승산이 없다고 판단했을 것이다.

셋째로 청병도 없고 승산도 없는 전쟁을 하다보면 전화의 피해가 엄청남은 물론 결국에는 사직社稷(주권)이 위태로울 수 있다. 그러므로 사직의 보전과 전쟁의 피해를 줄이려면 유리한 조건으로 화의和議를 청하는 것이 최선책일 것이라는 의견에 공감했을 것이다.

넷째 화의를 청할 경우 우선 거란 측이 주장하는 옛 고구려 영토를 떼어주는 할지 방안을 갖고 교섭을 해보고 여의치 못하면 그때 사직 유지를 조건으로 항복교섭을 해도 좋지 않겠는가의 논의가 있었을 것으로 보인다. 성종은 이러한 논의 끝에 할지론을 최종 결정을 했던 것으로 추정해볼 수 있다.

### 서희의 선항전 후협상책

성종이 할지割地를 결정하고 쌀을 강에 버리도록 하자 전선에 있던 서희가 다른 의견을 제시했다. "식량이 족하면 성은 가히 지킬 수 있는 것이며 싸움은 가히 이길 수 있는 것입니다. 싸움의 승부는 병력의 강약에만 있는 것이 아니므로 적의 틈을 엿보아 행동하면 승리할 수 있는 것입니다. 그런데 어찌 곡식을 버리라 하시나이까. 하물며 곡식은 백성의 생명입니다. 설사 적에 이용될지라도 헛되이 강 가운데 버리는 것은 또한 하늘의 뜻에도 맞지 아니할 듯합니다"[44]라고 고언했다. 성종은 서희의 말을 옳게 여겨 쌀 수장을 중단했다.

이어 서희가 대책을 건의하기를 "거란의 동경東京(요양)으로부터 우리 안북부(안주)에 이르기까지 수백 리의 땅은 모두 여진이 웅거하던 곳이었는데 광종 대에 그 일부를 되찾고 가주嘉州와 송성松城 등지에 성을 쌓았던 것입니다. 이번 거란이 침입한 목적은 두 성을 취하는 데에 있는 것 같으며 그들이 고구려의 옛 땅을 모두 취하겠다고 한 것은 위협에 지나지 않는 것입니다. 지금 거란의 군대가 크고 성한 것만 보고 선뜻 서경 이북의 땅을 떼어주는 것은 무모한 일로 좋은 대책이 아닙니다. 또한 삼각산 이북도 고구려의 땅인데 저희들이 터무니없이 요구한다 해서 그대로 다 내줄 수 있겠습니까. 하물며 우리 영토를 적에게 떼어주는 것은 만세의 치욕이 될 것입니다. 원컨대 임금께서는 개경으로 돌아가시고 신 등으로 하여금 적과 더불어 한 번 싸우게 한 뒤에 다시 논의하여도 늦지 않을 것입니다"[45]라고 했다.

서희는 지금까지 논의된 항복 또는 할지와는 다른 선항전先抗戰 후 협상後協商을 주장한 것이다. 그의 주장은 거란의 군사 움직임으로 보아 침공 목적이 고려 정벌에 있는 것 같지 않고 일부 지역을 회수하는 데 있는 것으로 보이므로 작전상으로도 고려 측이 먼저 땅을 할지하는 것은 유리한 대책이 될 수 없다는 판단에 따른 것이다. 서희의 의견은 성종이 이미 대신들과의 논의를 거쳐 할지론을 결정한 가운데 이루어졌다는 점에서 사실상 직을 건 충언이었다. 고려의 사직과 수많은 인명이 걸린 문제를 두고 서희가 주장한 항전은 항복, 할지를 주장한 화의론자에게는 무모하고 모험적인 주장으로 보였을 것이다.

그러나 서희의 주장은 매우 현실적이고 냉정한 상황 판단에서 개진된 것임을 알 수 있다. 막강한 거란군이 쾌속 진군을 하지 않고 계속 말로 항복을 요구하고 있는 태도가 수상하다는 점, 먼저 고려 측이 할지하겠다고 화의를 청하면 거란 측은 더 많은 것을 요구할 가능성이 있으므로 협상 대책으로 적합하지 않다는 점을 고려해 어느 정도 항전을 해본 후 거란 측의 의도를 파악해 화의 교섭을 하는 것이 고려 측에 유리하다는 전략적 판단에 근거하고 있는 것이다.

이러한 상황에서 또 하나 개진될 수 있는 의견이 있다. 이것은 옥쇄를 걸고 끝까지 항전하자는 주장이다. 주로 무장들에 의해 주장되는 것일 것이며 또한 무관으로서는 그런 기개와 담대함을 주장하는 편에 서야 군의 위상에도 부합될 수 있을 것이다. 그러나 당시 고려는 문관 지배체제로 문관이 국방 수뇌를 맡고 있어 무관의 견해는 반영되지 못했을 것으로 보인다.

서희의 의견이 개진되자 어사 이지백李知白도 건의하기를 "태조가 나라를 세우시고 왕통을 이어와 오늘에 이르렀는데 한 사람의 충신도 없이 선뜻 국토를 떼어 적국에 주려 하니 슬픈 일이 아닐 수 없습니다. (중략) 가볍게 토지를 떼어서 적국에 버리는 것보다 선왕의 연등燃燈, 팔관八關, 선랑仙郎과 같은 행사를 다시 행하고 다른 나라의 색다른 풍습을 행하지 아니함으로서 국가를 보전하고 태평을 이룩함이 좋을 것입니다. 만일 이것이 옳다고 생각하시면 먼저 신명에게 고한 뒤에 전쟁을 할 것인가 화의和議할 것인가는 주상께서 결정하십시오"[46]라고 했다.

이지백도 할지론을 반대한 것이다. 그리고 성종이 중국의 문화를 숭상하고 우리 고유의 풍습을 지키지 않는 것을 빗대어 연등, 팔관과 같은 전통행사를 다시 하도록 건의한 것이다. 국가가 위기에 처할수록 그 단합을 위해 전통과 정체성을 살려야 한다는 취지인 것이다. 왕에게 이런 직언을 할 수 있는 분위기였다면 오늘날의 민주주의 못지

않게 언로言路가 개방되어 있었다고 할 수 있다.

성종은 서희의 선항전 후협상책을 받아들였다. 국난을 맞아 자신의 왕위와 사직이 좌우되는 중차대한 순간에 이미 결정한 할지를 버리고 항전을 수용한다는 것은 결코 쉬운 결단이 아니다. 그 번복이 잘한 것인지 우유부단의 결과인지는 역사가 말해줄 것이다. 이렇게 하여 고려는 서희의 의견대로 쌀 수장을 중지하고 거란군에 일대 타격을 줄 수 있는 항전으로 입장을 선회하게 되었다.


## 4. 서희-소손녕 회담

### 세 치 혀

거란군은 이몽전이 돌아간 후 회담이 없자 안융진으로 진격했다. 그러나 거란군은 이곳을 지키고 있던 고려군 중랑장 대도수中郞將 大道秀[47]의 공격을 받고 패퇴했다. 제동이 걸린 소손녕은 더 이상 전진을 하지 않고 다시 사람을 보내 고려 측에 항복을 재촉했다. 성종은 합문사인 장영閤門舍人 張瑩을 거란 군영에 보내 협의하도록 했으나 소손녕은 대신을 보내 협상에 임하라고 응답했다. 자신이 거란의 대신이자 부마임을 과시하고 고려에 회담상대의 격을 높이도록 주문한 것이다.

성종은 신하를 모아놓고 "누가 적진에 들어가 세 치 혀三寸舌[48]로 적군을 물리쳐 만세의 공을 세우겠느냐"라고 물었는데 대신 중에 응하는 자가 없었다. 그런데 서희가 홀로 나서 말하기를 "신이 비록 부족

한 점이 많으나 감히 왕명을 받들겠습니다"라고 했다.[49]

많은 대신 중에서 공을 세우기 위해 나서는 자가 없고 왜 서희가 홀로 나섰던 것일까. 적진에 가서 소손녕과 담판談判한다는 것은 신변에 대한 위험이 수반되므로 대신급으로서 이런 위험을 감수해 나선다는 것이 쉽지 않았을 것이다. 또한 이 협상은 소위 '오랑캐'인 거란의 소손녕을 상대로 한 협상이므로 그 결과는 거란군과 싸워 이기는 것 못지않게 불리할 것으로 판단했을 것이고 협상이 국운을 건 중대사인 만큼 잘못되면 책임이 따를 것이므로 선뜻 나서는 대신이 없었을 것이다.

서희는 자신이 성종에게 건의해 고려의 입장을 변경시킨 만큼 협상에 위험과 책임이 따른다 해도 자신이 나서는 것이 도리에 합당하고 나라와 임금에 충성하는 길이라고 생각했던 것이다.

### 서희와 소손녕

이제 양국의 회담 대표가 되는 서희와 소손녕의 배경에 관해 살펴보자.

서희의 어렸을 적 이름은 염윤廉允이며 이주利州(경기도 이천) 사람이다. 서희의 조부는 서신일로 그가 이천 서씨의 시조이다. 『고려사』에 그에 관한 일화가 전해 내려온다. 어느 날 사슴이 화살에 맞고 도망 왔기에 서신일이 화살을 뽑고 숨겨줘 살려준 적이 있는데 꿈에 신인이 나타나 "사슴은 나의 아들이다. 그대의 힘을 입어 죽지 아니했으니 마땅히 그대의 자손을 대대로 재상이 되게 하리라"라고 했다. 서신일은 나의 80에 아들을 얻었는데 그 아들이 서필徐弼(901~965년)로 서희의 아버지이다.

서필은 광종이 중국 귀화인을 후대해 신하의 주택을 착출해 마련해주는 등 과분히 대우하자 자신의 집을 광종에게 회수하도록 건의함으로써 이러한 처사를 바로잡도록 한 충언과 대쪽 선비로 알려진 인물이다. 또한 그는 광종이 금제 그릇을 하사하자 신하가 금제 그릇을 쓰면 임금께서는 녹슨 그릇을 쓰시겠는가 하고 분에 넘친다 하여 사양한 바 있다. 광종은 이 처사를 보고 "경은 보물을 보물로 삼지 않으니 나는 경의 말을 보물로 삼을 것이다"라고 했다고 한다. 서필은 오늘날의 총리격인 내의령內議令에 올라 재상이 되었다.

서필은 3명의 아들을 두었는데 둘째가 서희이다. 그는 만부교 사건이 일어난 942년에 태어났다. 그는 18세 때 갑과에 급제해 내시랑에 올라 광종 23년(972년)에는 사신으로 송나라에 파견되어 중국 문물을 익히고 외교 감각을 키웠다. 송 태조는 서희에게 검교병부상서의 벼슬을 주었다. 성종 3년 서희는 병관어사(오늘날의 국방장관)로 승진했고 성종의 서경 행차 때 미행을 하지 않도록 상소하는 등 부전자전으로 충언을 서슴지 않는 곧은 성품의 인물이다. 그 후 내사시랑으로 보임되어 중군사中軍使로 거란군과 맞서게 되었다. 서희는 거란과의 회담을 통해 강동 6주를 확보한 공로로 후에 내사령에 올라 재상이 되었다.

서희의 장자 서눌徐訥(?~1042년)도 성종 15년(986년) 갑과에 급제한 후 현종-덕종-정종대에 걸쳐 내정과 외정에 크게 공헌한 바 있으며 내사령에 올라 재상이 되었다. 제4장에서 서눌의 활동 일부를 소개할 것이다.

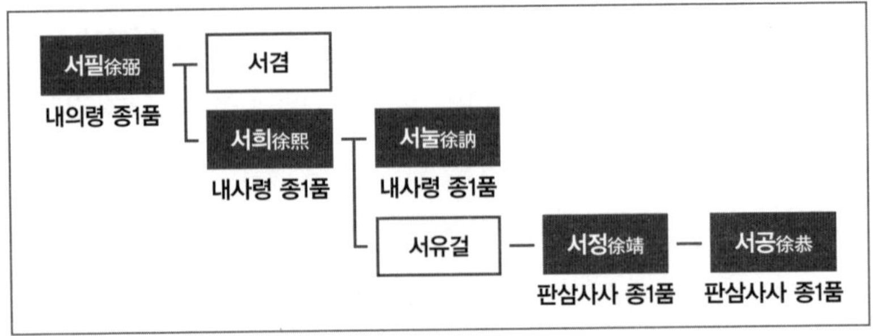


소손녕은 성이 소이고 자는 손녕이다. 사료에는 여러 다른 이름으로 불리었다. 항덕, 긍적, 견대, 근덕 등이 그 예이다. 그의 현직은 동경유수이며 거란 황제의 부마로서 『고려사』에는 소손녕으로 기록되어 있다. 그는 주로 발해, 여진 정벌 등의 동정군東征軍에서 활약했는데 성종 즉위 후 고려 정벌이 결정되었을 때에는 동경유수로서 소긍덕의 이름으로 여진 토벌에 직접 출병한 바 있다.[50]

## 의전

서희는 소손녕의 군영에 이르러 국서를 제시하고 통역을 통해 회견의 예를 물었다. 소손녕이 말하기를 "나는 대국의 귀인이니 고려 사신은 마땅히 뜰에서 절을 해야 한다"라고 주문했다. 이에 대해 서희는 "신하가 임금에게 절할 때에 아래에서 하는 것은 예이거니와 지금 양국의 대신이 서로 만나는 자리에서 그러할 수는 없는 일이 아닌가"라고 응수했다. 서로 이러기를 두세 번 되풀이했으나 소손녕이 수긍하지 않자 서희는 숙소로 돌아가 누워 일어나지 않았다. 소손녕은 마음으로 이상히 여겨 당에 올라 예를 청할 것에 동의하니 이에 서희는 영문營門에까지 말을 타고와 이곳에 이르러서야 말에서 내린 후 뜰에 들어와 소손녕과 더불어 대등의 예를 하고 동서로 마주 앉아 담판에 들어갔다.[51]

『고려사』에 기록된 이 내용은 서희와 소손녕이 회담에 이르는 과정을 설명해주고 있다. 오늘날 국제사회의 각종 회담에서도 흔히 나타나는 이러한 의전儀典 문제는 국제협약과 관례에 따라 행해지므로 비교적 문제 발생 소지가 적으나 까다로운 회담에서는 여전히 의전 문제가 회담의 내용 못지않게 민감한 사안이 되곤 한다. 또한 회담 개시 전 이러한 의전 다툼은 때로는 기氣 싸움으로 회담의 내용과 결과에까지 영향을 줄 수 있기 때문에 단순한 형식 문제가 아님을 유의해야 할 것이다.

이런 점에서 서희가 회담에 임하는 의전 상의 태도는 회담 대표로서의 모범적 사례로 볼 수 있다. 첫째, 상대측 군영에서 회담을 하게 된 것은 불가피하나 그들의 의도대로 회담이 진행되지 않도록 사전에 통역관을 시켜(아마도 의전관 역할을 겸했을 것으로 보임) 상대측의 준비 상황을 문의해 대비한 점, 둘째, 상대방이 대국이고 회담 상대가 부마임에도 불구하고 국가의 대신 간의 대담이라는 명백한 논지와 예를 물어 대등한 격을 요구한 점, 셋째, 상대측이 계속 거부하자 회담에 불응해 버티는 기개와 용기를 보인 점, 넷째, 영문에 이르러서야 말에서 내리고 뜰에서 대등의 예(읍하는 인사 방법으로 양손을 맞잡고 눈높이까지 올린 다음 상호 목례함)를 갖춘 후 동서로 마주 앉은(지위가 차등이 있는 경우는 남북으로 대좌함) 후에야 비로소 회담을 시작한 점 등이 용의주도했다.

서-소 회담은 전시에 개최된 강화회담으로 분위기도 무겁고 국가의 안위가 걸린 중차대한 담판이다. 서희는 적진의 군영 속에서 동아시아 군사대국의 백전노장인 소손녕을 맞아 회담하는 어려운 상황이었다. 그럼에도 불구하고 첫 번째 관문인 의전에서 당황하거나 위축되지 않고 오히려 상대의 기선을 제압했던 것이다.

### 담판

두 대표 사이에 담판이 진행되었다. 소손녕은 "당신 나라는 신라 땅에서 일어났고 고구려 땅은 우리가 소유하고 있는데 고려가 고구려 땅을 침식했고 또한 고려는 우리와 접경하고 있는데도 불구하고 우리와 통교하지 않고 바다 건너 송을 섬기는 고로 출병하게 된 것이니 만일 고려가 영토를 베어서 거란에 바치고 복속하면 무사할 것이다"라고 했다.[52]

이에 대해 서희는 "그렇지 않다. 우리나라가 곧 고구려의 구지舊地이다. 그러므로 국호를 고려라 하고 평양에 도읍했으니 만일 땅의 경계를 말한다면 거란의 동경東京(요양)도 우리 영토 안에 들어 있는 것을 어찌 침식이라 하겠는가. 그리고 압록강의 이쪽과 저쪽이 모두 우리의 영역인데 지금 여진이 그 사이에 몰래 들어와 살고 있으면서 완고하고 교활하며 변태, 간사하여 양국 간에 길이 막혀 천자를 알현하는 길이 바다를 건너는 것보다 더 어려운지라, 이것이 여진 때문인 고로 여진을 쫓아내고 우리 옛 영토를 돌려주어 성을 쌓고 도로를 통하게 하면 감히 예를 치르지 아니하겠는가. 장군이 만일 내 말을 천자에게 보고하면 어찌 이를 받아들이지 않겠는가"라고 했다.[53]

『고려사』에 기록된 이 중요한 서-소 회담의 내용을 좀 더 자세히 살펴보자. 소손녕은 이 회담에서 거병의 목적이 두 가지임을 밝혔다. 첫째는 옛 고구려의 영토가 거란에 속하니 이를 돌려줄 것, 둘째는 송과 단교하고 거란에 복속(사대)하라는 것이었다. 거란은 옛 고구려 영토를 현재 점유하고 있고 고려는 신라를 계승한 것이니 고구려와는 무관하다는 것이다.

이에 대해 서희는 고려의 국호와 고구려의 옛 수도인 평양(서경) 도읍이 고려가 고구려를 계승한 명백한 증거이므로 거란이 점령하고 있는 요동의 동경(소손녕의 관할 지역)도 고려의 영역임을 내세워 상대를 압박한 다음, 현재 여진이 거주하고 있는 압록강 주변의 땅을 고려에 주면 송과의 관계를 끊고 거란에 복속할 수 있다는 '협상안'을 제시한 것이다.

양측의 협의 내용을 요약하면 거란이 고려의 사대事大와 옛 고구려 영토의 반환이라는 두 가지 요구를 한 데 대해 서희는 영토문제에 거란이 양보하면 사대의 문제는 고려가 양보할 수 있다는 타협안을 제시한 것이다. 이 타협안은 상대방으로 하여금 일단 검토해볼 수 있는 충분한 근거와 여지를 갖고 있었다. 사대와 영토를 연계해 여진이 가로막고 있는 영토를 고려에 주어야 거란에 복속의 길이 열릴 수 있다는 서희의 설득 논리는 뛰어난 발상이 아닐 수 없다.

### 합의 도출

서희와 소손녕은 일주일에 걸쳐 회담했다. 서희는 타협안을 제시하면서 말미에 '성종에게 보고하면 승인하지 않겠는가'라고 하여 회담 결과를 최고 정책 결정자에게 상신해 확정짓자는 절차상의 제안까지 해놓는 용의주도함을 보였다. 소손녕은 마침내 서희의 타협안을 거란 성종에게 보고했다. 성종은 "고려가 이미 화의를 청하니 이를 받아들여 마땅히 병을 철군시켜라"라고 회신을 보내왔다.[54]

성종에게 보낸 소손녕의 보고에는 서-소 간의 타협내용과 함께 자신의 별도 의견도 첨부되었을 것으로 보이며 소손녕은 서희와의 장시간 대화에서 이 회담을 성사시켜야겠다는 마음이 확고해졌고, 이에 따라 타협안의 수락 필요성을 성종에게 건의했을 것으로 생각된다. 거란 측으로서는 고려와 송의 관계를 단절시키고 고려를 복속시킨 데 만족했고, 고려로서는 항복 또는 할지의 상황에서 오히려 영토를 확보한 것에 만족할 수 있었다.

회담이 합의에 이르자 소손녕은 서희에게 축하연을 제의했다. 그러나 서희는 "이번에 고려 측의 잘못이 없다 하더라도 거란이 대군을 동원해왔기 때문에 고려에서는 상하 모두 무기를 손에 잡고 전선에 나선 지 여러 날이 되고 있는데 내가 어찌 잔치를 즐기겠는가"라고 사양했다. 그러나 소손녕이 "두 나라 대신이 서로 만났는데 어찌 친교의 예식이 없을 수 있겠는가"라고 다시 권하자 서희도 연회를 수락하고 즐겁게 자리를 함께했다.[55]

## 5. 서-소 협정

### 소손녕의 서한

서희와 회담 후 철군한 소손녕은 서희와의 합의 내용을 재확인하는 서한을 고려 측에 보내왔다. 이 서한은 거란 측이 서-소 회담의 합의 사항을 최종 확인하는 '비준比準' 절차를 취한 것이다. 근대 사회에서도 중요한 회담 결과는 그 합의 사항에 회담대표가 가서명하고 정식 효력은 각각의 국내적 인준 절차를 완료했을 때 발효하는 방식을 취하고 있는데 서-소 회담도 오늘날과 유사한 형태로 진행되었음을 알 수 있다.

소손녕의 서한은 "이제 재가를 받았는바 성종께서는 고려와 조속히 화의하라고 지시했고 또한 이제 국경을 서로 접하게 되었으므로 소小로써 대大를 섬기는 것은 오래 전부터 내려오는 규범이니 이러한 원리로 출발하여 끝까지 가야 양국 간의 우호관계가 오래 지속될 것이고 만약 이를 서둘지 않고 미리 방비하면 양국 간의 우호관계가 중단될 우려가 있으니 고려와 더불어 협의하여 중요지점에 성을 쌓도록 지시했음. 성종의 명령에 의거하여 고려가 알아둘 것은 거란은 압록강 서편지역에 5성을 쌓는 일이며 이것은 3월 초에 공사를 착수하게 될 것임. 고려 측은 미리 안북부(안주)로부터 압록강 동편江東에 이르는 지역 280리에 걸쳐 전지될 곳을 답사하고 지리의 원근을 측량하여 아울러 그곳에 성을 쌓기 바람. 그리고 성을 쌓는 공사는 양국이 함께 착수하기 바라며 고려 측이 성 쌓을 곳의 수를 알려주기 바람. 중요한 것은 기마의 길을 터서 고려가 거란에 조공하는 길을 열어 영원히 거란을 섬김으로서 고려는 스스로 평안한 방안을 마련하는 것"이라고 했다.[56]

이 서한을 통해 서희와 소손녕이 회담에서 합의한 내용을 확인할 수 있다. 서-소 합의 내용이 별도의 문서나 협정으로 작성되어 문헌으로 전해 내려오는 것은 없다. 『고려사』에 기록된 소손녕의 서한이 양측 간의 합의를 공식으로 확인시켜줄 수 있는 내용으로서 이 서한은 서두에 거란 성종의 재가를 받았다고 해 거란의 국서로서 효력을 가질 수 있으며 이에 대해 고려 측의 반대나 이의 제기가 없었으므로 양국 간에 합의된 협정이라고 할 수 있을 것이다. 이런 의미에서 우리 역사에 서-소 협정이라고 불리고 있는 것은 바로 소손녕이 고려에 보내온 서한을 가리키는 것이며, 이 책에서 사용하는 서-소 협정도 바로 이 소손녕의 서한을 의미한다. 소손녕의 서한이 역사상 고려-거란 간 협정으로 불릴 수 있는 또 다른 근거는 그 내용이 양측 간에 그대로 시행되었다는 점에 있다.

### 후속조치

고려는 거란 측과 통교하고 친선우호의 노력을 기울이는 한편 994년 압록강 이동 280리 땅에 성 구축 작업을 진행했다. 서희는 군대를 이

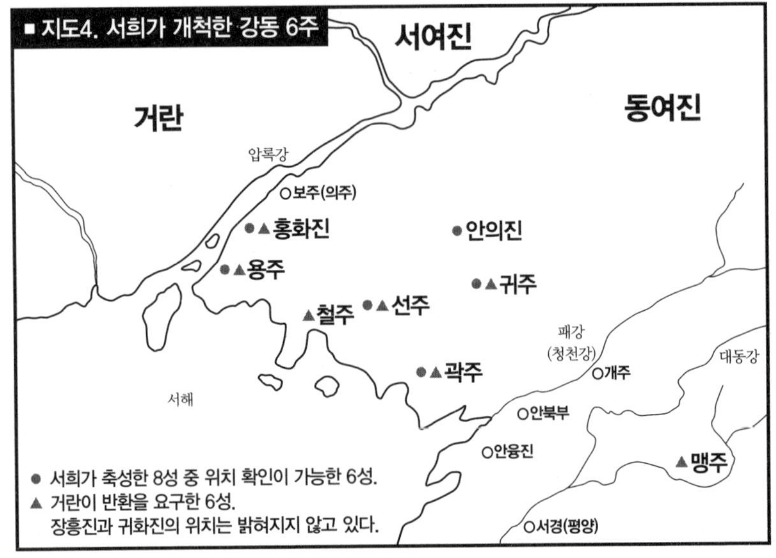

끌고 이 지역 여진을 축출하는 한편 장흥長興, 귀화歸化 두 진과 곽주郭州와 귀주龜州 두 곳에 축성했다. 그리고 이듬해 서희는 다시 군대를 이끌고 여진 깊숙이 쳐들어가 안의安義와 흥화興化의 두 진에, 또 이듬해에는 선주宣州와 맹주孟州 두 곳에 성을 쌓았다. 이로써 서희는 강동 280리에서 여진을 축출한 후 요충지에 8개의 성을 축성하여 단기간 이 지역 전체를 영토로 확보했다(이 지역을 강동 6주로 부르기도 한다).[57]

이어 고려는 이승건李承乾을 압록도구당사鴨江渡勾當使로 임명해 내원성과 마주보며 거란과의 압록강 왕래 업무를 담당하게 했다. 고려 측은 거란과 약속한 복속의 문제와 관련해 같은 해(994년) 3월 거란의 연호인 통화通和를 사용하고 4월 시중 박양유朴良柔를 거란에 파견해 연호 사용을 알리면서 거란에 억류중인 포로의 송환을 요청했다. 또한 고려는 거란어 학습을 위한 유학생 10명을 파견하고 거란은 소손녕의 딸을 고려에 출가시키기도 했다. 이상으로 미루어 볼 때 소손녕의 서한 내용은 양국 간에 충실히 이행되었음을 알 수 있다.

고려는 거란과의 통교를 결정한 후 송과의 관계를 어떻게 정리해야 할 것인가를 숙고하지 않을 수 없었다. 동아시아 지역 사회의 질서와 관례를 존중하는 정주문명국으로서 전통적 우방이었던 중국의 송조와 관계를 단절하는 데에는 고뇌가 따르지 않을 수 없었을 것이다. 마침내 고려는 송에 원욱元郁을 밀사로 파견했다(994년 6월). 이 시기는 박양유가 거란을 방문해 거란의 연호 사용 결정을 알리고 있을 즈음이었다.

고려 사절은 지난해 거란 침입과 이에 따른 양측의 강화 내용을 송측에 설명하고 거란의 침략으로 불가피하게 굴했으므로 지금이라도 고려는 송과 연합해 거란을 협공할 것임을 제안했다.[58] 그러나 송은 더 이상 거란과 군사적 충돌을 희망하지 않았고 고려의 제안에 동의할 형편도 아니었다. 송은 서하西夏를 무마시키기 위해 지불하는 세폐歲幣가 크게 증가되고 있었고 거란과의 전쟁으로 국고가 피폐해진 상태였다. 송의 반응은 당연히 예상된 것이었다.

고려는 밀사를 통해 대송 외교단절의 명분과 격식을 갖추면서 대거란 사대에 따른 외교적 절차를 마무리했던 것이다. 이로써 고려의 대외관계는 일대 전환을 맞게 되었으며 역사상 없었던 중원왕조 이외의 북방 유목왕조에 복속하는 첫 사례가 되었다. 그러나 고려의 영토는 고구려 옛 영토의 일부를 회수하여 압록강으로 북상했고 이를 접경국으로부터 공식 인정받은 것이다.

### 영토 분할과 국경 획정

이제 서-소 협정에 관해 좀 더 자세히 검토해보기로 하자. 이 협정의 내용을 요약하면 ①양국이 국경을 접하게 되었으니 고려가 거란에 복속, 즉 사대의 예를 갖춘다. ②거란은 압록강 서편에 5성을 쌓고 고려는 압록강 동편江東 280리에 성을 쌓는다. 축성은 양측이 함께한다는 것이다. 서한 말미의 조공 문제는 사대의 예를 강조하는 것이므로 별도의 내용은 아니다. 따라서 서-소 협정 요지는 이상의 두 개 항목으로 요약될 수 있다.

여기에서 주목할 점은 거란도 압록강 서편에 5성을 쌓고 고려는 동편 280리에 성을 쌓는다고 해 양측이 서여진의 땅에 성을 쌓을 것임을 합의하고 그것도 '동시에' 성을 쌓기로 한 것이다. 즉 거란과 고려가 양국의 중간에 위치한 서여진의 땅을 압록강을 경계로 분할해 서로 국경을 접하게 되었음을 의미하는 것이다. 소손녕의 서한에서도 서두에 '양국이 국경을 접하게 되었으므로'라고 명기하고 있음이 이를 뒷받침한다.

여기에서 생각해봐야 할 문제가 있다. 거란은 이미 서여진을 정벌하고 복속시킨 바 있고 이곳에 3개의 성을 쌓아 사실상의 군사보호령으로 만들었다. 바로 이 서여진 땅 압록강 서편에 거란이 5개 성을 구축하고 고려는 동편 280리에 성을 구축하는데 양측이 합의한 것은 언뜻 이해가 되지 않는다. 거란 측이 수차의 군사적 공략을 통해 보호령으로 만든 서여진은 거란의 기득권으로서 이곳에 성을 쌓는데 왜 고려의 동의를 필요로 하며 양측이 합의를 해야 했던 것인가.

이것은 서희가 압록강 아래 위와 서여진의 땅이 고구려의 땅이었으므로 이를 계승한 고려에 돌려줘야 거란에 복속할 수 있다고 주장한 데 대해 소손녕이 영향을 받은 것을 의미한다. 소손녕은 서희의 주장에 놀라 이미 거란이 군사보호화한 서여진의 압록강 서편은 거란의 영토임을 고려로부터 인정받고 아직 점령하지 못한 강동편은 고려에 떼어주기로 합의한 후 이를 확실히 하기 위해 거란도 서여진에 5개 성을 축성키로 한 것임을 알 수 있다.

서여진에 대해 기득권을 갖고 있었던 군사 대국으로서 이미 대군을 이끌고 고려에 진군한 거란으로서는 강동 6주의 할지를 주장해도 고려가 불응하기 곤란했던 상황이었다. 그래서 처음부터 거란은 옛 고구려 땅을 요구했던 것이다. 그러나 고려가 떼어주어야 할 강동 280리를 거란이 고려에 떼어주었던 것이다. 이 부분이 서희의 세 치 혀가 작용해 고구려 영토를 획득한 대목인 것이다. 서희의 세 치 혀,

서희 외교는 할지 또는 항복이 강요된 상황하에서 오히려 영토의 획득이라는 전화위복을 창출해낸 것이다. 서-소 협정은 고려-거란 간에 서여진의 영토를 나눈 영토분할협정임과 동시에 양국이 국경을 접하게 됨에 따른 국경협정이었던 것이다.

서-소 협정의 결과는 여기에 그친 것이 아니다. 이 협정은 거란과 고려 간에 정치관계를 규정함으로써 양국 간의 평화·안전을 보장하는 포괄적 협정으로서의 역할도 하게 된다. 고려는 서희가 타계한 후 송과의 관계를 추진하는 등 입장변화를 보이게 되어 다시 거란과 전쟁을 치르게 되나 양국은 결국 서-소 협정의 틀로 돌아와 평화를 유지했던 것이다. 또한 서-소 협정은 1004년 거란-송 간에 체결된 '전연澶淵의 맹盟'[59]과 함께 거란이 금에 의해 멸망하는 1125년까지 120여 년 동안 동아시아 지역 질서 유지의 양대 축으로 작용했던 것이다.

이러한 점을 고려할 때 서-소 협정은 중견국가인 고려가 거란이라는 초강대국과의 이해가 충돌한 상황에서 얻어낼 수 있었던 최대치로서 기대 이상의 결과였다고 평가할 수 있다.


# 6. 싸우지 않고 얻은 승리

### 명분과 실리

사대와 영토의 교환으로 요약될 수 있는 서-소 협정은 양측이 합의했으므로 고려 측도 거란 측도 그 내용에 만족한 것을 의미한다. 만족하지는 못해도 받아들일 수 있는 정도의 내용은 되었기 때문에 합의된 것이다. 거란은 고려와 송의 관계를 단절시키고 고려를 복속시킴으로써 주적인 송을 약화시키는 외교적 성과를 거둔 것이다. 군사적 관점에서도 거란은 고려와 적대관계가 된다 해도 연운 16주를 통해 송을 압박할 수 있는 것처럼 압록강 하구의 전진기지를 통해 고려를 굴복시키는 데 문제가 없다고 판단했을 것이다. 그리하여 서-소 협정에 합의한 것으로 볼 수 있다.

한편 고려는 강동 6주의 요충지를 얻었으나 모화배번의 전통과 명분을 버리고 '오랑캐'인 거란에 사대해야 하는 정치적 부담을 안게 되었다. 그러나 송이 경찰국가로서의 역할을 포기하고 거란이 동아시아 초강대국으로 부상한 상황에서 이러한 정치적 부담은 큰 문제가 되지 않았다. 거란과의 사대관계가 고려에게는 항복이나 할지보다는 훨씬 좋은 결과임에 틀림없다. 항복이나 할지도 모두 거란에 대한 복속을 전제로 한 것이기 때문이다.

고려는 서희의 활약으로 할지 대신 강동 6주를 획득하고 단숨에 이 지역을 영토화하는 추가적 이익을 얻을 수 있었다. 그리고 강동 지역은 여진, 거란, 송 모두에게 중요한 조공로의 입구일 뿐만 아니라 후에 거란이 재침할 때 밝혀지는 바와 같이 최강의 거란 기마군이 고려에게 대패하는 군사적 요충지였던 것이다. 서희는 병마어사를 수행한 바 있어 거란군의 전력과 동태 파악에도 정확했을 뿐만 아니라 강동 6주의 군사적, 전략적 진가를 알고 있었던 것이다. 이러한 결과를 놓고 볼 때 사대와 영토의 교환은 고려의 외교적 승리였다고 평가될 수 있다. 그리고 '싸우지 않고 얻은 승리'의 승리였던 것이다.

여기에서 양측이 교환한 사대와 영토문제에 관해 좀 더 생각해보

자. 사대는 외교적, 형식적 관계로서 명분名分의 범주에 속한다고 볼 수 있다. 그리고 거란과의 사대는 사대제도에 따른 것으로 중국과의 사대인가 거란과의 사대인가의 선택 문제이지 사대 자체를 부정할 수 없는 것이다. 한편 영토는 안보, 경제 등 국익 차원에서 계산될 수 있는 실리實利에 해당한다.

국가적으로는 명분과 실리가 모두 필요하다. 단기적으로는 실리보다 명분이 중요해 보일 때가 있다. 특히 국내적으로 정치 쟁점화하게 되면 명분이 더욱 중요해지고 실리는 적게 보이는 경우가 비일비재하다. 서-소 협정으로부터 200여 년이 지나 거란을 대체한 여진金이 고려에 대해 사대를 강요했을 때 고려에서는 모화배번의 명분론에 따라 칭제건원의 주장이 일어나고 결국 묘청妙淸의 난으로 이어진 바 있다. 그러나 건원칭제, 모화배번의 명분은 국력이 뒷받침할 경우 그 위상을 높여줄 수 있으나 그렇지 못한 경우에는 오히려 국론을 분열시켜 국가를 위험한 지경에 처하게 할 수도 있는 것이다.

서-소 협정은 사대와 영토의 교환이자 명분과 실리의 교환이라고 볼 수 있다. 이 결과는 향후 고려-거란 간에 전쟁을 치르면서 거란이 얻은 사대의 명분이 얼마나 무상한 것인가와 고려가 얻은 영토의 실리가 얼마나 값진 것인가를 더욱 분명히 보여주게 될 것이다(다음 4장의 1절 '성종의 친정' 참조). 시간의 경과에 따라 서-소 협정이 고려와 거란에 준 이득은 큰 차이가 있음을 알게 된다. 서희 외교는 국가 간의 갈등관계에서 가장 바람직스러운 싸우지 않고 승리한 외교전外交戰의 대표적 사례일 뿐 아니라 국난을 전화위복의 계기로 승화시킨 우리 역사상 찾아보기 힘든 성공 사례인 것이다.

## 고구려의 적자

서-소 협정은 우리 역사에 있어 또 다른 중요한 의미를 갖는다. 이미 검토한 바와 같이 서-소 협정은 국경을 맞댄 이해 당사국이 합의에 따라 고려의 서북방 경계를 압록강으로 획정 지은 국경협정인 것이다. 따라서 이 협정은 동아시아 지역에서 그 효력을 객관적으로 인정받을 수 있는 증거로서의 의미를 갖고 있다.

서-소 회담에서 양측은 누가 고구려의 후신인가에 대해 논쟁했다. 거란은 옛 고구려의 땅을 차지하고 있으나 고구려를 계승했다고 주장하지 않았고 고려는 고구려의 후신임을 분명히 주장했다. 그 결과 거란으로부터 옛 고구려 땅의 일부이기는 하나 강동 280리를 획득할 수 있었던 것이다. 따라서 서-소 협정은 고려가 신라의 뒤를 이은 것이 아니라 고구려를 계승한 것임을 거란이 공식 인정했다는 역사적 의미를 내포하고 있는 것이다. 이것은 고려가 '고구려의 적자嫡子'라는 역사적 사실에 한 발짝 더 다가설 수 있도록 해주고 있는 것이다. 오늘날 우리가 당연시하고 있는 우리 역사 속의 고구려는 고려의 건국과 삼국통일에 이어 서-소 협정이 있기 전에는 우리 민족의 선행왕조로서 인정받을 수 있는 명백한 근거를 찾기 어려웠다고 볼 수 있다.

고구려가 나당羅唐 연합군에 의해 멸망한 후 통일신라가 민족의 정통왕조가 된 이래 고구려를 이은 발해가 거란에 멸망함으로써 고구려는 우리 역사에서 실종할 뻔했다.[60] 주변 이해 당사국인 송, 거란이 고려라는 국명만으로 고구려의 후신임을 인정을 해줄 리 만무하기 때문이다.

당 제국의 강력한 통제 질서하에 있었던 7~8세기 동안 당은 신라와 옛 백제의 영토(오늘날의 한강 이남)만을 통일신라의 영토로 인정했고 당이 한강 이북의 청천강 지역을 신라에 공식 인정한 것은 당군이 축출된 지 60년이 지난 735년이었다.[61] 이런 상황에서 송이나 거란이 신라 땅에서 갈라진 고려를 고구려의 후계로 인정할 것인가는 매우 부정적이었을 것이다. 그러나 고려는 국호와 함께 고구려 계승을 확고부동한 국가 기저로 해 삼국통일을 이루었으며 발해와의 통일을 추진했고, 거란이 서-소 협정을 통해 고구려의 옛 땅인 강동지역을 고려에 인정함으로써 고구려가 객관적으로 우리 역사에 명백히 편입될 수 있었던 것이다.

이러한 배경하에서 고려는 고구려 계승을 정당화할 수 있었고 정사인 『삼국사기』를 기술할 수 있었던 것이다. 『삼국사기』는 편찬자인 김부식이 신라계라는 출신 배경과 그의 '사대주의적' 태도 그리고 고조선을 포함하지 않은 데 대해 비판이 있을 수 있으나 이는 국내의 역사 논쟁에 불과할 뿐이다. 『삼국사기』는 고려가 계승한 고구려의 역사를 정사로서 기술한 것이다. 『삼국사기』가 고조선을 포함하지 않은 것은 『삼국사기』가 삼국의 역사서이지 한민족의 고대 전서가 아님을 그 제목에서도 알 수 있는 것이다. 그리고 고려가 거란의 침입을 받아 항복 내지 할지로 대처해 고려의 정통성이 송두리째 흔들리고 결과적으로 거란에 예속되었다면 고려의 고구려 계승과 훗날 『삼국사기』 발간이 가능했을까 하는 의문이다.

오늘날 고구려가 우리 역사에 명백히 자리 잡고 주변 이해 당사국으로서도 이를 인정할 수밖에 없는 역사적 근거는 ①태조 왕건의 고려 건국, ②발해를 친척국가로 인식해 통일을 추진했던 사실, ③고려의 삼국통일, ④서-소 협정에 의한 거란과의 국경협정과 옛 고구려 영토의 편입, ⑤정사로서 『삼국사기』의 편찬, ⑥이상의 역사적 사건을 수록한 『고려사』를 열거할 수 있다. 중국의 여러 전서들도 고려가 고구려를 승계한 것으로 기록하고 있다.

이렇게 볼 때 고려야말로 오늘날 우리의 현주소를 잉태한 역사의 대들보임을 알 수 있다. 고조선-고구려-통일신라-고려-조선으로 이어지는 우리 역사의 골격은 바로 고려가 있기 때문에 가능한 것이다. 그리고 서희는 왕건과 더불어 고구려를 우리 역사에 편입시킨 역사상의 위인으로 평가되어 마땅할 것이다.

고려 이외에 고구려를 자신의 역사라고 주장할 수 있는 나라와 민족은 누구인가. 고구려 이후에 고구려를 계승한 발해, 중국의 당조,[62] 그리고 고구려 옛 땅을 차지했던 거란, 여진金, 몽고元, 여진淸을 생각해볼 수 있다.

발해는 그들 스스로 고구려의 후예라 했고 고려와의 친척 국가임을 부인하지 않았으므로, 그리고 멸망 후에도 왕족과 장군들이 고려에 망명처를 택하는 등 고구려와 발해 그리고 고려는 동일한 역사의 맥락에 있음을 알 수 있거니와 소멸된 발해의 맥은 고려에 이어지는 것이 마땅하다.

중국의 수, 당은 70년간 고구려를 공격했으나 패전했다. 그리고 당은 신라와 연합해 백제와 고구려를 멸망시킨 후 백제 땅에 웅진도호부, 고구려 땅에 안북도호부를 설치한 적이 있으나 안사의 난 이후 이를 폐쇄하고 후퇴했다. 이어 당은 고구려의 후신인 발해왕을 책봉하고 발해와 통교했다. 그 후의 중국 왕조도 고구려와 발해를 자신의 역사로 주장한 기록은 찾아보기 어렵다.

거란은 고구려와 이웃해왔으며 갈등과 공존의 역사를 함께했고 발해와는 때로는 화친, 때로는 적대적으로 이웃해왔다. 거란은 발해를 멸망시켰으나 요동만을 영토로 편입시켰고 자신들이 고구려 땅을 점령했지만 고구려의 후신이라고 주장한 적은 없다. 이후 몽고 제국도 중국과 만주를 점령했으나 고구려를 자신의 역사라 한 적은 없다.

고려 이외에 고구려 역사와 연관 지을 수 있는 민족은 여진(금과 청)이 있을 수 있다. 그들은 고구려와 발해의 신민이었고 그 땅에서 일어났으므로 그들이 고구려의 적자 또는 '서자庶子'임을 주장할 수 있는 충분한 근거가 있다. 그들은 고려를 부모지국父母之國이라 한 바도 있다. 이러한 맥락에서 한민족과 여진은 역사적으로 어떤 다른 민족보다도 가까운 민족이라고 볼 수 있다.

고구려는 역사이지 오늘에 존재하는 국가가 아니다. 오늘날 고구려의 옛 땅인 만주가 중국의 영토에 편입되어 있음은 명백한 사실이며 이를 인정해야 할 것이다. 그러나 우리가 검토하고 있는 것은 역사상의 고구려이지 현재의 고구려가 아니다. 역사상 고구려의 적자는 고려이며 고려는 '고구려의 초상화'인 것이다.

중국이 고구려를 자신의 역사라고 한다면 그것은 중국이 책봉했던 모든 국가를 중국의 역사라고 하는 것과 같으며 반대로 중국을 점령했던 이민족왕조가 모두 중국을 자신의 역사라고 주장할 수 있는 논리적 모순에 빠지게 되는 것이다. 지적한 바 있듯이 역사를 지나치게 주관에 의존하면 초상화가 아니라 추상화가 되고 마는 것이다.

## 전화위복

　서-소 협정은 고려의 영토를 압록강으로 북상시킴과 동시에 고려가 고구려의 후신임을 입증해주는 역사적 사건이었음을 살펴보았다. 한반도의 작은 나라 고려가 동아시아 제일의 군사대국인 거란을 상대로 서-소 협정을 이끌어낼 수 있었던 이유에 관해 생각해보자.

　첫째로 서희라는 인물의 출중함이다. 거란의 대군을 맞아 조정 전체가 정상을 잃고 항복이냐 할지냐를 논하고 있을 때 그는 지피지기의 사고로 거란군의 태도를 정확히 간파하여 선항전 후협상책을 건의한 냉철한 판단력의 소유자였다. 고려가 거란의 침공을 전화위복의 계기로 만들 수 있었던 것은 서희가 제시한 선항전책先抗戰策에서 비롯되었다. 더 나아가 그는 최고 정책결정자인 성종과 조정의 대신들을 설득시켜 고려의 정책을 항복과 할지로부터 선항전책으로 변경시켰던 것이다.

　오늘날에도 대외관계에 있어 국가차원의 중대한 결정을 내려야 하는 경우가 많다. 국무회의, 여당과 야당의 입장, 언론과 국민여론 등이 정책결정 과정에 영향을 주게 된다. 거란 침공 시 고려조정의 논의는 오늘날의 의사결정 과정과 유사점이 있음을 생각해보게 된다. 만약 서희의 판단과 대책 건의가 없었다면 서-소 회담도 불가능했을 것이며 역사는 달라졌을 것이다. 서희가 소손녕을 설득시킨 세 치 혀에 관해서는 우리에게 잘 알려져 있으나 회담 결과 못지않게 중요한 고려의 정책결정 변경과정은 우리에게 잘 알려져 있지 않은 아쉬움이 있다.

　또한 그는 신념과 용기를 가진 담대한 인물이었다. 그는 할지론이 결정된 상태에서 관직을 걸고 선항전책을 제시했을 뿐만 아니라 적진에서 개최되고 책임이 수반되는 강화회담을 자청했으며, 거란의 동경유수요 부마인 소손녕과의 담판에서도 기선을 제압하여 회담을 성공적으로 이끌었다. 그는 논리적 사고로 상대를 설득시킬 수 있는 능력을 갖고 있었다. 성종과 조정 대신들을 설득시킴은 물론 적장인 소손녕도 설득시켰다. 서희는 세 치 혀뿐 아니라 지·덕·용을 겸비한 인물이었던 것이다.

그는 완벽한 외교관으로서 그가 이룬 업적은 임진왜란 시에 나라를 구한 이순신과 비견해도 지나친 것은 아닐 것이다. 전쟁에서의 승리도 중요하나 싸우지 않고 승리하는 것은 더 큰 승리인 것이다. 서희는 사대事大를 거란에 내주었으나 사대주의자가 아니었다. 그는 오히려 사대를 이용해 고구려 영토를 수복한 위대한 외교 전략가였던 것이다.

서희의 담판이 성공할 수 있었던 두 번째 이유로서 고려의 최고 정책 결정자인 성종의 역할을 빼놓을 수 없다. 성종은 우리 역사에 알려진 바와 같이 모화慕華에 경사되어 이지백이 성종을 꼬집은 바도 있으나 성종은 할지론을 결정한 상태에서 서희의 건의를 받아들이는 결단을 내렸다. 서희의 건의를 수용하지 못했다면 고려의 운명도 바뀌고 말았을 것이다. 성종의 결단은 거란의 침입을 전화위복으로 만든 또 하나의 이유가 될 수 있다.

우리 역사에는 국난을 당했을 때 성종과 다른 모습을 보여준 최고 지도자의 예도 적지 않았다. 임진왜란 시 선조의 태도를 보자. 그는 이율곡의 10만 양병을 묵살하고 일본에 보낸 두 사신의 정찰 보고를 슬기롭게 판단하지 못함으로써 임진왜란에 대비하지 못했다. 왜란이 발생하자 선조는 미루어오던 태자 책봉을 광해군으로 결정한 후 자신은 북쪽으로 멀리 피신 가고 말았던 것이다. 그리고 난이 진정된 후 논공행상에서는 이순신을 격하시키는 나약한 지도자상을 보였다. 최고 정책 결정자의 자세가 국가의 진로에 얼마나 중요한 것인가를 알 수 있는 대목이다.

서-소 담판이 성공을 거둘 수 있었던 세 번째 이유로서 고려의 국방력을 상기해야 할 것이다. 소손녕의 거란군이 전면전에 관심이 적었던 것은 사실이나 처음부터 고려 측이 그것을 알고 있었던 것은 아니었다. 그러나 안융진安戎鎭에서의 고려군의 일격은 거란군의 예봉을 꺾었으며 이 일전에서의 승리가 서-소 회담에 긍정적으로 작용했을 것이라는 추정이 가능하다. 서희는 보다 자신감을 갖고 회담에 임할 수 있었을 것이며 소손녕도 고려의 군사력을 평가했을 것이다.

안융진에서 보내준 고려군의 승리는 결코 우연이 아니었다. 앞에서 살펴본 바와 같이 태조 이래 쌓아온 군사력과 군사대비가 축적된 결과로 보아야 할 것이다. 특히 병관어사를 경험한 서희의 역할을 포함하여 고려의 총체적 군사 대비가 안융진 전투에서 나타났다고 보는 것이 합당할 것이다. 서희의 선항전 주장도 고려군에 대한 그의 신뢰에 근거했을 것으로 보인다.

회담을 전화위복으로 이끈 또 하나의 이유로 고려의 확고한 국시였던 북방정책을 들 수 있다. 서희가 소손녕을 설득시키는 데 있어 주효했던 주장은 고려가 고구려의 적자라는 논지이다. 태조 왕건이야말로 고려의 국방력과 서희 외교에 결정적 배경이 되었음은 두말할 나위가 없다. 왕건은 우리 역사와 민족사에 빛나는 고려 건국을 통해 고구려와 신라, 조선이라는 역사의 맥을 이은 지도자로서 그 중심에 우뚝 서 있는 것이다.

우리는 역사상 국정의 최고 지도자로서 서슴지 않고 조선의 세종대왕을 꼽는다. 한글을 창제해 한민족의 영원한 정체성을 확립하고 우리 영토의 동북계를 두만강으로 북상시켰으며 역사상 유래 없는 문화의 창달을 이룩한 지도자였음을 우리는 잘 알고 있다. 이러한 우리 역사상의 출중한 지도자로서 왕건은 어떠한가. 살펴본 바와 같이 그가 세운 업적은 세종에 비견할 만큼 뛰어난 것이었음을 알 수 있는 것이다.

오늘날 우리는 남북분단의 시대에 살고 있으며 통일과 민족의 융성을 위해 노력하고 있다. 이러한 시대적 상황에서 왕건이야말로 우리가 필요로 하는 지도자상이 아닐까 생각해본다. 조선시대에 세종과 이순신이 있었다면 고려시대에는 왕건과 서희가 있었음을 평가해야 할 것이다.

서희의 승리는 참으로 값진 승리였다. '전화위복轉禍爲福의 승리' '싸우지 않고 얻은 승리' 그리고 시간이 경과하면서 더욱 빛나는 '시대를 초월한 승리'였던 것이다. 거란과 고려의 대결을 압축한 서희와 소손녕의 외교 담판은 '칼을 들지 않은 전쟁'이었다. 회담 결과에 따라 전쟁의 결과 못지않은 중대한 결론이 도출되기 때문이다. 배수진을 친 한판의 결전이었던 것이다. 이 결전은 다윗과 골리앗의 대결을 연상하게 한다. 누구도 예상할 수 없었던 다윗의 승리이며 지혜의 승리였던 것이다.

|  |  |
|---|---|
| 960(광종 11년) | 18세 갑과에 급제, 광평원외랑廣評員外郎 |
| 972(광종 23년) | 통교 사신(내의시랑內議侍郎)으로 송에 파견<br>송 황제, 검교병부상서檢校兵部尚書 제수 |
| 983(성종 2년) | 병관어사兵官御事 |
| 993(성종 12년) | 거란군 침공시 고려군 중군사中軍使로 참전<br>거란의 소손녕과 담판 |
| 994(성종 13년) | 평장사平章事로 강동 280리에 여진을 내쫓고 8성 구축 |
| 996(성종 15년) | 태보 내사령太保 內史令 제수 |
| 997(성종 16년) | 치사록致仕錄 제수 |
| 998(목종 원년) | 사망, 시호 장위章威 |
| 1033(덕종 2년) | 태사太師 추증 |

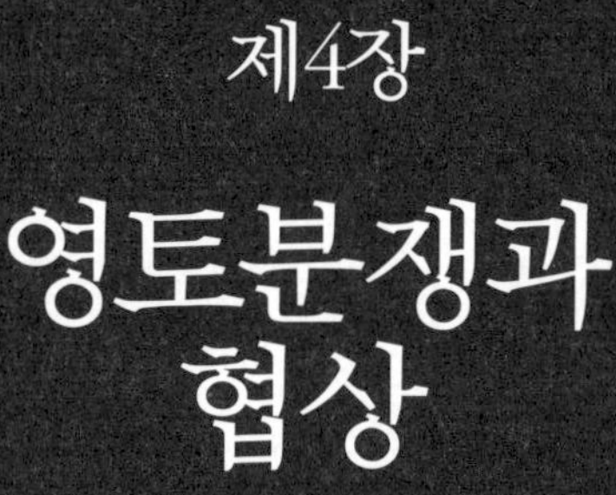

제4장

# 영토분쟁과 협상

고려는 서희의 활약으로 국난을 전화위복의 계기로 만들었다. 비록 거란에 칭신사대稱臣事大했으나 강동 6주라는 전략적 요충지를 영토로 획득함으로써 싸우지 않고 승리하는 외교적 성과를 거둔 것이다. 그러나 강동 6주가 아무런 갈등 없이 고려의 영토에 편입된 것은 아니었다.

고려는 서-소 협정을 성사시킨 성종과 서희가 타계한 후 거란과의 사대관계는 유지하면서도 정경政經을 분리하여 정치·안보는 거란과, 경제·문화는 송과의 관계를 발전시켜나갔다. 이것은 고려가 자주정신에 입각해 외교의 지평을 넓히는 독자 행보였으나 당시의 시대적 상황은 고려의 이러한 전진적 정책을 용납하지 않았다.

고려의 정경 분리는 거란과 고려 관계를 다시 열전 상태로 치닫게 만들고 서-소 협정은 파기될 지경에 이르렀다 그러나 10여 년에 걸친 려-란 전쟁은 승자도 패자도 없이 양국관계를 다시 서-소 협정의 틀로 돌아오도록 만들었다.

이 전쟁 과정에서 거란은 압록강 하구의 고려 측 영토인 보주保州(의주義州)와 선주宣州, 宣州에 성책을 쌓았는데 강화가 성립된 후에도 이 성을 고려에 돌려주지 않았다. 결국 이 문제는 양국 간의 외교 분쟁으로 비화되어 100여 년을 다투게 된다. 이 영토분쟁은 거란이 여진(금)에 대체되는 시점에서 고려의 영토로 최종 편입되는데 이 장에서는 영토문제를 둘러싸고 한 세기동안 고려와 거란 간에 전개된 외교 줄다리기를 추적해본다.

려-란 전쟁 그리고 승자도 패자도 없는 혹독한 전쟁의 대가, 그러한 열전 뒤에 영토문제를 둘러싼 외교협상의 과정은 우리에게 생생한 역사적 교훈을 보여주고 있으며 또한 싸우지 않고 승리한 서희 외교가 얼마나 값진 승리였던가 하는 점을 일깨워주고 있다.

## 1. 서-소 협정의 파기

### 전연의 맹

서역과의 통로로서 경제적, 전략적 이해관계가 큰 서하西夏를 복속(990년)시키고 서-소 협정(993년)을 통해 고려와의 관계를 안정시킨 거란은 이제 송에 대한 일전을 준비하기 시작했다. 서하는 거란과 송의 긴장된 관계를 이용해 송의 서북 전략 요충지인 영주靈州를 점령했다(1001년). 한편 고려는 서-소 협정 이후 거란에 대한 정치적

|  |  |
| --- | --- |
| 994 | 고려, 거란의 연호(통화) 사용<br>고려, 송에 사신 파견 |
| 996 | 거란, 고려 왕 책봉 |
| 998 | 서희 사망 |
| 1004 | 거란, 송 제압-전연의 맹 |
| 1005 | 송, 거란에 세폐 |
| 1009 | 고려, 현종 즉위/강조의 난 |
| 1010 | 거란의 성종, 고려 침공 |
| 1014 | 거란의 강동 6주 반환 요구, 3차 고려 침입 |
| 1018 | 귀주대첩 |

사대관계를 유지하면서도 송에 사절을 파견해 경제, 문화교류 관계를 발전시키고 있었다. 송도 고려와의 관계에 우호적 태도를 보였다.

이러한 상황하에서 거란은 송에 대한 포위망을 좁혀가고 있었다. 거란군은 국경에서 송군과 공방전을 하고 있었는데 1002년에는 고려가 거란에 승리를 축하하는 사절을 보내고 있다.[1] 1004년 거란의 성종은 마침내 대군을 이끌고 송에 침공했다. 거란은 송 진공에 앞서 고려에도 이 뜻을 알렸는데 거란의 통고는 국교를 맺고 있는 고려 측에 거란의 군사 동원 사실을 알리는 동시에 고려에 대해 주의를 환기시키는 조치로 볼 수 있다.

거란군은 파죽지세로 송의 수도인 개봉 인근의 보주, 덕청까지 진격했다. 송의 진종은 신하들로부터 남쪽으로 피난할 것을 권유받았으나 이를 거부하고 오히려 군대를 이끌고 황하를 건너 거란군과 대치하고 있는 전주로 나아갔다. 전주의 송군은 거란군의 포위와 맹공을 버텨내면서 성책을 굳건히 지키고 있었다. 이 전주가 함락되면 바로 황하 건너에 수도 개봉이 위치해 있기 때문에 수도 개봉 함락도 시간 문제였던 것이다.

송의 진종이 군대를 이끌고 전주에 진군해 배수진을 치자 거란은 송과의 강화에 동의하고 협정을 체결했다(1004년).[2] ①송은 매년 비단 20만 필과 은 10만 냥을 거란의 군사비로 보조한다. ②양국의 경계는 현 상태(연운 16주의 거란보유)를 유지하며 양측 모두 국경에 군사 시설을 설치하지 않는다. ③서로가 도망쳐 나온 사람을 숨겨주지 않는다. ④거란의 성종은 나이가 어리므로 문서상에 송의 진종을 형으로 부르기로 한다는 내용이다. 이 협약을 '전연澶淵의 맹盟'으로 부르는데 거란 측은 서-소 협정과는 반대로 실리를 취하고 송에게 명분을 제공한 것이 주목된다.[3]

이 협약으로 송은 기미책을 통해 자국의 안보와 평화를 유지할 수 있었으나 사실상 거란의 우위를 인정함으로써 동아시아에서의 초강대국 역할을 포기하게 되었다. 또한 방대한 세폐의 지불로 재정적 어려움을 겪게 되어 문약한 연성국가의 길을 재촉하게 되었다. 한편 거란은 전연의 맹으로 화북에 왕조 건설의 기회는 포기했으나 막대한 세폐 수입으로 안정적 재정을 확보할 수 있었다.

거란은 이제 북방 유목세계의 맹주로서 서로는 서하를 복속시켜 서역으로의 통로를 장악하고 동으로는 발해와 여진을 흡수하고 고려를 복속시켰으며 남으로는 송에 대한 우위를 유지함으로써 명실 공히 동아시아의 초강대국으로 군림하게 되었다. 동아시아는 거란-송 간의 전연의 맹과 거란-고려 간 서-소 협정의 속하에서 새로운 형태의 평화·안보 질서를 창출하게 된 것이다.

## 성종의 친정

고려 성종은 1009년 재위 17년을 마감하고 타계했다. 그리고 현종(1009~1031년)이 즉위했다. 한편 거란의 성종은 그 해 12월에 모후母后 소태후가 사망함에 따라 자신이 정사를 주관하게 되었는데 고려는 성종 모후의 장례(1010년 4월)에 사신을 보내 조문했다. 그러나 장례 절차가 채 끝나기도 전인 5월에 거란은 고려 정벌을 결정했다. 그리고 1010년 11월 성종은 직접 40만 대군을 이끌고 원정에 나섰다.

서-소 협정으로 양국관계가 안정된 상황에서 거란의 황제인 성종이 직접 대군을 이끌고 고려에 친정親征을 한다는 것은 이례적인 일이다. 성종의 거병에 관한 거란 측 기록은 "고려 서경유수 강조康兆가 왕을 죽이고 그 종형을 임의로 즉위시킴에 병사를 동원해 동정東征을 준비하도록 했다"[4]라고 해 '강조의 난[5]'이 고려 정벌의 사유임을 밝히고 있다. 그리고 이어 7월에는 고려 침입에 앞서 양병梁炳 등 사신을 고려에 파견해 전왕 목종이 사망한 이유를 묻기에 이르렀는데[6] 이 강조의 난은 이미 1년 반 전에 일어난 일로 거란 성종이 모후의 장례 여운이 채 가시기도 전에 거병하는 이유로는 합당치 않아 보인다.

『요사』 소적렬전에 "성종이 이르되 고려의 강조가 왕을 죽인 대역을 행함으로 군사를 일으켜 그 죄를 묻겠다고 하자 신하들이 모두 가하다고 했다. 이에 소적렬蕭敵烈이 나서 우리나라는 해마다 군사를 일으켜 병사가 부족하고 폐하께서 아직 상중이며 아직 곡식이 여물지 않았고 고려는 작은 나라이나 성벽이 견고하여 승리해도 피해가 클 수 있고 실패하면 후회가 클 수 있으니 우선 사신을 보내 강조의 죄를 묻고 굴복하면 좋고, 아니면 상이 지나고 추수를 기다려 군사를 일으켜도 늦지 않을 것입니다”라고 했다.[7] 이로 미루어 거란의 양병 일행은 소적렬의 건의에 따라 고려에 보낸 문죄사 성격의 사신으로 보인다.

그러나 이미 군사 동원령이 내려져 있었기 때문에 성종의 거병은 뒤로 미뤄지지 않았다. 거란 사신이 고려에 와 ‘문죄’한 데 대해 고려는 즉각 거란에 사신을 파견해 유화에 나섰다. 그러나 거란의 침공 의지가 분명한 것으로 판단한 고려는 이를 기정사실로 보고 군사 대비를 서둘렀다. 1010년 10월 강조를 행영도통사로 하여 군사 30만을 통주에 진군시켰다. 고려가 거란에 유화사절을 파견한 것은 각국 간에 자주 활용했던 외교 수단으로서 정보 수집의 역할도 했음을 알 수 있으며 고려는 민첩한 대응활동을 통해 짧은 기간에 군사 대비를 취할 수 있었던 것이다.

이어 11월 거란의 성종은 40만 대군을 이끌고 압록강을 건너 강동 6주의 최북단인 흥화진(의주)을 포위했다. 흥화진의 순검사 양규가 성을 굳게 지키자 거란군은 각종 회유로 심리전을 전개했으나 양규가 동요하지 않자 20만 군을 남쪽 통주로 진격하게 했다. 고려 주력군이 위치한 통주의 강조는 검차를 동원해 거란군을 여러 번 격퇴했으나 검차를 믿고 안이하게 대처하다가 기습을 당해 포로가 되고 말았다. 강조는 신하되기를 바라는 성종의 회유를 끝까지 거부해 살해되었다.

거란군은 양규에게 강조의 사망과 고려 주력군의 붕괴를 알리고 항복을 권했으나 양규는 “나는 우리 왕의 명을 받고 온 것이요 강조의 명을 받은 것이 아니다”라고 했다.[8] 거란은 통하진을 포기하고 곽주를 우회해 청천강을 넘어 안북부를 점거한 후 서경으로 내달았다. 이때 흥화진의 양규는 곽주로 가서 그곳 거란군을 무찌르고 성안의 백성 7000여 명을 통주로 옮겼다.

서경을 구원하기 위해 동북계(강원도 영흥)로부터 달려온 지채문智蔡文은 서경부유수 원종석元宗奭이 거란에 항복하려 하자 항서를 불사르고 동북계에서 도착한 탁사정卓思政과 함께 거란군에 대항했으나 이기지 못했다. 탁사정은 도망하고 지채문은 빠져 나와 개경으로 가서 서경의 상황을 현종에게 보고했다. 중신회의에서 신하들은 모두 항복을 거론했으나 강감찬姜邯贊(948~1031년)이 홀로 말하기를 "이번 일은 죄가 강조에게 있는 것이니 깊이 걱정할 것이 없으나 다만 중과부적으로 우선 적의 예봉을 피했다가 시간을 두고 대처하자"라고 설득해, 현종은 전라도 나주로 피난길을 떠나게 되었다.[9]

피난 도중 귀양에서 풀려난 하공진河拱辰이 현종에게 "거란이 강조를 처치했으니 사신을 보내 설득하면 퇴군할 것입니다"라고 건의하자 현종은 이들에게 국서를 주어 교섭하게 했다. 하공진은 부하를 거란 군영에 보내 "고려 국왕은 진심으로 이곳에 나와 뵙고자 하나 병위가 두렵고 또 내란으로 인해 강남으로 피난했다"라고 하고 거란 측이 군사를 거두어 주도록 요청했으나 성사되지 못했다.[10]

거란은 마침내 1011년 정월에 개경을 함락시킨 후 궁궐과 종묘를 소멸시켰다. 하공진 등은 거란 군영에 가서 다시 철군 교섭을 시도했다. 거란 성종은 현종이 피신해 행방이 묘연하고 강동 6주를 점거하지 못한 채 개경 깊숙이 들어와 불안해지자 "철군하면 고려왕이 친조하겠다"라는 하공진의 제의에 동의했다.[11] 그리고 철군하면서 하공진을 볼모로 했다. 하공진은 거란으로 끌려가면서 송균언宋均彦을 현종에 보내 자초지종을 보고했다. 나주에 피신한 현종은 거란군 철수 사실을 알고 개경으로 귀향하게 되었다.

퇴로의 거란군은 청천강을 건너 강동 6주에 이르러 이곳을 지키고 있던 양규와 김숙흥金叔興의 기습을 받게 되었다. 양규는 10일 동안 일곱 번 싸워 거란군을 무찌르고 수만의 고려인 포로를 송환시킨 후 마침내 성종의 본대와 격전을 벌여 모든 군사와 모든 화살이 다할 때까지 거란군을 섬멸한 후 장렬히 전사했다.[12]

허겁지겁 패주하던 거란군은 거의 모든 무장과 병기를 잃었고 압록강을 건너는 가운데에도 요격을 받아 수많은 거란군이 수장되었다. 이러한 참패에 대해 거란 측은 "군사를 돌이키니 항복했던 여러 성이 다시 배반했다. 귀주 남쪽에 이르자 큰 비가 내려 말과 낙타가 지쳤고 갑옷과 병기를 내버리고 비가 개인 후에야 강을 건너게 되었다"[13]라고 기록하고 있다.

### 송의 영토 인식

송 측도 이 전쟁에 관해 기록을 남기고 있는데 『자치통감』에는 "지금 거란이 요양으로 나가 고려를 공격하는데 또 여진 땅을 건너게 되니 여진이 비록 적으나 반드시 이기지 못할 것이다"라고 했고 이어 "현종이 여진과 더불어 군사를 합해 막았다. 거란이 크게 패해 군관과 병졸, 수레도 돌아온 것이 드물었다. 관속도 태반이나 전몰했으므로 이에 하북 지방에서 벼슬을 구하던 자와 조금이라도 글을 아는 자를 뽑아 그 결원을 보충했다"라고 했다.[14]

또한 『문헌통고』에는 "거란이 고려를 칠 때 여진 땅을 거쳤다. 여진은 다시 고려와 더불어 군사를 합해 막았던 바 거란은 군사를 크게 잃고 돌아갔다"[15]라고 해 송 측의 기록은 모두 고려와 여진이 힘을 합해 거란을 격퇴했으며 거란군이 여진땅을 거쳤음을 기록하고 있다. 또한『송사』고려전에도 동일한 기사가 기록되어 있다.

이러한 중국의 기록은 거란군이 격파된 지역(강동 6주)이 여진의 거주 지역이었으므로 고려군에는 여진인도 일부 편입되어 있을 수 있고, 또한 여진이 이곳에서 오랫동안 거란과 항쟁한 사실을 혼동해 마치 여진이 대등한 입장에서 고려와 연합해 싸운 것처럼 기록한 것에 불과하다는 관찰이 있다.[16]

그러나 서-소 협정으로 여진 땅이 이미 양국의 영토에 분할 편입된 지 10여 년이 지났는데 송 측이 이러한 상황 변화를 모르고 있었는지 의문이 제기된다. 고려는 서-소 협정 후 994년 원욱을 송에 보내 거란과의 관계를 설명한 바 있었고 목종에 이르러서는 수차례 송에 사신을 보낸 적도 있어 서여진이 양국에 의해 분할 점령된 사실을 송 측에 알렸을 것으로 추정된다. 송 또한 거란이나 고려와 왕래하는 사람들을 통해 이러한 사태 발전을 알고 있었다고 보아야 할 것이다.

따라서 송의 이러한 기록은 중국의 의도적 역사 왜곡으로 의문을 갖기에 충분하다. 송은 초강대국의 지위는 포기했으나 중화사상의 연장선상에서 자국이 개입하지 않은 영토분할을 인정하지 않으려고 했던 것이다. 즉 압록강 서여진이 거란에 의해 군사보호령화된 사실도 인정치 않고 고려가 거란과 맺은 서-소 협정과 영토분할 그리고 거란-고려간 국경도 인정치 않으려는 것으로 볼 수 있다. 송은 중국의 '가부장' 역할을 현실 세계가 아닌 자신의 기록 속에서 계속 유지하려 했던 것이다. 이것은 역사의 추상화인 것이다.

## 친정의 사유

거란의 고려 침공 원인에 관해 말머리를 돌려보자. 거란이 '강조의 난'을 친정親征의 구실로 내세운 것은 명분에 불과하다. 거란 성종은 강조를 체포한 후 신하가 되기를 청했고 강조가 절개를 지키자 그를 죽였으며 그를 죽인 후에도 회군하지 않았음을 볼 때 이를 확인할 수 있다.

그러면 어떤 이유로 거란이 서-소 협정을 파기하고 친정을 감행한 것인가. 거란의 친정 사유를 추정해볼 수 있는 다른 사료로서 고려 측 기록에 문종이 제주와 영암 등지의 목재로 큰 배를 지어 송에 통하려 하자 내사문하성이 건의하기를, "옛적 강무의 해(현종 원년)에 거란의 문죄서問罪書에 이르기를 동으로는 여진과 맺고 서로는 송국과 왕래하니 이는 무엇을 꾀하고자 함이냐고 했습니다. (중략) 만일 거란과의 관계를 끊지 아니하려면 송조와 사신을 통하는 것은 마땅치 못합니다"[17]라고 했다.

현종 원년(1010년)은 거란의 거병 결정과 거란의 사절 양병이 고려에 왔던 해로 이 '문죄서'는 양병 일행이 지니고 온 국서였을 가능성이 높다. 이 문서에 나타난 '동으로는 여진과 맺고 서로는 송과 왕래하니'의 문구에서 이번 거란의 침공 목적이 무엇이었던가를 추정해볼 수 있다. 이 내용은 강조의 난이라는 구실보다는 합당해 보인다. 서-소 협정으로 고려는 송과의 관계를 단절하기로 약조했으므로 고려가 송과 관계를 갖는다면 이는 협정의 위반으로 거란의 침공 사유가 될 수 있기 때문이다.

송과 고려의 관계가 어떠했는지 좀 더 살펴보자. 서-소 협정 이후 즉위한 고려의 목종은 사신을 송에 보내 국경지대에 둔병을 설치하여 거란을 견제하자고 제의한 일이 있다.[18] 송은 고려 사신을 후대했으나 이 제의를 받아들이지는 않았다. 거란 측도 이번 거사에 앞서 송에 고려 원정을 알린 바 있다. 거란과 송은 이미 전연의 맹으로 평화협정을 맺고 있었으므로 이에 따라 사전 통보 형식을 취한 것으로 볼 수 있다.

송 측은 거란의 고려 원정을 반대할 입장에 있지 못했기 때문에 오히려 고려 측이 원병을 청해올 때에 대비한 대응책으로 "고려는 여러 해 동안 공물을 바치지 않았다"라는 이유를 들어 고려의 청을 사절하자는 방안을 갖고 있었다.[19] 송의 국력으로는 거란의 거병을 제지할 힘도 고려를 도와 거란과 대적할 의사도 없었던 상황임을 알 수 있다. 문제는 이 과정에서 고려가 송 측에 제안했던 대거란 군사공략 내용이 거란에 알려졌을 가능성이다.

거란의 거병 이유를 가늠해볼 수 있는 또 다른 사료는 고려 측 기록에 나타난 동여진과 고려의 불미스런 사고에 대해 동여진이 거란에 보고한 기사이다. "고려의 하공진이 동서 양계에 종사할 때 동여진 부락에 쳐들어갔다 실패한 일이 있었는데 이로 인해 동서 화주(영흥)방어랑중 유종柳宗은 여진을 못마땅하게 여기던 차 여진인 95명이 고려에 내조하기 위해 화주관에 들어오자 유종은 이들을 모두 죽여버린 일이 있었다. 이로 인해 하공진과 유종은 현종 원년(1010년) 5월 귀양 가게 되었으며 동여진은 이 사건을 거란에 호소하니 이에 거란의 성종은 강조의 죄를 묻는다 하여 군사를 일으키기에 이르렀다"[20]라는 것이다.

거란의 친정 결정은 하공진 등이 귀양 가게 된 1010년 5월과 동일한 시점이다. 그리고 동여진이 거란에 이 사건을 알린 것은 5월 이전인 것으로 보인다. 따라서 거란은 동여진의 사건 보고가 있은 후에 고려 원정을 결정했음을 알 수 있거니와 이 결정이 동여진의 호소와 관련이 있을 것으로 보인다.

이로 미루어 볼 때 거란 성종의 친정은 고려가 서-소 협정을 위반하여 송과 관계를 맺고 거란 영향하에 있는 동여진에 대해 고려가 무력행사를 한 데 대한 응징 차원에서 결정된 것으로 보인다. 특히 성종이 모후의 상중임에도 친정을 결행한 것은 동여진의 보고 내용이 성종을 친정으로 내몰 만큼 자극적이었음을 짐작하게 한다. 한편 고려는 성종의 타계 후 송과의 협력 및 여진에 대한 영향력 강화라는 자주 외교를 추진한 것으로 볼 수 있다.

이러한 고려의 외교 전략이 국익에 유익한 정책이었는가 하는데 대해서는 생각해볼 필요가 있다. 이 문제는 뒤에서 검토하게 될 것이다. 어쨌든 거란이 40만 대군을 동원한 '친정 행차'치고는 전리품이 별로 없는 졸전이 되고 말았다. 고려의 항복도 받지 못했고 하공진의 막연한 친조親朝 약속만 믿고 회군하게 된 것이다. 특히 퇴각 시에 거란군이 거의 섬멸 지경에 이름으로써 성종의 간담을 서늘하게 한 것은 서희가 영토화한 강동 6주가 얼마나 중요한 군사적 요충지였던가를 확인시켜준 것으로 이 전투를 통해서 서-소 협정의 진가와 실리의 중요성을 다시 한 번 평가해보게 된다.

## 강동 6주의 반환 요구

거란군이 철수하자 고려는 사절을 거란에 보내 회군에 대한 사의를 표시했다. 퇴로에 치명타를 입은 거란을 유화하고, 전후 거란의 사정을 살펴 대책을 세우기 위함이다. 그러나 거란은 1012년 4월 현종의 친조親朝를 요구했다. 하공진이 거란과의 철군 교섭과정에서 '국왕은 진실로 와서 뵙고자 하나 병세가 두려워하는 바로서……'라고 한 약조에 따른 것이다. 거란 측은 이것을 "고려왕이 사신을 보내 글을 올려 조회함을 청하자 이를 허락했다"[21]라고 기록하고 있다.

거란 성종은 현종이 개경에 나와 친조하거나 군사를 풀어 현종을 포로로 할 수 있었다면 쉽게 철군했을 리가 없다. 하공진의 철군 교섭에 거란이 응한 것은 거란군이 더 이상 고려에서 지체하거나 지구전을 수행하기 어렵다고 판단한 결과였을 것이다. 그래서 거란은 하공진을 인질로 데려가버렸던 것이다. 고려 현종은 전공지田拱之를 거란에 파견해 "왕은 병이 있어 친조가 불가능하다"라고 통보했다.[22]

한편 거란에 볼모로 끌려간 하공진은 거란 측 배려로 연경(북경)으로 가서 양가의 딸과 결혼하는 등의 후한 대접을 받았으나 탈출을 기도한 사실이 발각되어 성종의 문초를 받게 되었다. 그는 "본국에 대해 두 마음을 갖고 있지 아니하니 살아서 당신 조정을 섬길 수 없다"라고 해 살해되고 말았다.[23] 고려는 화전和戰 양면의 대책을 갖고 사신을 거란에 파견해 거란 성종의 생일을 축하하는 등 거란을 유화하는 일방 서경에 성을 쌓고 방어시설을 수축하면서 광군도감을 개편해 광군사光軍司를 두었다.[24]

고려로부터 친조 불가를 공식 통보받은 거란은 더 이상 침묵하기가 곤란한 상황이 되었다. 거란 측은 1014년 3월과 7월에 대장군 야율행평을 보내 흥화진 등 강동 6주의 지형지물을 조사하는 한편 고려가 보낸 사신을 억류했다. 그리고 이듬해 9월에는 장군 이송무李松茂를 고려에 보내 강동 6주의 반환을 요구(반환 요구한 6주의 위치는 제3장 5절 '후속조치' 참조)하기에 이르렀다. 거란이 강동의 반환을 요구한 것은 재침공을 위한 명분 쌓기 이외에도 이곳을 확보해야 고려를 복속시킬 수 있다고 판단한 것으로 보인다. 지난번 고려 침공 시 거란군은 강동의 한 성만을 함락시킨 채 서경을 거쳐 개경까지 진군했다가 퇴각 시 요격을 받아 엄청난 피해를 보았기 때문이다. 이제 압록강 하구의 강동 6주가 전략 요충지로서 양국 간의 아킬레스건으로 부상한 것이다.

현종 5년(1014년) 10월 소적렬이 이끄는 거란군은 압록강을 넘어 통주에 다시 침입했다. 고려는 흥화진에 원군을 보내 거란군을 패퇴시켰다. 거란은 고려 공략이 용이하지 않게 되자 이듬해 1월 군사력을 증강해 압록강의 섬에 위치한 내원성에 가교假橋를 설치하고 다리의 양편에 성책을 쌓기 시작했다. 고려는 군대를 보내 싸웠으나 이를 저지하지 못했다. 거란군은 압록강 동편 고려 측 영토인 선화진宣化鎭과 정원진定遠鎭 빼앗아 보주성保州城(의주)을 축조하는 데 성공한 것이다. 거란군의 신속하고 안전한 이동을 위해 교두보가 마련된 것이다. 그리고 거란은 선화진은 회회군, 정원진을 선주라고 했다.[25] 소적렬은 강동 6주의 흥화진과 통주, 요주 등을 계속 포위 공격하다 실패하면 회군하는 일을 반복했다. 이런 군사적 공세와 함께 거란은 사신을 다시 고려에 보내 강동 6주를 요구했으나 이번에는 고려도 사신을 붙들어두고 돌려보내지 않았다. 이는 고려 사신을 억류한 데 대한 보복

조치임과 동시에 거란 측에 확고한 전의를 표시한 것이라 하겠다. 이제 양국 간의 전쟁은 장기화할 조짐을 보이고 있었다.

### 귀주대첩

거란이 압록강변에 교두보를 마련하고 침략이 본격화되자 서-소 협정은 유명무실하게 되었다. 고려는 대응 방안으로 송과의 통교를 강화했다. 현종 5년(1014년) 고려는 송에 특사를 파견했고 그 이듬해에도 사절을 보내 거란의 내침 상황을 설명하고 "거란을 견제할 수 있는 방안을 세워 급할 때 구원해줄 것을 요청"하는 국서를 전달했다.[26]

그러나 송은 이미 국력이 약화되어 있었고 거란과의 전연의 맹을 유지할 수밖에 없는 상황이었다. 송의 진종은 답신에서 "백성을 편안히 할 것을 권하며 이웃과 맹약을 맺어 평화를 유지하고 있는 상황"[27]이라는 애매한 내용을 통해 고려를 무마하면서 거란을 자극하지 않는 현상유지 입장을 견지했다. 그럼에도 불구하고 고려는 거란 연호의 사용을 중단하고 송의 연호를 사용하는 한편 송과는 문물 교류를 확대하기에 이르렀다.

거란군의 공세는 계속되었다. 거란군이 우월한 듯 하나 전선은 북방에 머물러 있었고 더 이상 고려의 성도 함락되지 않고 있었다. 수년간 전쟁이 계속되면서 1016년에는 거란인이 고려에 귀화하는 현상이 일어나기도 했다. 이는 압록강 주변의 거란인들이 계속되는 전투로 부역과 학정에 못 이겨 내투해온 것으로 추정된다.

거란은 현종의 친조親朝를 요구(1012년)한 이래 수년에 걸쳐 강동을 공략했으나 뚜렷한 전과를 보이지 못하자 드디어 대규모 군단을 동원하기에 이르렀다. 1017년 10월 소배압蕭排押을 도통으로 10만 대군을 동원해 고려를 침공했다. 고려는 평장사 강감찬을 서북계에 배치하는 한편 사절을 거란에 보내 화를 청했다. 강감찬은 압록강 방면의 영주에 진을 친 후 강동의 흥화진에 나아갔다. 정예기병 1만 2000기를 산곡 사이에 매복시키고 큰 줄로 우피牛皮를 꿰어 성동의 대천을 막고 거란군이 이르기를 기다렸다. 거란군이 강을 지나자 물을 트고 공격해 거란군은 참패를 당했다.

소배압은 초전 패배에도 불구하고 강동의 도성들을 뒤로 둔 채 개경으로 직접 쇄도해나갔다. 강감찬의 군대는 그들의 뒤를 추격해 곳곳에서 그들을 참살했다. 거란군이 개경으로 진격하자 현종은 삼각산 향림사로 피신했다. 강감찬은 군사 1만을 경성에 보내 방어를 강화하는 한편 동북계에서도 구원군을 경성에 파병하게 했다. 소배압군이 개경의 지근거리에 이르자 고려는 도성 밖의 민호를 성안으로 철수시키는 등 성 밖을 깨끗이 비워 청야淸野 전술을 구사했다. 소배압은 총력으로 공격했으나 개경이 함락되지 않자 회군하기 시작했다.

그들이 강동 인근의 영변에 이르렀을 때 고려군의 공격이 다시 시작되었다. 거란군은 거의 궤멸되다시피 했으며 살아서 돌아간 자가 겨우 수천에 불과했다고 한다. 성종 친정 이래 7년에 걸쳐 양국 간에 수많은 전투가 있었으나 이와 같은 참패는 전무후무한 일이었다. 이를 강감찬의 '귀주대첩龜州大捷'이라 부른다. 귀주대첩은 『고려사』뿐 아니라 한국사에 빛나는 전승으로 구가된다.

거란의 성종은 소배압의 보고를 접하고 분노해 "네가 적을 가벼이 여기고 깊이 들어가 이 지경에 이르렀으니 무슨 면목으로 나를 대하려느냐. 나는 너의 낯가죽을 벗긴 다음에 죽여버리리라"라고 했다.[28] 그러나 성종도 수년전 같은 일을 되풀이한 적이 있다. 거란 측도 이 참패를 자세히 기록하고 있다.

강감찬의 승리로 고려는 강동 6주를 자력으로 방어할 수 있었을 뿐 아니라 대송 관계에 있어서도 고려의 위상을 크게 높이는 계기가 되었다. 거란의 이번 패배는 고려에 대한 군사행동의 한계를 드러낸 것으로 볼 수 있다. 거란은 다시 대군을 동원하든가 고려와 화평하든가 선택을 해야 했다. 거란 측은 이번에는 신중히 접근했다. 군사 동원을 검토[29]하는 한편 현종10년(1019년) 5월과 8월에 사신을 고려에 보냈다. 고려도 거란에 사신을 보내 협의했다.

12월에는 마침내 양국 간에 강화가 이루어져 관계가 정상화되고 이듬해 2월에는 고려에 붙잡혀 있던 거란 사신을 송환했다. 거란은 친조 요구와 강동 6주의 반환을 포기하고 고려는 과거와 같이 거란에 사대관계를 유지한다는 선에서 강화가 이루어진 것이다. 양측 모두 장기전이 바람직스럽지 않다고 판단했을 것이다. 실제로 양측 내부에서는 많은 문제가 발생하고 있었다.

### 전쟁의 득과 실

거란 성종의 친정으로 재개된 려-란 10년 전쟁은 승자도 패자도 없이 종료되었으나 그 후유증은 적지 않았다. 우선 고려 측 사정을 살펴보면 전비 충당으로 정부 관리의 봉급이 부족하게 되자 현종 5년(1014년) 황보유의皇甫俞義와 장연우張延祐가 조정에 건의해 경군京軍의 영업전營業田을 몰수한 후 문관의 봉급에 충당하게 했다. 이에 불만을 가진 무관들이 병력을 이끌고 궁궐에 들어가 황보유의와 장연우를 포박하고 매질한 후 현종에 읍소하자 왕은 군의 요구대로 이들의 직을 박탈하고 귀양을 보냄으로써 이 일을 일단 수습했다. 그리고 이제까지 문관은 무관직을 겸할 수 있으나 무관은 문관직을 겸할 수 없던 제도를 고쳐 무관도 문관직을 겸할 수 있도록 한 바 있다.

그러나 현종은 이듬해(1015년) 서경으로 나아가 무관들을 불러 잔치를 베풀고 술이 취하도록 한 후 이들을 결박해 사형시키고 무관의 문관 겸직을 원상 복귀시켰다. 이 사건은 훗날 정중부鄭仲夫의 난을 발단으로 고려 30년의 무단 통치시대가 열리는 원인을 제공했다고 볼 수 있다. 고려의 이러한 국내 사정은 장기간의 소모전을 치르는 과정에서 무관의 발언권이 강화되어 발생한 사건으로 고려로서는 거란과의 전쟁이 국내적으로 큰 부담이 될 수밖에 없었던 것이다.

한편 거란도 계속되는 군사 동원에 못 견딘 요동지방의 거란인이 고려에 내투하는 등 여러 모순이 발생했다. 실제로 현종 20년(1029년)에 이르러서는 거란의 요동(동경)에서 발해 후예인 대연림大延琳이 반기를 들고 일어나 흥요국興遼國을 세우고 고려에 원군을 청한 바 있다.[30] 고려에서는 이에 응하지 않았고 대연림의 봉기는 실패했으나 이러한 현상은 고려와의 소모전을 통해 거란의 내부가 크게 동요하고 있음을 보여주는 것이다. 『요사』에서도 성종의 치세를 거란의 전성기이자 거란의 쇠락의 시작으로 보는 이유도 여기에 있다 할 것이다.

이와 같이 려-란 전쟁은 양측 모두에게 국내적 어려움을 안겨주었으며 이런 의미에서 양측은 모두 패자였던 것이다. 10년간의 전쟁 후에 양국 관계는 서-소 협정의 원점으로 돌아오고 만 것이다.

여기에서 우리는 서희 외교를 다시 한 번 생각하게 된다. 서-소 협정은 싸우지 않고 이룬 성과라는 점에서 최선의 결과라고 할 수 있을 것이다. 서희는 불리한 상황에서도 외교력으로 강동 6주를 얻음으로써 전화위복의 결과를 도출했다는 점이다. 이 실리가 대 거란전에서 엄청난 힘을 발휘했던 것도 살펴본 바와 같다.

그러면 무엇이 잘못된 것인가. 성종과 서희가 타계한 후 고려 조정은 다시 모화배번의 명분론이 고개를 들고 이들이 외교를 주도함으로써 서-소 협정을 우회해 송과의 관계를 증대하고 여진에 대한 영향력을 강화했던 것이다. 그리고 거란의 압력에 대해서는 자주적 입장으로 대처했던 것이다. 결과적으로 거란의 친정을 물리치고 귀주대첩의 승리는 가져왔으나 국내적 문제만 산적한 채 결국 서-소 협정으로 돌아오고 말았던 것이다. 고려의 승리는 차선 내지 삼선의 결과인 것이다.


## 2. 보주 분쟁과 고려-거란 관계

### 교두보

거란의 소적렬은 고려 침공 시(1014년) 압록강에 가교假橋를 부설하고 가교의 양끝 부분에 성책을 쌓았다. 이 가교는 군대의 도강을 위해서 필요했고 가교와 군대의 보호를 위해 가교의 양쪽 끝에 성책을 쌓았다. 즉 고려 공략을 위한 교두보인 것이다.

가교의 위치는 거란 측으로 볼 때 요동(동경)으로부터 남하하여 평양, 개경에 직접 이를 수 있는 압록강 하구가 최적지가 될 수밖에 없

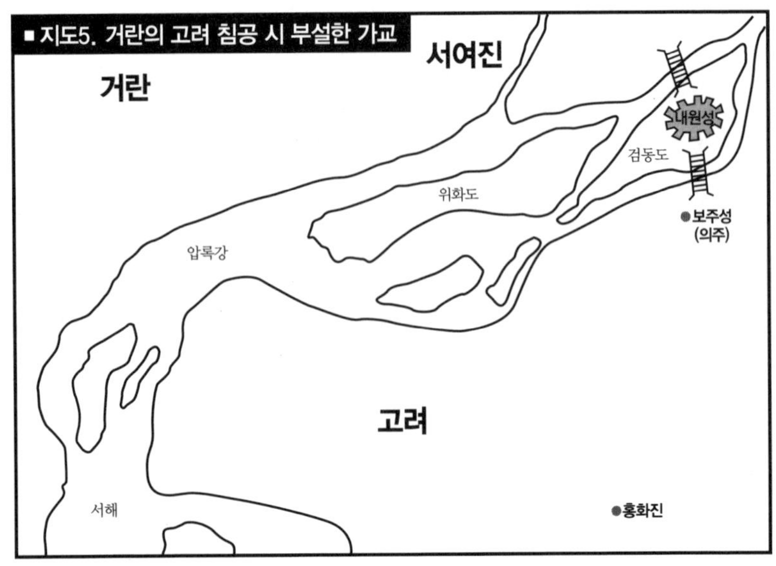



었다. 보주 지역 앞 압록강에는 검동도黔同島와 위화도威化島(훗날 이성
계가 회군하는 섬) 등 3개의 섬이 있는데 바로 검동도에 거란이 쌓은 내
원성이 위치하고 있었다. 가교는 내원성이 위치한 섬을 중간 착지로
해 연결한 후 가교의 양쪽 끝에 성을 쌓은 것이며 고려 땅에 축성한
곳이 보주로 현재의 의주에 위치하고 있다.[31]

그런데 거란 측이 축성한 보주에는 1005년에 거란이 각장権場(호시
互市라고도 함)을 설치했던 지역으로 기록되어 있다.[32] 각장이란 접경
국가 간에 통상을 증진하기 위해 국경지대에 설치된 시장을 말한다.
이 각장의 설치는 거란에 의해 주도되었는데 고려 측에는 이에 관한
기록이 없다. 보주의 각장은 1010년 고려-거란 전쟁이 개시된 이후
폐장되었던 것으로 보인다.

보주의 각장으로 미루어 보아 압록강 하구는 경제적 차원에서도

요충지로서 고려, 거란, 여진, 송의 이해가 맞물려 있었음을 알 수 있다. 거란이 전쟁 종료 후에도 보주에 대해 연고를 주장하면서 고려 측에 반환하지 않은 것은 이러한 경제적 중요성과 함께 고려에 대한 군사적 압박과 정치적 통제의 수단으로 활용하려 했음은 두말할 나위가 없는 것이다. 양국의 강화협상에서는 이 보주의 향배에 관해 합의가 없었던 것으로 보이며 따라서 관계 정상화에도 불구하고 보주 문제는 양국 간에 중요한 외교현안으로 남게 되었던 것이다.

### 대연림의 흥요국

현종 11년(1020년) 고려와 거란은 강화에 합의하고 양국 관계는 다시 평온을 되찾았으나 10년간의 전란은 많은 후유증을 남기게 되었다. 앞서 지적한 바와 같이 고려에서는 무관의 영업전을 회수해 문관의 봉급을 보전함에 따라 무관이 궁중에 난입하는 사건이 발생하는 등 내정상에 어려움을 겪게 되었다. 한편 거란은 요동지방의 거란인이 부역과 생활고에 못 이겨 고려로 탈출하는 사태가 벌어지고 있었다. 이러한 와중에서 발해유민의 자손으로 거란의 동경 대장군이었던 대연림大延琳이 봉기하여 흥요국興遼國을 세우고(1029년) 거란에 반기를 들었다.

대연림은 사신을 고려에 보내 건국 사실을 알리고 원군을 요청했다.[33] 원군 요청에 대해 고려 조정의 의견은 나뉘어졌다. 형부의 곽원郭元은 이 기회에 거란을 공격하여 보주를 되찾아야 한다고 주장했고 문하성의 최사위崔士威 등은 신중론을 폈다. 신중론의 논지는 "전쟁은 위험하니 삼가야 하며 또한 저희들끼리 싸우는 것은 우리에게 유리하니 방비를 견고히 하고 봉화연락을 정확히 하면서 그 후의 추세를 관망하는 것이 좋다"[34]라는 것이다. 신중론에 따라 흥요국을 지원하지 않기로 결정하고 12월에는 오히려 유소柳韶를 압록강 경계로 보내 변경의 유사시에 대비케 했다.[35] 그러나 곽원은 보주 탈환을 고집하여 군사 공략을 시도했으나 실패했다.

흥요국은 이듬해에도 수차에 걸쳐 고려에 원군을 요청해왔으나 고려는 이에 응하지 않았다. 대연림은 1030년 거란군에 의해 포로가 되고 봉기는 진압되었다. 거란은 흥요국의 봉기를 '발해의 난'으로 다루고 있는데 이 봉기는 발해가 멸망한 지 100년이 지났음에도 불구하고 발해유민이었던 여진족의 상당수가 참여하고 호응했다는 점에서 그 의의를 찾아볼 수 있다.

고려는 거란에 사신을 파견해 흥요국 진압을 축하했다. 이는 고려 조정이 보주 문제를 무력에 의하지 않고 외교 교섭으로 해결하려는 입장에서 취해진 조치로 보인다. 그러나 고려가 흥요국에 대한 지원을 자제하여 거란과의 관계악화를 초래하지 않도록 한 결정과 군사행동으로 보주 탈환을 시도한 것은 일관성이 결여된 정책으로 현종 대의 대외관계가 혼선을 초래하고 있음을 보여주고 있다.

### 오보와 오판

거란을 동아시아 초강대국으로 이끌면서 전성기를 주도했던 성종은 1031년 재위 50년의 오랜 권좌를 마감하고 사망했다. 성종의 적기인 제천황후는 아들이 없었고 성종의 대를 이은 흥종의 생모는 음애황후였다. 흥종이 16세임에 따라 생모인 음애황후가 섭정을 하게 되었는데 그녀가 제천황후와 그 일족을 반역으로 몰아 숙청하고 부마(소허불리)와 소필적(소손령의 아들로 홍요국 봉기를 평정한 공로자)을 죽인 사건이 발생하여 동경에서 반란이 일어났다는 소식이 고려에 전해졌다.

고려는 성종의 장례에 조문사를 파견키로 했는데 이때 왕가도王可道가 의견을 제시했다. "거란이 우리와 통교하고 있으나 항시 고려를 병합할 의도를 갖고 있었는데 이제 거란왕이 죽고 그의 사위 필제가 동경을 근거지로 반란을 일으켰으니 이 기회를 이용하여 압록강의 성과 다리를 허물고 거란에 억류되어 있는 고려인을 송환해주도록 요구하되 만일 거란이 이를 받아들이지 않으면 거란과 국교를 단절하자"[36]라는 것이다. 왕가도의 제의를 채택하여 고려는 이 내용을 국서로 거란에 요구했다.

거란이 이에 응하지 않자 고려는 중신회의를 열어 대책을 논의했다. 서눌徐訥(서희의 아들) 등 29명은 "거란이 우리 제의를 거절했으니 응당 국교를 단절해야 한다"라고 했고 황보유의 등 39명은 "이제 만약 거란과 국교를 단절하면 반드시 화를 입을 것이다"라고 했다.[37] 덕종은 서눌 등의 의견을 채택해 흥종 즉위 축하사절은 보내지 않기로 하고 흥종의 연호 경복庚伏 대신 타계한 성종의 연호인 태평太平을 그대로 사용해 양국관계를 일시 중단하는 조치를 취했다.

더 큰 문제는 부마인 소필적이 반란을 일으켰다는 정보가 사실과 다른 오보였다는 점이다. 거란 내부에 소요가 있었던 것은 사실이나 반란이 일어난 것은 아니었다. 이러한 불확실한 정보를 근거로 고려 조정이 중대한 결정을 내린 것이다. 거란 성종은 1031년 6월에 타계했고 왕가도가 문제를 제기한 것은 10월이었으므로 4개월 사이에 그릇된 정보가 고려 측에 전달된 것으로 볼 수 있다.

고려 측 기록을 살펴보면 7월에 거란의 사절이 고려에 와서 부고를 전했고 이어 발해인들이 거란으로부터 첩보를 가지고 고려에 귀순했으며 같은 시기 거란으로부터 현종 생신 축하 사신이 고려에 왔다.[38] 아마도 고려 현종의 사망을 모르고 매년 교환한 생신 축하 사절이 당도한 것으로 보인다. 그리고 8~9월에는 동여진 사절이 고려에 와서 토산물을 바쳤으며 또한 10월에는 거란인들이 고려에 내투했다.[39]

6~10월 사이에 고려에서 거란을 다녀온 일행이 없는 만큼 거란의 반란에 관한 오보는 7월의 발해인 또는 9월의 여진에 의해 전달되었을 가능성이 크다. 특히 발해인의 고려 내부와 관련해『고려사』는 '지업내투持鄴來投'라 기록하고 있는 것으로 보아 발해인의 오보 전달 가능성이 높다. 이것은 잘못된 정보誤報에 근거해 국가정책을 결정한 오판誤判의 사례가 될 수 있는 것이다.

거란이 보주성 반환을 거부하자 고려의 군장사 유소柳韶가 무력으로 탈환하자고 제의했다. 덕종은 이를 논의에 부쳤는데 서눌, 황보유의 등은 반대했고 왕가도, 이단李端 등은 기회를 놓치지 말고 출병하자고 찬성했으나 결국 출병치 않기로 결정했다.[40] 사태가 이와 같이 전개되자 양국은 상호 사신교류를 중단하고 성책을 견고히 하는 등 긴장관계가 조성되었다. 정권 교체기의 혼란한 상황에서 오보에 의한 오판은 자칫 전쟁으로 치달을 수도 있음을 보여주는 사례인 것이다.

## 무력시위

정종 3년(1037년) 9월 거란 흥종이 고려에 친서를 보내왔다. 그 내용은 "고려가 대대로 거란에 성의를 다해왔는데 근자에 들어 조공이 거의 없으니 이를 성실히 수행토록 해야 할 것이다"[41]라는 것이다. 정종은 신하들의 의견을 물었다. 이에 대해 서눌 등 14명이 거란에 특사를 파견하는 것이 좋겠다고 건의했다. 이때(10월) 거란 측에서는 선병船兵을 압록강에 침투시켜 무력시위를 했는데 이 선병 시위가 흥종의 친서와 무관치 않은 것으로 보인다.

정종은 서눌 등의 건의에 따라 동년 12월 사절을 거란에 파견하여 다음과 같은 고려의 입장을 전달했다. "고려는 승천황태후의 섭정 시 거란으로부터 책명을 받은 이래 성실히 책임을 이행해왔는데 근자에 두 가지의 문제, 즉 고려 사신 송환과 보주의 반환 문제를 해결해주도록 요청했으나 답이 없어 의문이며, 이후 조공이 중단되었지만 다시 예전의 예에 따라 사신을 보내겠다"[42]라고 해 고려는 거란 측이 사대의 예를 거론할 때마다 보주 문제를 연결시켜 반환을 촉구했음을 알 수 있다. 또한 이 서한을 통해서 거란의 성종 재위 50년 기간 동안에 승천황태후가 생존했던 전반 27년간의 정사가 태후에 의해 결정된 것임도 확인할 수 있다.

이듬해 3월 고려 사절이 거란으로부터 돌아왔는데 그가 휴대한 흥종의 친서는 "소국이 대국을 받드는 것은 모두의 통칙인데 그간 고려가 그 직분에 태만하다가 이번에 서한을 통해 고려가 갖고 있는 사대의 성의를 알았으니 앞으로 조공을 허락하며 이를 영원히 계속하도록 하라"[43]라는 내용이었다. 고려가 앞 뒤 사정을 고려하여 전달한 사항

중 조공은 받겠다고 하고 억류 사신과 보주의 반환 문제에는 아무런 답변이 없었다.

거란은 압록강에서 선병 시위를 통해 고려로 하여금 사대의 예에 따르도록 소위 '함포외교'를 구사했던 것이다. 이어 고려와 거란 간에는 상호 사신교환이 이루어졌는데 이는 사신 파견을 중단한 지 7년 만의 일이었다. 고려는 다시 거란의 연호를 사용하기 시작했고 양국 관계는 정상화되었다. 고려로서도 이 문제가 군사행동으로 확대되는 것을 원치 않았고 거란으로서는 고려와의 전쟁으로 막대한 희생을 치른 끝에 유일하게 남은 전리품인 보주를 아무 대가 없이 고려에 넘겨줄 생각이 없었던 것이다.

### 조공외교

양국 관계가 정상화됨에 따라 고려 측에서는 정종 5년(1039년) 조공사를 거란에 파견키로 결정했다. 이때 서눌이 "지난 해 거란이 압록강 동안(보주)에 성루를 증축했는데 이를 중지토록 요청하면 받아주지 않겠느냐"라고 건의하여 정종이 이를 승인했다.[44]

고려 측이 이러한 취지의 국서를 전달한 데 대한 거란의 답신은 "압록강 동쪽의 성루는 선대에 축성한 것이고 변방의 방위를 위한 것이며 이로써 고려의 영토에 손상이 없고 현재 기존의 규범을 계속 지켜나가도록 힘쓰고 있어 당장 이를 고치기는 어렵다. 선대왕이 이 문제를 수차 간청하다 결국 틈이 생겨 조공이 끊겼으니 고려왕은 최근 왕위에 올랐으므로 선대의 제도를 따르는 것이 마땅하니 근신하길 바란다"[45]라고 했다.

모처럼 관계 정상화가 이루어진 시점에 성루 증축 중단을 요청한 고려 측의 요청은 묵살된 것이다. 그러나 양국 관계는 계속 유지되었다. 정종 7년(1041년) 거란 측 기록에는 "황제의 명으로 압록강 부교의 수축을 중지"[46]하도록 했는데 앞뒤의 사정이 없어 그 이유를 알 수 없으나 고려의 조공 재개로 모처럼 마련된 우호적 분위기가 작용했을 가능성도 배제할 수 없을 것이다.

## 궁구문[47]

고려-거란 간 평화 분위기하에서 고려의 정종이 타계하고 문종(1046~1083년)이 즉위했다. 문종 즉위 후에도 거란과의 사대관계는 지속되었으며 수년 동안 보주와 관련해서 양국 간에 문제가 제기되지 않다가 문종 8년(1054년)에 이르러 새로운 긴장이 조성되기 시작했다. 거란 측이 "포주(보주)성 동편 벌판에 궁구문弓口門 시설을 축조했다"[48]라는 것이다. 10월에는 거란으로부터 사신이 고려에 왔는데 이에 관해 언급이 없고 고려 조정도 이에 반응을 보인 기록은 없다.

이듬해 7월 고려의 도병마사가 상신을 했는데 "압록강 이동 지역은 성종 대 승천황태후에 의해 고려 영토가 되었음에도 불구하고 거란이 성과 가교, 궁구누자, 우정郵亭을 설치하여 경계를 잠식해오고 있는데 (중략) 거란 동경유수에게 이를 중지토록 하고 여의치 않으면 거란 조정에 사신을 보내 실정을 알려야 한다"[49]라고 했다.

고려 조정은 거란의 동경유수에게 서한을 보내 "고려는 기자의 옛 강토를 이어받아 압록강을 경계로 삼아왔고 또한 성종의 태후가 인정한 것으로 거란이 이곳에 성책과 가교를 설치하여 이를 반환토록 요청 중인데 그 답을 받지 못하던 중 최근 내원성 병사가 궁구문과 정사亭舍를 설치하고 있어 백성이 불안하니 이웃과의 친선을 고려하여 영토를 돌려주고 시설물을 철수해주기 바란다"[50]라고 했다. 이러한 고려 측 요청에 대해 거란이 어떤 반응을 보였는지 기록을 찾을 수 없는데 아마도 같은 시기(동년 8월)에 거란의 흥종이 사망했고 도종(1055~1101년)이 즉위함에 따라 국상 기간에 이 문제를 직접 논의하기 곤란했던 것이 아닌가 싶다.

문상 기간이 지나고 문종 11년에는 거란의 도종이 사신을 보내 고려왕을 책봉했고 이어 왕세자에 대한 책봉사가 고려에 오는 등 새로운 관계가 형성되어가고 있었다. 책봉행사를 치른 문종은 "지난 해 거란에 사신을 파견해 궁구문, 우정 등의 축조물을 철거하라고 했는데 이를 무시한 채 송암 동북 지대에 토지 개발을 확대하여 암자를 설치하고 사람과 가축을 비축해나가고 있으니 장차 고려 영토를 침범할 준비를 하는 것이 아닌가 하니 빨리 철거토록 요구해야 할 것이다"[51]라고 하여 궁구문 설치에 따른 문제의 해결책을 강구토록 지시했다.

이 지시를 검토한 중서성은 "현재 변경이 소란스럽지 않고 도종이 이제 막 즉위하여 보내온 책령에 대해 감사의 회신을 하지 못한 상태에서 국경 문제를 먼저 거론하는 것은 옳지 않다"라는 의견을 제시했다. 문종은 이 건의에 대해서 "저들이 우리보다 먼저 성책을 설치하면 후환이 있을 것이고 또한 우리가 경각심이 없는 것으로 보일 수 있으니 8월에는 사절을 보내 책봉에 사의를 표하고 이어 사신을 보내 시설물 철거를 요청하라"라고 지시를 내렸다.[52] 그러나 궁구문 철거를 포함한 보주 반환 문제는 아무런 진척도 없었다.

## 고려-송 문병외교

고려 문종은 어려서부터 총명하고 학문을 좋아했고 웅대한 지략과 너그러운 성격을 갖추었다고 한다. 신하들과 자주 시책을 논의하고 제도의 정비에 힘써 문물제도가 발달하고 문화의 창달을 가져왔다. 국력도 크게 신장함으로써 그의 재위 38년(1046~1083년)은 고려의 융성기로서 태평성대를 이룬 시기였다. 『고려사』는 문종의 치적에 관해 "현종, 덕종, 정종, 문종은 아비가 돌아가면 아들이 잇고 형이 죽으면 아우가 뒤를 받아 부자형제가 거의 80년에 걸쳐 가히 성세를 이루었다 할 것이다……"[53]라고 했다.

문종은 대외관계에 있어서 거란과의 사대를 유지하면서도 송과의 관계를 증진시키는 데 관심을 갖고 있었다. 문종의 이 같은 생각은 고려의 국력이 신장하고 있는 반면 거란의 국력이 쇠잔하는 추세에 있었고 또한 송을 통해 거란을 견제하려는 구상, 그리고 송에 대한 모화慕華가 복합적으로 작용한 것이라 하겠다. 고려가 송과 통상교류를 갖은 것은 오래 전이나 현종 대에 발전하기 시작해서 문종 대에 이르러서는 그 규모와 횟수가 크게 증가하고 있었다.

문종 12년(1058년)에는 송상 황문경黃文景 등이 고려에 와서 토산물을 헌납했는데 문종은 이때 송과 문물교류를 확대하기 위해 탐라(제주)와 영암 등지의 목재를 베어 대선大船을 건조하고자 했다. 이에 대해 내사문하성[54]에서 상서하기를 "현재 거란과의 관계로 변경에 위급함이 없고 백성의 생업이 편안하니 이로써 나라를 보존하는 것이 상책이며 지난 경술년 거란의 문죄서에 '동으로 여진과 결탁하고 서로는 송과 왕래하니 이는 무엇을 도모하려 함인가'[55]라고 했고 상서 유참柳琓이 거란에 사절로 갔을 때에도 송과의 사절 교환에 의심을 보였다하니 이번 일이 알려지면 반드시 혼란이 있을 것이라 하고 제주는 척박하고 가난한데 작년에 목재를 베어 불사佛寺를 지어 다시 민폐를 끼치기 곤란하고 이제 고려의 문화도 흥성했으므로 중국에서 도움받을 일이 별로 없으니 만일 거란과의 국교를 영원히 단절하지 않으려면 송과 사절을 교환하지 않는 것이 좋습니다"[56]라고 건의하니 문종도 이에 따랐다.

이후에도 고려와 송은 국교는 없으나 문물의 교류는 계속 이루어지고 있었다. 이러한 고려–송의 관계는 오늘날의 정경 분리정책에 따른 국가관계로 볼 수 있으나 당시 가부장 질서하에서는 정도에서 벗어난 변칙적 관계였다고 볼 수 있다.

문종 22년(1068년)에 이르러 이번에는 송 측에서 고려에 접근했다. 송의 신종神宗은 호남의 나증羅拯에 밀지를 내려 "고려는 예로부터 군자의 나라로 선대로부터 통교를 해왔는데 막힌 지 오래다. 근자에 고려왕이 현군이라 하니 사람을 보내 알아보라"라고 했다. 이에 나증은 상인 황신黃愼을 고려에 보냈는데 문종이 이들을 환대했다.[57] 황신은 문종 24년(1070년) 고려에 다시 와서 협의했는바 고려는 사신을 파견하고 조공하겠다는 뜻을 표시했다.

이어 1071년에는 시랑 김제金悌를 송에 보내 국서와 예물을 전달토록 했다.[58] 김제의 송 파견은 사실상의 조공 사절로서 994년 고려가 거란에 복속하여 송과 관계를 단절한 이래 77년 만에 국교를 재개한 것이다. 송제가 중앙이 아닌 남쪽 복건 지방의 나증에게 고려 통교의 밀지를 내리고 고려와 교섭토록 한 것은 거란을 의식해 비밀

유지를 위한 것으로 보이며 실패의 경우에도 대비한 듯하다. 이후에도 송 측은 고려 사절의 왕래를 종래 등주(산둥)로부터 남쪽에 위치한 명주(영변)로 바꾸었는데 이것도 거란을 의식한 항로 변경 조치로 보인다.

고려는 송과 통교의 화호를 맺는 한편 거란에도 사신을 파견했다. 거란의 정세를 살피고 고려가 송과 통교한 데 대한 거란의 반응도 알아볼 필요가 있었을 것이다. 고려와 송의 국교 재개가 아직 거란에 알려지지 않았다 해도 대규모 인원이 송 조정에 입공한 만큼 알려지는 것은 시간 문제였다. 그러나 그 이후에도 거란이 고려의 복선 외교에 대해 문제 제기가 없었던 것을 보면 거란은 더 이상 고려-송 관계에 간여할 의사가 없거나 그럴 여력이 없었던 것으로 보인다.

당시 동아시아 가부장 질서하에서 두 명의 황제와 통교할 수 없는 상황인 만큼 고려가 거란, 송과 동시에 국교 관계를 맺은 것은 그 유래를 찾기 힘든 사례인 것이다. 이것은 고려의 위상이 그만큼 증대된 것임을 반영하는 것이며 동시에 동아시아에 새로운 형태의 질서가 형성되었음을 의미하는 것이었다. 또한 이번의 송과의 통교는 고려의 요청이 아닌 송의 요청에 의한 것임도 주목을 요한다.

고려 사신 김제는 귀국 시에 송의 의관 왕유王愉와 서선徐先을 동행했는데 이는 문종이 앓고 있던 풍통증風痛症을 치료하기 위해 고려 측이 요청해 파송된 의료진이었다. 오래 단절되었던 양국 관계를 재개하면서 문병을 매개로 하여 의료진을 파견한 것은 고차원의 외교방식이라 하겠다.

문종의 병세가 호전되지 않자 송 측은 의조교医助教 등 8명을 추가로 보낸 데 이어 문종 32년(1078년) 공식 사절이 고려를 방문하여 신종의 친서를 전달하고 양국 간 국교를 확고히 했으며 이후에도 송은 문종의 치료를 위해 계속 의관과 약재를 보낸 바 있다.[59] 송의 의관 마세안馬世安을 고려에 보내온 것도 이때였다. 고려 측은 이듬해 사절을 파송해 조공하고 송이 의사와 약재를 지원해준 데 사의를 표했다. 이로 미루어 송과 고려는 의관, 약재 등 문병외교를 통해 밀월관계를 유지했던 것으로 보인다.

한편 고려는 거란과도 종전과 같이 사대의 예를 갖추면서 현상을 유지했던 것으로 보아 문종 대에 고려 외교는 매우 성숙한 경지에 이르렀음을 알 수 있다. 고려는 거란과의 기존관계가 손상되지 않도록 관리하면서 송과의 통상, 문물의 교류를 확대해 국력의 신장을 도모할 수 있었다. 한편 송은 고려와 통교해 거란을 견제하려는 외교 목표를 갖고 있었던 것으로 보이나 고려의 대거란 관계가 변화되지 않음에 따라 별다른 실익을 얻지 못한 것으로 보인다.

이러한 송-고려 관계를 두고 송말 마단림馬端臨은 "고려가 송에 친교한 것은 중화의 문화를 배우고 통상으로 이익을 얻는 데 있었다고 할 수 있고 송이 고려에 접근 친교한 것은 대체로 이웃을 우대하고 평화를 누리는 데 있었다"라고 평가했다.[60]

또한 송의 소식蘇軾(1036~1101년)[61]은 "우리는 조그만 이익도 없는데 고려는 많은 이익을 얻고 있다"라고 하고, 양국 통상관계의 폐단으로서 "첫째, 사신과 상인 접대로 민폐가 발생하고 물자 낭비가 심하며, 둘째, 교역 물자가 너무 고가이고, 셋째, 송의 물건이 고려를 거쳐 거란에 흘러들어가고 있으며, 넷째, 고려 사람이 송의 산천지도를 작성하여 비밀이 누설되고 있고, 다섯째, 고려는 거란과 동맹국이다"라고 지적하면서 송의 서적이 고려에 너무 많이 유출되고 있다고 했다.[62]

## 국경회담

고려가 송과 밀월 관계를 유지하고 있는 상황에서 거란이 국경회담을 제의해왔다. 문종 29년(1075년) 7월 "거란의 동경병마도부서가 중앙 추밀원이 지시해온 바에 따라 압록강 이동의 국경을 획정하자"[63]라는 것이다. 고려 측은 즉각 대표단을 파견해 거란 측과 협의토록 했다. 거란이 늘 고려 측 항의에 대해 구실을 들어 협의를 피해오던 압록강의 영토문제를 먼저 획정하자고 제의한 것은 매우 이례적인 바 아마도 고려가 송과 통하고 있음을 거란이 감지하고 있었던 것이 아닌가 싶다.

특히 지난해에는 송으로부터 의조교 마세안이 고려에 오는 등 송과 고려 간에 문병외교가 진행된 바 있다. 이러한 상황에서 거란 측은 보주 영유권 문제를 먼저 거론하여 고려에 압박을 가하려는 것이 아닌가 생각된다. 양국 국경회담은 아무런 성과가 없었던 것으로 보인다. 이와 관련해 거란 측 기록에는 "고려가 사신을 파견해 압록강 이동의 고려 관리를 요청했으나 이를 거부했다"[64]라고 기록하고 있다.

이듬해 고려는 거란 측이 보주의 관문 밖에 암자를 설치함에 따라 사절을 보내 철거토록 거란 측에 요청했으나[65] 거란 측이 암자를 철거했다는 기록은 보이지 않는다. 이 시기에 거란은 고려-송의 관계 증진을 견제할 수 있는 강제 수단을 동원하지 못했고 고려로서도 보주를 반환받을 수 있는 유효한 수단이 없었던 것이다. 보주 문제는 교착상태에 접어들었다.

이 시기 고려-거란-송은 삼각관계 속에서 어느 일방이 절대적 우세를 행사하지 못하는 가운데 동아시아에 미묘한 세력균형이 유지되고 있었던 것이다.

### 각장

고려-거란 관계가 불안정한 가운데 거란 측은 '뜨거운 감자'인 보주 문제를 건드렸다. 거란 측이 보주에 각장権場 설치를 시도한 것이다. 선종 3년(1086년) 고려는 특사를 거란에 파견하여 각장 설치 계획의 중지를 요청했다.[66] 거란이 보주에 각장을 설치하게 되면 정치적, 경제적 이점 이외에도 보주 지역이 거란의 영토로 기정사실화됨을 의미하는 것이다.

고려 측은 이듬해 계속해서 특사를 거란에 파견했는데 이들의 주요 임무가 각장 문제에 관한 것임을 짐작할 수 있다. 10월과 12월에도 사절을 거란에 파견[67]했는데 고려로서는 특사 이외에도 양국 간에 교환되는 사절단을 활용하여 이 문제 해결을 위해 노력한 것으로 보인다. 그러나 협상에 진전은 없었다.

선종 5년(1088년)에는 거란 측 사절이 고려를 방문했는데[68] 이때에도 별 진전이 없었던 것으로 보인다. 고려 측이 거란 사신의 고려 방문 직후에 "압록강안에 거란이 각장을 설치하려고 획책하므로 중추원 부사 이안李顏을 구주에 파견해 비밀리에 국방을 방비토록 했다"라는 것으로 보아 양측의 교섭은 결렬되었을 뿐 아니라 오히려 양국

관계가 경색되어가고 있음을 짐작해볼 수 있다.

상황이 여기에 이르자 고려는 국서를 거란에 보내 각장 설치 계획의 중단을 공식 요청했다. "승천황태후 섭정 시에 압록강 서쪽은 거란에 동안東岸은 고려의 영토로 확정했고 성종 12년(994년)의 문서에서는 고려가 압록강 동안 성책을 축성한 것을 인정했는데 그때 고려의 서희와 거란의 동경유수 소손녕이 선지宣旨를 받아 양측이 각각 경계 내에 성축했다. 그러나 현종 5년(1014년) 강에 선박을 놓아 통로를 열고 1015년에는 고려 영내에 들어와 군대를 주둔시키고 문종 9년(1055년)에는 궁구난자와 우정을 축조했다가 우리의 요구에 따라 이를 철거하고 (중략) 이제 와서 시장을 새로이 설치하려 하니 이는 선지에 어긋나고 고려인의 성의를 무시하는 처사로 90년의 노력이 허사이니 누가 분개치 않겠는가. 그러하니 각장의 설치를 중단해주기 바란다"[69]라는 내용이다.

고려 측은 거란의 각장 설치 기도가 보주 강점을 기정사실화하려는 획책으로 보고 이것은 양국의 우호관계를 해칠 수 있는 중대한 사안임을 지적한 것이다. 이러한 고려의 문서 조치는 아마도 평화적 방법으로 문제를 해결하려는 마지막 외교 노력으로서 거란이 이를 거부하면 양국 기본관계가 변화를 가져올 수 있다는 '엄중한 경고'로 보아도 무방할 것이다.

이에 대해 거란의 도종은 "각장 설치를 철회해주도록 항의해온 서한을 여러 번 접수했는데 이는 사소한 일에 불과하니 가까운 시일에 선처토록 하겠으며 각장은 아직 설치를 결정한 바도 없으니 안심하고 성의를 다하고 의문을 풀기 바란다"라고 했다.[70]

거란 측은 이번 국서에서 고려의 강경한 입장을 확인했고 이 문제로 양국 관계가 파국으로 치달을 경우 거란에 이득이 될 것이 없다고 판단해 각장 설치를 포기한 것으로 보인다. 또한 거란 측은 각장 설치를 결정한 바 없다고 하면서 매우 가볍게 응신했는데 이는 각장 문제를 보주 영유권 문제로까지 비화되지 않고 마무리하기 위한 조심스러운 외교적 수사가 아닐까 추정해본다. 거란은 고려와의 관계악화를 원치 않았던 것이다.

## 3. 금국과 보주 영유권

### 완안부 여진

동란국 서천西遷 이후 거란의 구속에서 벗어나 있었던 동만주의 여진은 부족 통합을 이루지 못한 채 원시적 형태의 유목사회로 남아 있었다. 고려는 갈라전曷懶甸(함경도) 지방에서 이들 동여진과 접경하고 있었는데 문종 대에 이르러서는 여진인의 내부가 급증하고 이들 동여진 여러 부족과 기미주羈縻州[71] 관계도 맺게 되었다.

이러한 여진의 복속 증가는 문종 시대에 고려의 위상이 증대되고 태평성대를 누리게 된 측면도 있겠으나 이러한 고려 측 사정보다는 갈라전 북방에 있었던 동만주 일대에서 일어난 변화가 더 큰 이유였던 것으로 보인다. 동만주 생여진生女眞의 한 부족인 완안부完顔部가 성장하여 인근 부족들을 통합하고 그 세력이 남쪽 갈라전 일대에까지 미치게 된 것이다.[72] 그 영향으로 이 일대의 동여진 중에는 완안부에

복속한 경우도 있었고 완안부에 위협을 느껴 고려에 내투하거나 기미주에 편입되거나 했던 것이다.[73]

완안부 여진에 영가靈歌(후에 목종)가 들어서서는 일시 고려에 내조한 적도 있으나 그 세력이 계속 확대되어 남으로는 간도지방을 점령했으며 고려에 복속하던 동여진에 대한 침투도 더욱 강화되기 시작했다. 영가의 뒤를 이은 오아속烏雅束(후에 강종)에 이르러서는 동여진 정벌이 본격화함에 따라 드디어 고려와도 직접 충돌하게 되었던 것이다.

사태가 여기에 이르자 고려 측에서도 완안부 여진에 대한 대책이 필요했다. 고려 조정의 의견은 분분했다. "여진은 허약하여 두려울 것이 없으니 지금 취하지 않으면 반드시 후환이 될 것이다"라는 강경론과 "병장은 흉기이며 싸움은 위태로운 일이니 망령되게 움직이면 안 된다. 지금 무사한데 군사를 쓰는 것은 불가하다"라는 신중론이 맞섰다.[74]

숙종은 강경론을 받아들여 평창사 임간任幹으로 하여금 여진을 치도록 했다. 그러나 임간은 훈련되지 않은 군사를 이끌고 공을 서둘러 싸우다 대패했다. 임간은 파직당하고 숙종은 구밀원사 윤관尹瓘을 여진과 대적케 했으나 윤관도 전세가 불리하자 일단 화和를 맺고 돌아오고 말았다.

완안부의 남하는 고려와의 충돌뿐만 아니라 동아시아에 있어 대변혁의 시작이기도 했다. 동아시아는 다시 한 번 가장 변두리에서 비문명 사회로 남아 있던 유목민족에 의해 새로운 시대의 개막을 예고하고 있었다.

## 윤관의 9성

고려는 이제 여진에 대한 근원적 대책을 강구해야 했다. 고려는 아직 완안부 여진이 천지를 진동시킬 세력으로 성장할 것으로는 인식하지 못한 가운데 고려군의 잇단 패배에 대해 숙의했다. 윤관(?~1111년)은 여진과의 전투에서 싸워본 경험을 분석해 "신이 패한 원인은 적의 기병을 우리의 보병으로는 가히 감당치 못했기 때문"[75]이라고 숙종에게 건의해 기병 중심의 별무반別武班을 편성하게 되었다. 별무반은 신기군神騎軍과 신보군神步軍 그리고 특별부대로 구성되었다. 숙종은 이 별무반의 거병을 보지 못한 채 서거하고 예종이 즉위했다(1105년 10월).

윤관은 예종 2년에 이르러 여진 정벌에 나서게 되었는데 그 병력 수는 17만에 이르렀다. 고려군은 속전속결로 갈라전 일대를 점령하고 승전을 거듭했는데 "그 지방이 300리로서 동은 바다에 이르고 서북은 개마산蓋馬山(백두산)에 닿았으며 남은 장주長州, 정주定州 2주에 접했다. 산천이 수려하고 토지가 기름져 가히 백성이 살 만한데, 본래 고구려가 소유했던 고비古碑와 유적이 아직도 남아 있다"라고 했다.[76] 윤관은 점령 지역에 경계를 획정하고 요충지를 택해 성을 쌓은 후 남쪽 민가를 옮겨 채웠다. 그리고 예종에게 보고해 새로이 축조한 성의 명칭을 정했는데 이때 성成의 수가 9개에 달했다.[77]

여진 측 기록에는 "전에 약속한 바에 따라 고려에 망명한 백성을 되찾고자 한바, 고려 측이 허락해 사람을 보냈는데 고려에서 이들을 죽이고 갈라전에 출병해 9성을 쌓았다"라고 했다.[78] 또한 여진은 "군사를 일으켜서는 안 될 것이니 거란이 장차 우리를 단죄할까 염려된다고 했는데 태조(아골타)가 홀로 주장하기를 '만일 군사를 일으키지

■ 지도6. 윤관의 9성
영고탑
연길
돈화
길주
영주
갈라전
曷懶甸
복주
웅주
함주
정주
일제강점기 일제학자들의 비정(함흥평야설)
조선초 정약용 등 학자들의 비정(정주–길주설)
현대 학자들의 비정(두만강이북설)
• 9성 중 웅주, 함주, 복주, 영주, 길주 5성 이외의 공험진, 통태진,
숭영진, 진영진, 4성을 위치 비정에 논란이 있다.

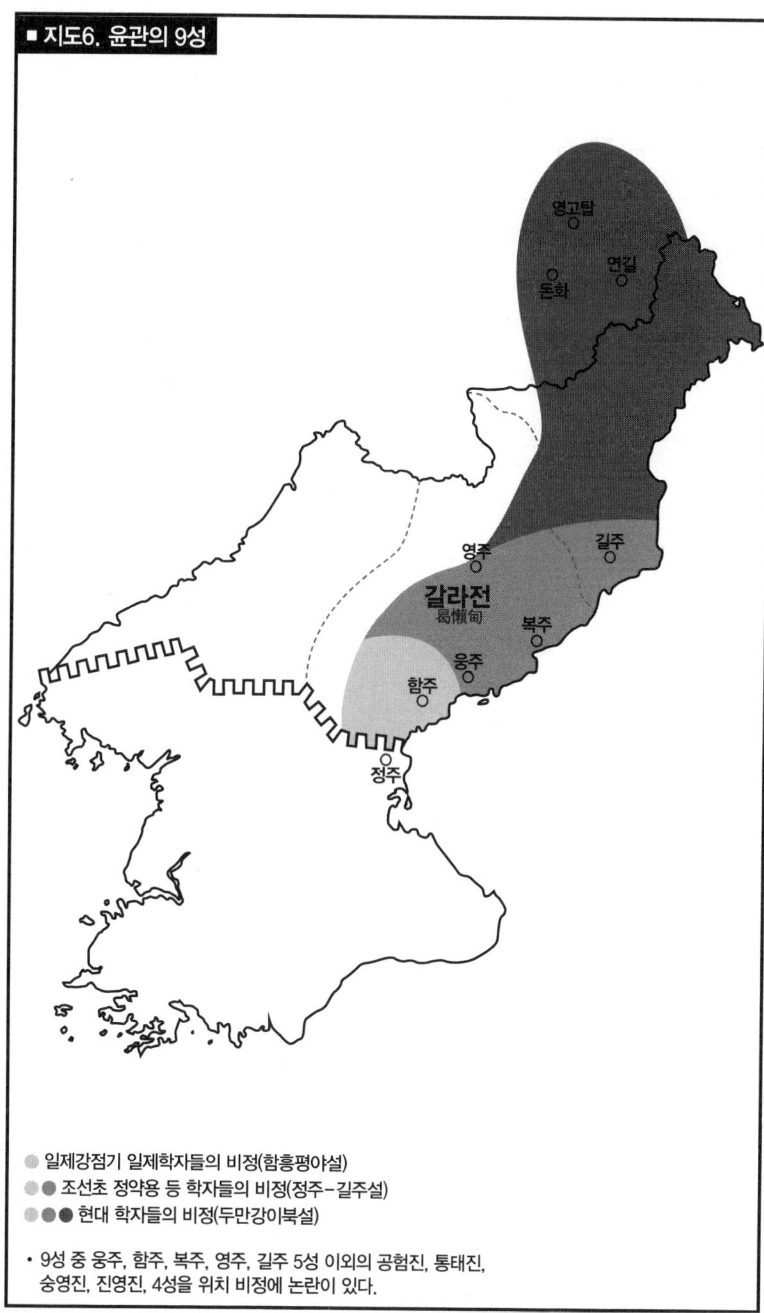

아니하면 어찌 갈라전만 잃을 뿐이랴. 다른 여러 부족도 우리의 것이 되지 못하리라'라고 함에 따라 강종도 이에 따라 간색으로 하여금 군사를 이끌고 치게 해 고려를 대파했다"[79]라고 기록하고 있다.

## 부모지국

여진은 9성의 탈환을 위해 1년 이상 고려군을 공격했으나 일진일퇴의 공방이 계속되면서 장기전의 조짐을 보이게 되었다. 그러던 중 여진 측으로부터 '대대로 배반하지 않고 조공하겠으니 9성을 반환해 달라'라고 하면서 먼저 강화를 요청해왔다.[80] 고려 조정은 찬성과 반대로 나뉘어 양단간에 입장을 결정짓지 못하고 있었다. 한편 갈라전 현지에서는 치열한 공방전이 계속되고 있던 중 여진 측으로부터 다시 화를 제의해오자 윤관은 "강화는 병마사가 전담하기 어려우니 마땅히 고려 조정에 가서 협의해보라"[81]라고 해 갈라전 현지에서도 강화 기운이 일어나고 양측은 일단 휴전 상태에 접어들게 되었다.

고려 조정에서는 예종 주재하에 중신회의가 소집되어 9성 문제를 논의했는데 최홍사崔弘嗣 등 28명은 반환에 찬성하고 박승중朴昇中과 한상韓相 등은 불가라 했다. 예종은 결론을 내리지 못했다. 이에 김연 金緣(후에 인존仁存으로 개명)이 "땅을 다툼으로써 백성을 죽이는 것은 불가하다"라는 것 그리고 "9성을 쌓을 때 거란에 대해서는 그것이 우리의 옛 땅이며 우리의 백성이라 했으니 궁한리의 존장 가운데는 거란의 관직을 받은 자가 많으므로 거란과의 사이가 벌어져 동으로 여진과 대치하고 북으로 거란과 대치하게 되면 9성이 삼한의 복이 되지 못하리라는 것"이라고 하자 예종은 이 말을 옳게 여겼다.[82]

한편 고려에 화를 청하러 온 여진 사절은 예종 앞에 나아가 "태랑 영가는 일찍이 말하기를 우리 조정이 대방帶方(고려)으로부터 나왔으니 자손에 이르기까지 귀부해야 한다 했으며 지금 태사 오아속도 또한 대방을 부모의 나라父母之國를 삼고 있습니다. 만일 9성을 돌려주어 생업을 편안케 하여주시면 우리는 하늘에 고하여 맹세컨대 대대자손에 이르기까지 공손히 세공世貢을 닦고 또한 감히 돌조각 하나라도 고려의 경상境上에 던지지 아니하리다"라고 했다.[83]

예종은 문무 3품 이상의 중신을 소집해 9성 환복문제를 다시 논의했는데 모두 찬성했다. 그리고 윤관 등의 패전 책임을 추궁했다. 첫째, 여진의 신흥세력인 완안부의 군사력 평가가 미흡했던 점, 둘째, 장기전으로 고려 백성의 피해가 가중되었다는 점, 셋째, 갈라전과 완안부로 통하는 소로 장악만으로 갈라전의 군사 지배가 가능하다고 오판하는 등 지역 상황에 대한 정보와 판단이 잘못된 점, 넷째, 넓은 점령 지역에 9성의 설치는 처음부터 그 지속적 확보에 어려움을 예상할 수 있었다는 점이 지적되었다. 반환의 논지는 매우 구체적이고 설득력이 있었으나 9성 확보의 주장은 기반을 잃었고 그 논지도 사료에 보이지 않는다.

예종은 여진 사절을 불러 9성 반환을 허락했다. 고려군의 철수는 불과 수일 만에 완료되었다. 전초에는 제법 주전론자의 발언권도 강했으나 점차 주화론자의 입장이 강화되었고 정벌 시작 후 1년이 경과한 후에는 강화와 9성 반환으로 기울고 윤관에 대한 문책론까지 대두한 것이다.

여기에서 잠시 서희 외교를 생각해보자. 서희는 항복론과 할지론을 중단시키고 협상을 통해 강동 6주를 고려 영토에 편입시킨 바 있

다. 이번 9성 협상은 서희의 협상과는 정반대 방향으로 진행되었음을
알 수 있다. 여진에게 '부모지국'이라는 명분을 얻고 함경도라는 영토
의 실리를 내준 것이다. 이미 명분과 실리의 효과에 대해서는 앞서 설
명한 바 있다. 서희 협상과는 달리 고려 측이 옛 고구려 영토를 점령
하고 있고 여진 측이 강화를 희망하고 있는 유리한 입장에서 결과는
반대로 된 것이다. 왜 이렇게 된 것인가.

첫째, 예종의 우유부단함이다. 예종은 윤관의 거병 시 이를 지원했
고 이 모든 정책을 결정했던 최고 지휘관임에도 불구하고 이를 끝내
관철하지 못하고 화和를 구하는 신하들의 의견을 받아들인 것이다.

둘째, 고려는 문종 이후 태평성대를 구가해왔는데 이러한 분위기
하에서 전시 상황의 장기화는 조정의 중신들로서나 백성들로서나 모
두 견디기 어려웠을 것이다. 당시 고려의 분위기는 윤관의 9성 구축
과 앞으로 예상되는 장기전이 강경론자의 불필요한 긴장 조성으로 인
식되었을 것이다.

셋째, 국가 비전의 상실이다. 고려는 고구려 계승이라는 확고한 비
전하에 출발해 북방 진출을 거듭한 결과 압록강까지 영토를 확장했고
이러한 영토의 실리는 그 후 거란의 침공을 격퇴하는 요충지가 되었
던 것이다. 문종 이후 고려는 차츰 평화와 성세에 길들여져 희생이 따
르는 북방정책의 추진을 국정의 뒤 순위로 미루기에 이른 것이다.

또 한 가지 검토되어야 할 문제는 고려가 갈라전을 점령할 경우 거
란의 입장이다. 고려는 예종 4년(1109년) 사신을 거란에 보내 동계에
9성 신축을 알린 바 있는데 당시 거란은 국력이 쇠잔해져 이 문제에
관심을 가질 만큼 국내적으로 여유가 없었던 것으로 보인다. 예종 5년

에는 거란 측이 "여진을 소탕하고 강토를 넓혀 축성한 것은 응당한 조치이며 고려가 이를 알려준 데에 만족한다"라고 했다.[84] 거란 변수는 없었던 것이며 고려는 옛 고구려 땅 함경도를 영토화할 수 있는 유리한 상황이었음을 알 수 있다.

함경도는 이때로부터 330여 년이 지난 조선 세종에 이르러 조선의 영토에 포함되기에 이른다. 서희의 강동 6주와 윤관의 9성 문제의 비교를 통해 100여 년의 태평성대 이후 변화된 고려의 모습을 발견할 수 있으며 외교가 국내 정치의 연장선상에 있음을 알 수 있게 해주는 사례이다.


### 아골타

갈라전의 9성을 여진에 반환한 지 4년여 후인 예종 8년(1113년) 완안부에서는 존장 우야노가 사망하고 동생 아골타阿骨打가 그 뒤를 이었다. 그는 여진 부족을 통합한 후 거란에 대해 선전포고를 하기에 이른다. 아골타가 거란에 반기를 든 것은 동아시아 역사에서 반복되는 양태였다. 거란의 국세가 기울고 여진은 이제 유목세계의 새로운 맹주가 되기 위해 도전장을 던진 것이다.

아골타는 대를 잇기 전인 1112년 거란 황제가 관례에 따라 여진의 존장들을 초청해 베푼 연회석상에서 정면으로 황제의 명을 거부한 적이 있다.[85] 아골타는 이 연회에서 거란의 퇴조와 거란 황제의 지도력 부재를 목격한 것이다. 자신이 존장에 오른 후에는 국상을 거란에 통보하지 않았고 이에 대해 거란으로부터 문책이 있자 반기를 들었다. 아골타는 1114년 송화강 일대를 점거한 후 요동으로 진격해 거란군을 차례로 격파했다.

거란은 고려에 여진 협공을 요청했으나 고려는 거병하지 않았다. 이듬해에 이르러 아골타는 거란의 동북면 요충지인 황룡부(농안)를 함락시키고 이어 거란 황제의 친정군을 격파한 후 황제를 칭하면서 회령(하얼빈 동남)에 도읍해 국호를 금金이라 했다(1114년).

거란은 다시 고려가 원병해줄 것을 요청했다.[86] 고려 조정은 거란과의 특별한 관계를 고려해 원군을 보내자는 출병가론자와 김부식 등 타국 싸움에 끼어들어 분쟁에 휘말리는 것은 장래의 이해를 측량하기 어려운 위험한 일이므로 신중을 기해야 한다는 출병불가론자의 의견이 대립했으나 출병은 이루어지지 않았다.[87] 거란은 대세 만회를 위해 대군을 동원해 송화강으로 출정하면서 다시 한 번 고려군 파병을 독촉했는데 이번에도 고려는 출병하지 않았다.[88]

고려가 파병하지 않은 또 다른 이유는 요동 정세가 극히 불안해지면서 이곳 주민들이 동요하고 있었으며 고려로 넘어오는 난민도 많아지고 있었기 때문이었다. 이러한 상황에서 1116년에는 요동 동경에서 반란이 일어나 고영창高永昌이 황제를 칭하고 국호를 대원大元이라 했다.

### 보주와 자취

거란의 친정군을 쫓던 금군은 예종11년(1116년) 마침내 고려와 국경을 맞대고 있는 압록강 하구에 이르러 내원성來遠城과 보주성保州城을 공격했다. 성문을 굳게 닫고 항전하던 거란군은 양식이 떨어지자 고려에 물물교환을 제의했다. 고려 측은 이를 거절하고 양식 유출도 금지시켰다. 그러나 곧 이어 3월에는 내원성과 포주성에서 양식이 고

갈되었다는 소식이 전해지자 고려는 쌀 1000석을 보냈는데 이번에는 거란 측이 받지 않았다.[89]

같은 시기에 금의 아골타가 고려에 사신을 보내 금이 곧 거란을 평정할 것임을 알려왔다. 이제 고려와 금의 관계정립 문제가 대두된 것이다. 고려 조정은 중서문하성의 건의에 따라 거란이 멸망의 위기에 있으므로 더 이상 거란의 연호를 쓰지 않고 60갑자를 사용하기로 결정했다.[90] 고려가 성종 13년 서-소 협정에 따라 거란의 연호를 사용한 지 120여 년 만에 국교를 단절한 것이다. 그러나 고려는 이후에도 거란에 대해 형식적 관계는 유지하면서 내용적으로는 송에 기울어지고 송과의 사절, 문물교환을 증대시켜나갔다.

고려는 북방 변경의 급박한 정세 변화와 관련해 다시 한 번 중신회의를 소집했다. 보주 문제에 대한 대책을 논의한 후 사신을 금에 보내 승전을 축하하고 보주는 고려의 구지舊地이니 고려에게 돌려줄 것을 요청했다. 이에 대해 금 태조는 "고려의 힘으로 취하라自取"라고 했다.[91] 고려로서는 이 기회에 보주의 영유권 문제를 금 측에 분명히 제기해두자는 것이고 금으로서는 고려가 보주를 취하기 위해 무력을 사용하면 거란과 적대국이 되므로 금에 유리하다는 계산이 '자취'에 함축되어 있었던 것으로 볼 수 있다. 한편 금 태조 아골타는 보주 공격 장수에게 고려군이 보주를 공격해오면 일부는 이에 대비하고 여의치 못하면 변방만이라도 잘 지키도록 하라고 했다.[92]

고려는 금의 자취 양해에도 불구하고 전통적인 거란과의 관계와 향배가 무상한 북방 정세를 고려해 보주 공략을 즉각 행동에 옮기지 못한 것으로 보인다. 그러던 중 예종 12년(1117년) 내원성의 거란 측에서

"성 안 식량이 부족하니 쌀 5만 석을 빌려주면 내년 추수하여 갚겠다" 라는 급박한 요청이 도착했다. 고려는 "고려의 두성과 성 주민을 돌려 준다면 쌀을 지원하겠으며 갚을 필요가 없다"라고 회답했다.[93] 양측의 협상은 결렬되고 말았다. 거란은 아직 완전히 붕괴되지 않았으나 고려는 이번 기회에 반드시 보주를 되찾아야겠다는 의지가 확고했다.

이즈음 금군의 공세는 더욱 강화되고 내원성은 함락될 지경에 이르렀다. 거란군은 선박을 이용해 도주하면서 고려 측에 문서를 보내 "여진의 반란과 동경 발해의 배반으로 길이 막혀 토지와 인구를 인계하고 떠난다"라고 통고했다.[94] 거란은 보주를 금에 넘겨주지 않고 고려에 넘겨주기를 원했던 것이다. 고려는 지체 없이 보주를 접수하고 명칭을 의주義州로 변경한 후 압록강을 경계로 해 관방關防을 설치하기에 이르렀다.

## 결위형제

예종 2년(1117년) 금은 사절을 고려에 보내 국서를 전하면서 양국 간에 형제관계로 통교하자고 제의했다. "대여진 금국 황제는 고려 국왕에게 글을 보낸다. 우리는 조상 대대로 거란을 대국으로 고려를 부모의 나라로 섬겨왔던 바, 거란이 무도하게 우리의 강역을 침략하고 우리의 백성을 노예로 해 명분 없는 무력을 가해왔다. 우리는 부득이 이에 항거해 하늘의 도움을 입어 그를 진멸했다. 고려왕은 우리와의 화친을 허락하고 형제의 의(고려를 아우로)를 맺어 대대로 무궁한 화호 和好를 이루자"[95]라고 했다. 8년 전(예종 4년) 여진은 고려를 부모지국父 母之國이라고 했으나 이제 '결위형제結爲兄弟'를 제의한 것이다.

고려 조정에서는 격론이 벌어졌다. 모두 금과의 형제 관계는 있을 수 없다고 크게 반대했고 심지어는 금의 사신을 처형하자는 주장까지 나왔다. 이때 홀로 김부의金富儀(김부식의 동생)가 상소하기를 "제가 보기에는 한이 흉노에 대해서나 당이 돌궐에 대해 혹은 공주를 시집보내는 등 그들과 화친할 만한 길이라면 무슨 수단이나 다 적용했습니다. 지금 송과 같은 대국도 거란과 서로 백숙이니 형제니 하면서 대대로 화친하고 지내왔습니다. 천자의 존엄이란 천하에 비할 바 없는데도 이처럼 오랑캐 나라에 대해 굴복하고 섬긴 것은 이것이 이른바 성인은 잠시 원칙을 버리고 권도로서 처사하여 국가를 보전하는 양책입니다"라고 했더니 대신들의 웃음거리가 되고 말았고 예종도 묵묵부답이었다.[96] 김부의의 현실론이 절대 다수의 명분론에 압도된 것이다.

동아시아의 정세는 급속히 변화하고 있었다. 거란은 점차 국내외 상황에 대처하지 못하고 금의 세력은 날로 확대되고 있었다. 예종 14년(1119년) 금은 국서를 통해 북으로는 상경으로부터 남으로는 바다에 이르기까지 정벌했다고 고려에 알려왔다. 이제 금이 요동 전역을 확보하고 천하를 평정했다는 과시였다. 이 국서는 지난번 서한보다 더 격을 높여 자신을 짐朕으로 시작하면서 고려를 종속국으로 비하시키고 있다.

고려는 답신을 통해 요동이 모두 고구려의 땅이고 고려가 고구려를 계승했다는 내용과 함께 "하물며 그들의(완안부) 선조가 우리 땅에서 나왔음이라"[97]라고 했는데 금 측은 이 국서의 접수를 거부했다. 고려가 고구려를 계승하고 여진이 고구려의 신민臣民이었다는 것을 지적했기 때문에 금이 이 문서를 접수할 경우 곤욕스런 결과를 초래할 수도 있었던 것이다.

동년 11월에는 고려가 천리장성을 3척 이상 증축했다. 금은 사신을 고려에 보내 증축의 중지를 요구했으나 고려는 "과거부터 있던 성을 보수할 뿐이다"라고 했고 금도 더 이상 문제 삼지 않았다. 예종 15년(1120년) 금군은 보주에 군대를 주둔시키고자 중앙에 병력 증강을 요청한 바 있는데 태조는 이를 허락하지 않고 이미 있는 군대를 나누어 배치하되 굳게 지키라고 했다.[98] 변혁기의 상황에서 고려는 군사 대비를 강화하고 경계를 늦추지 않았으며 금은 거란과의 전쟁 중에도 고려와의 관계 재조정을 위한 압박외교를 구사하고 있었던 것이다.

## 숙질지국

금과 고려의 관계를 잠시 뒤로 미루고 여진의 부상에 송이 어떻게 대처했는지에 관해 살펴보자. 송의 휘종은 떠오르는 금을 활용해 거란에 빼앗긴 연운 16주의 회수를 계획했다. 휘종은 1116년 고려에서 송에 사신으로 온 이자량李資諒을 특별히 대우한 후 비밀리에 "다음 번 올 때는 금나라 사람 몇을 데리고 와 달라"라고 청했는데, 휘종의 의도를 알아차린 이자량이 "금인은 인면수심이라 제휴할 것이 못 된다"라고 했다.[99]

송 대신들은 고려가 송과 금의 통교를 방해하고자 한다고 오해하고 금과 직접 접촉할 것을 건의했다. 송 휘종은 해로를 이용해 금 측에 거란 협공을 제의하면서 다음 조건을 제시했다. ①송이 거란에 제공하고 있는 세폐를 금에 제공한다. ②거란 협공에 있어 금은 만리장성을 넘어 하북에 들어오지 않는다(연운의 반환을 의미). ③금은 거란과 화평협약을 맺지 않는다. 금도 이에 동의했다.

양군은 1121년 거란을 협공했다. 금군이 거란군을 격파하고 파죽지세로 서경으로 쇄도하자 거란 황제는 서하의 음산으로 도주했다.[100] 한편 송군은 연운의 남경을 공략했으나 실패하자 금에 요청해 금군이 들어와 남경을 함락시켰다. 송이 남경을 돌려줄 것을 요청하자 거란은 금 100만 냥과 군량 20만 석의 세폐를 약속받고 성을 약탈한 뒤 철수했다.

그러나 송은 금에 약속한 세폐를 제공하지 않고 남경에서 일하던 거란 관리를 재등용하는 등 금과의 제반 약속을 이행하지 않았다. 이에 금 태종은 1125년 송을 공격했다. 금군이 수도 개봉에까지 육박하자 송은 ①금 500만 냥, 은 5000만 냥, 우마 1만 필 등을 제공하고, ②하북, 태원의 요충지 3진 33주를 금에 할양하고, ③양국관계를 숙부叔父(금)와 숙질叔姪(송)로 한다는 굴욕적 조건을 제시해 일단 화전했다.

송은 이 굴욕적인 관계와 감당할 수 없는 세폐 제공을 반전시키기 위해 다시 금 치하에 있는 거란 장수들을 부추기는 한편 고려에도 사신을 보내 군사동맹을 제의했다. 고려는 송에 대해 "고려는 부국이 아니며 요즈음 재앙을 당해 비축한 물자가 타버렸다. 또한 금군의 세력이 강해 경솔히 적대하기 어렵고 적지도 험해 군사동원이 쉽지 않다"라고 했다.[101]

송이 약속 이행을 늦추자 금은 다시 군사를 일으켜 개봉을 함락시켰다. 송은 황하 이북을 할양하는 조건으로 금에 화의를 청했으나 이번에는 금이 듣지 않았다. 금은 1127년 휘종을 비롯한 황족을 사로잡고 재물을 모두 약탈해 만주로 회군했다. 이로써 송은 9대 168년 만에 멸망했다. 송 황실 중에서 유일하게 금에 잡혀가지 않은 휘종의 아들 강왕은 남경에서 즉위해 고종이 되었다. 그 후 금군의 추격을 받자 양자강 이남의 항주로 옮겨 도읍한 후 남송南宋을 건국했다.

## 칭신사대

1122년 4월 고려에서는 예종이 타계하고 인종이 즉위했으며 금에서는 태조 아골타가 1123년 사망하고 태종(1123~1135년)이 즉위한 바 있다. 금 태종은 고려 인종에게 사신을 보내 "거란 천조가 서하로 도주한 사실을 알리려고 사신을 보냈는데 국경에서 접대를 불손히 해 고려에 이르지 못했다. 고려가 거란을 섬기는 예로서 앞으로 금을 섬겨야 할 것이다. 태조의 서거로 거란 천조를 잡지 못했다"라고 했다.[102] 거란 황제도 도주했으니 고려가 금에 사대하라는 것과 자

■ 표7. 고려와 금의 관계

|  |  |
|---|---|
| 1095 | 고려, 숙종 즉위 |
| 1103 | 완안부 여진의 두만강 진출 |
| 1104 | 윤관의 별무반 편성 (신기군과 신보군) |
| 1105 | 고려, 예종 즉위 |
| 1107 | 윤관의 여진 정벌 |
| 1108 | 여진, 고려에 사신 파견 |
| 1109 | 고려, 거란에 사신 파견<br>고려, 9성을 여진에 반환 (갈라전 반환 요청) |
| 1113 | 여진의 아골타, 거란 공격 |
| 1114 | 완안부 여진, 금 건국 |
| 1116 | 고영창, 요동의 동경에서 대원국 건국<br>금, 고려의 내원성과 보주성 공격<br>고려, 금에 보주 반환 요청 |
| 1117 | 금, 고려에 결위형제 요구 |
| 1119 | 고려, 천리장성 증축 |
| 1123 | 금, 고려에 칭신사대 요구 |
| 1125 | 거란 멸망 |
| 1128 | 고려, 금에 칭신사대<br>송, 남으로 이주(남송) |
| 1130 | 금, 보주를 고려 영토로 인정 |
| 1142 | 고려, 금 연호 사용 |

신의 즉위를 통보하는 내용이다. 금 태종은 1125년 무주에서 거란 황제를 사로잡아 거란은 야율아보기의 건국 후 9대 219년 만에 멸망했다.

인종 3년(1125년) 고려 측에서 금에 보낸 국서는 접수가 거부되었는데 국서의 서식이 '표表'가 아니고 또 '신臣'을 칭하지 않았다는 것이다. 금은 고려에 대해 거란을 섬기던 것처럼 금을 섬기라고 해 칭신사대稱臣事大의 관계를 요구했는데 이것을 기정사실화하려는 것이다.

고려는 아무런 조치를 취하지 못하고 있다가 이듬해(1126년) 조정 회의에서 금과의 관계설정 문제를 협의했다. 대다수는 금이 야만인으로 상대할 수 없다고 했으나 이자겸李資謙과 석준경佑俊京이 "금이 예전에는 소국으로 거란과 고려를 섬겼으나 지금은 강대해져 거란과 송을 멸망시켜 정치적, 군사적 강국이 되었고 우리와 접경해 제반 정세가 사대하지 않을 수 없게 되었다. 또한 작은 나라가 큰 나라를 섬기는 것은 선왕의 법도이니 마땅히 먼저 사신을 보내 예를 지키는 것이 좋다"라고 해 인종은 이 주장을 채택했다.[103] 이어 4월 인종은 정응문鄭應文 등을 금에 보내 자신을 신臣이라 해 사대의 예로 국교를 맺게 되었다.

이 시기에 금군은 산서에서 송군을 격파하고 있었고 고려에서는 이자겸이 변란을 일으켜 궁궐을 불사르고 인종을 자기 집으로 모시던 때였다. 소위 '이자겸의 난'이다. 따라서 고려 측의 대금정책은 이자겸에 의해 좌지우지될 수밖에 없는 상황이었다. 금이 거란을 멸망시키고 송을 제압하고 있는 상황에서 앞으로 금에 대한 사대는 불가피했을 것으로 보이나 고려 측이 아무런 조건 없이 금에 칭신을 결정한 것은 그 시기와 방법상에 문제가 있었다. 이것은 국내의 정치적 사유로 인해 비롯된 외교적 손실이었다고 볼 수 있다.

금은 동년 7월 고려에 사신을 보내와 "표를 올리고 신이라 칭하며 (중략) 소국으로 대국을 칭하는 것은 곧 사직을 도모하는 것이다. 무력으로 위협도 가하지 않았고 옥백으로 유혹치 않았는데 자발적으로 칭신하니 가상하다"라고 했다.[104] 금 태종은 사신의 고려 향발에 앞서 "만일 고려가 금과의 관계에 있어 모든 절차와 격식을 거란에 대해 했던 예에 따르고 또한 보주와 국경지대에서 고려에 귀순한 자를 금에 돌려준다면 보주를 고려에 돌려주겠다"라고 전하도록 했다.[105] 보주 영유권과 사대의 교환을 제시한 것이다.

## 서표

고려는 금에 국서를 보내 지난번 금태종이 언급한 보주 문제를 재확인했다. "금 사신이 고려에 와서 태종의 밀지를 전한 바에 의하면, 보주성을 고려에 넘겨줄 것을 허락하여 다시 점령하지 않겠다고 했다. (중략) 부왕(예종) 때 거란은 '보주는 본시 고려의 땅이니 고려에서 회수함이 옳다' 하여 선왕께서 이에 보주 성지를 수리하고 민호를 채웠다. 이때 고려는 아직 금을 상국으로 하지 않았으나 금 태조가 글을 고려에 주었다"라고 했다.[106] 그리고 문서의 앞과 뒤에 고려가 금에 사대의 예를 갖추고 있음을 다시 한 번 명백히 했다.

이에 대해 금 측은 태종의 친서를 고려에 보내왔는데 "경은 금이 고려에 요청하기도 전에 복속하기를 원했고 통교 후에는 더욱 충성스

러우니 가상하다. 곧 은혜를 내려 땅을 줄 것이다. 그러나 고려가 보낸 표에는 (중략) 오히려 호구만 빙자하고 아직 신표臣表(속국을 맹세하는 글)를 올리지 않았다. 만약 국경을 정해주지 않으면 얻은 땅을 장차 무엇으로 증거를 삼을 것인가"라고 했다.[107] 금은 고려의 사대 결정에 한술 더 떠 서표를 요구하면서 금이 인정하지 않으면 보주가 고려 땅이 되겠느냐고 협박한 것이다.

이어 금은 고려에 사신을 보내 국서를 전하면서 보주 문제를 다시 언급하고 답신을 요구했다. "첫째, 보주를 고려에 넘겨주려 하는데 수년이 지나도 아직 신서 제출이 없고 답서에도 대대로 충성하겠다는 맹세가 없으니 국경을 정하는 증거를 남기지 않으면 장차 무엇으로 증거할 것인가. 둘째, 고려가 위협해 귀화한 금 백성과 고려로 도망해간 금 백성 수가 자못 많은데 고려에서는 이를 모두 사망했다고 하니 믿을 수 없다. 셋째, 금은 고려가 거란에 한 것 같이 관례를 따르면 보주를 주겠다 한 것이고 보주도 '보주성'을 말한 것이지 보주성 일대의 지역이라는 말이 없다. 하물며 아직 국경도 정하지 않고 있지 않은가. 보주는 아직 계쟁 중인 곳으로 변경 지방관에 맡겨 경솔히 다루어서는 안 된다"라고 했다.[108] 고려가 칭신을 국서誓表로 올리고 금도 이를 승인하는 문서를 내려 양국의 사대관계를 문서로 한 후에야 국경문제를 협의할 것이며 그래야 보주 문제를 관대히 해결해주겠다는 것이다.

서표의 문제에 관해 금의 사신은 별도의 태종 친서를 제시했다. "보주를 사례한 문서에 고려는 말과 다른 '거국적으로 즐겁게 공물을 바칠 것이오. 자손에 전하여 길이 맹세한다. 밝은 해와 달을 두고 거짓이 없을 것을 맹세한다'라고 했다. 이는 가볍고 평범한 말에 불과하다. 지금 송과 하국이 옛 거란과 금에 행한 신서와 표는 모두 '이 맹세를 어기면 사직이 기울어지고 자손이 이어지지 못하리라' 또는 '신명이 이를 죽일 것이요 능히 나라를 복되게 못할 것이다'고 했다"라고 했다.[109]

고려는 인종 3년 금에 사대의 관계를 갖기로 결정한 후에도 서표의 내용을 미진하게 해왔는데 그럴 이유가 있었다. 첫째, 거란과 달리 금의 여진은 최근까지 고려를 부모지국으로 섬겨왔던 관계로 금과의 칭신사대를 국내적으로 소화해내기는 쉬운 일이 아니었던 것이다. 둘째, 이러한 중대한 전환기에 고려가 이자겸의 난을 맞았고 명분론과 현실론 간에 당파적 대립현상이 발생한 것이다. 인종의 리더십은 약화되고 외교문제를 둘러싸고 정파 간 권력 투쟁이 심화되었던 것이다.

금의 사신이 고려 조정의 문서로 답하도록 강요한 것을 보면[110] 고려 측은 내부 의견이 다름을 이유로 금 측에 그 결정을 미뤄온 것으로 추정된다. 결국 인종은 금에 답신을 전달했다. "첫째, 보주는 고려의 영토였으나 거란에 빼앗긴 바 되어 금 태조의 배려로 고려에 반환되었고 신표하여 감사하기를 '이를 자손에 전하여 깊이 맹세하겠다'고 했다. 맹세란 흔히 적국과의 사이에 믿지 못해 할 수 없이 하는 것이다. 지금 금이 천하를 통일했으니 오직 고려는 의무를 다할 것이다. 그런데 이제 고려가 신표를 따로 올리면 금에서도 마땅히 신소를 내려 장구한 계책으로 삼겠다 하니 감사한 마음이다. 금의 회신을 기다려 사신을 보내 표를 올리겠다. 둘째, 도피 이주한 호구 문제는 부친

(예종) 때 고려가 금에 칭신하기 전에 있었던 일인데 당시 나는 어려서 잘 모르는 일이다. 더구나 지난 번 금의 사신이 고려가 그들을 다스리라고 양해를 했기에 고려는 표로서 사의를 표한 바 있는데 이제 와서 다시 거론하니 이해하기 어렵다"라고 했다.[111]

## 가도

양자강 이남 항주에 도읍해 남송南宋을 세운 고종은 금에 붙잡혀간 휘종, 흠종의 구출을 위해 노력했다. 송은 금과 접촉해야 하는데 양자강 북쪽에는 금이 세운 괴뢰정권이 가로막고 있었다. 금은 송을 격파한 후 화북 지방을 당장 통치할 수 없게 되자 괴뢰정권 초국楚國을 세운 바 있었으나(1127) 남송의 개입으로 한 달여 만에 붕괴된 적이 있었다. 그 후 거란은 다시 남송을 공격한 후 회군했는데 이때 화북의 송 세력을 일소하고 한족 유예劉豫를 앞세워 제齊라는 괴뢰정부를 다시 세웠다.

남송은 금과 협상하기 위해 고려에 협조를 요청했다. 인종 6년(1128년)에 사신을 보내 양국의 전통적 우호관계와 송이 고려에 베푼 은혜를 강조하고 "사신을 금에 보내 두 황제를 모셔오려고 하는데 사절의 임무는 단지 비무장 110명이 국서와 예물을 가지고 가서 교섭하는 것이지 싸움하려는 것이 아니니 고려는 다만 사절 일행이 바다로 떠나 국경 상에 이르게 하고 먼저 금에 통고하여 그 가부를 알아올 것이며 만일 금이 송의 인원이 많다고 하면 줄여서 그들의 뜻에 따를 것이다"라고 했다.[112] 송은 금으로 가는 사절의 길을 열고 안내해달라는 것이다. 즉 '가도假道'를 요청한 것이다.

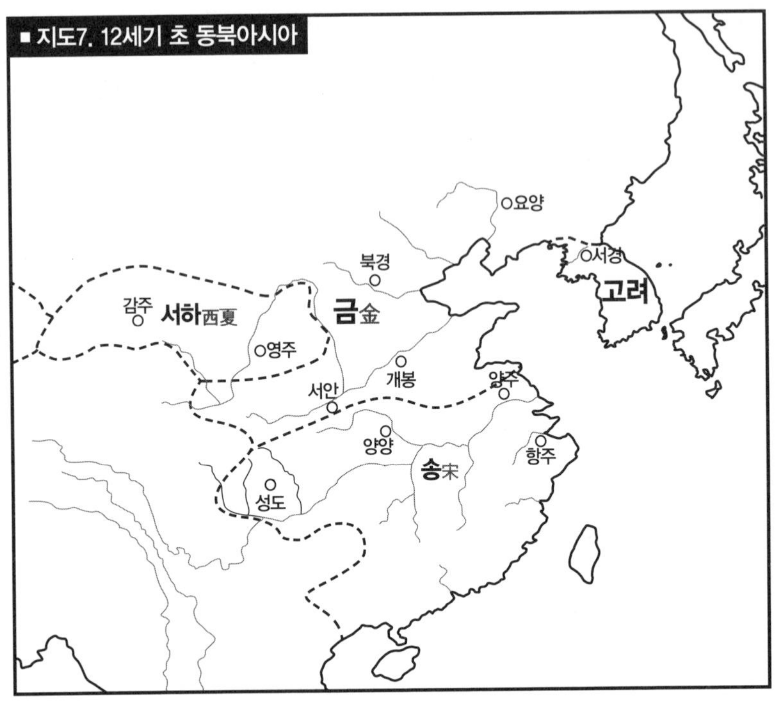



　고려 측은 인종의 친서를 통해 먼저 두 황제의 납치에 대해 송을 위로하고, 현재 금과 사대로 통교하고 있음을 알리면서 최근에는 고려와 송과의 관계를 시기해 금이 국경지대에 군대를 집결시키고 있어 위험한 지경에 있음을 설명한 후 "만약 송 사신이 길을 빌려 금에 들어간 것을 금이 안다면 반드시 의심하여 문제를 일으킬 것이며, 송에 보답한다는 명목으로 금도 우리에게 길을 빌려 송에 사신을 보내려고 할 것이니 우리가 이 제안을 거절할 수 없을 것이며 앞으로 해도海道의 편함을 금이 알게 되면 고려는 영토보전이 어렵게 될 것이고 그렇게 되면 송의 해안지방도 그들이 엿보게 될 것을 염려치 않을 수 없다"[113]라고 해 가도 제공을 거부했다.

이어 고려는 송에 사신을 보내 고려의 입장을 다시 한 번 간곡히 설명했는데 귀국한 고려 사신이 휴대한 송의 문서에는 "고려에 가도를 부탁한 것은 두 황제의 구제 때문이었는데 고려 회신을 보니 개탄의 마음뿐이다. 그러나 고려왕의 공손함을 양찰했으니 변방으로서의 역할을 잊지 말라"[114]라고 했다. 이후에도 송은 고려에 청병 또는 사절 교환을 계속했고 고려는 청병가도 제공은 거부하고 사절과 문물 교환은 계속했다.

## 보주의 고려 영유

서표의 문제는 고려와 금의 관계 수립에 있어 마지막 걸림돌이 되는 문제인 만큼 사사로이 넘길 수 없게 되었다. 고려는 결국 인종 7년(1129년) 금에 서표를 제출했다. 서표에서 고려는 주周와 춘추시대의 고사를 예로 들면서 "맹세를 하더라도 서로 의심하고 협력하지 않으면 소용이 없는 일이며 현자는 맹세가 아니더라도 다만 약속만 하여도 서로 믿고 협력하면 이것이 더 좋다"라고 해 고려와 서표 제출을 회피해온 명분을 세웠으나 "삼가 마땅히 군신의 의를 맹세하고 세세로 번병의 직책을 닦을 지니 이러한 충성스런 마음에 변하는 일이 있으면 신이 용서하지 않을 것이다"[115]라고 했다.

서표의 제출에도 불구하고 고려 측이 희망하는 보주의 영유권에 대한 금의 동의는 이루어지지 않고 있었다. 금 측은 인종 8년(1130년) 문서를 통해 고려의 서표 제출을 경하한다고 하면서 양국 간에 미해결로 남아 있는 협의 사항을 별도의 문서로 전달한다고 했다. 이 별도의 문서는 보주에 관해 고려와 협의할 내용을 설명한 후 "고려가 귀화

호구ﾄﾛ의 송환 문제는 이미 세월이 오래되었고 살아 있는 사람이 없으니 정상을 참작해달라고 하나 앞뒤 사정을 보면 호구 수가 적을 터이니 죽은 자, 행방불명된 자를 제시하고 그 자손과 부녀자까지 빠짐없이 조사해낸 통계를 보고하면 보주 문제를 고려해보겠으나 이에 응하지 않으면 올린 서표도 믿기 어렵다"라고 해[116] 서표 문제가 해결되자 이제 보주의 호구 반환 문제를 제기하며 보주 영유권 문제를 끝까지 외교 현안으로 활용했다.

이와 동시에 금 측은 "표의 내용은 정중하나 귀화 호구 문제가 명백하지 못하고 이를 부수적으로 다루었으니 예에 어긋나므로 사절을 별도로 보내 호구 문제를 협의하게 하도록 돌아가서 왕에게 건의하라"[117]라는 훈수도 잊지 않았다. 고려는 인종 8년(1130년) 마침내 특사를 금에 보내 귀환 호구 문제를 협의하게 했다. 고려 측은 "이 문제는 선왕(예종)이 금을 상국으로 섬기지 않을 때의 경미한 일로서 이 문제를 두고 추궁하면 고려로서는 금을 경하하고 신뢰하는 마음이 어그러지고 금의 인자함과 덕으로서 작은 나라를 사랑하는 자세에도 의구심을 갖게 한다. (중략) 바라건대 금태조의 뜻을 이어받아 도망한 자를 놓아주는 정책을 써서 고려의 청을 받아들여 달라"라고 했다.[118]

금으로서는 서표의 제출로 고려의 복속이 이루어진 만큼 사대의 문제와 연계시켜온 문제도 정리해야 했다. 고려가 금 측이 시사한 특사를 보내 특청하자 금도 더 이상 이 문제를 추궁하지 않음으로서 보주의 고려 영유권을 인정했다. 994년 서-소 협정으로 강동 6주가 고려의 영토가 된 지 136년 만에, 1014년 거란이 보주에 성책을 쌓은 지 116년 만에, 그리고 1115년 금과 외교협상을 시작한 지 15년 만에 보주는 접경국의 인정하에 비로소 고려의 영토로 확정되었다.

금은 명실 공히 동아시아의 초강대국으로 군림하게 되었다. 고려는 서표로 칭신사대를 맹약했으나 금의 연호는 사용하지 않았다. 금과의 역사적 관계와 고려 내 명분론자의 저항을 고려한 마지막 보루였다. 이 보루는 인종 20년(1142년)에 무너지고 고려는 금의 연호를 사용하기 시작했으며 이어 금은 인종을 고려왕으로 책봉하게 된다.

# 제5장

# 역사는 반복하는가

## 역사는 왜 반복하는가

압록강 하구에 위치한 보주의 영유권 문제를 둘러싸고 100년 동안 고려와 거란 간에 전개된 외교 줄다리기 과정을 살펴보았다. 그리고 주변 정세가 변화하면서 여진金이 거란을 대체하고 고려-여진 관계가 재정립되는 과정에 대해서도 살펴보았다. 한반도는 북방 유목 세력과 중국왕조 간의 이해 충돌과정에서 전략적으로 중요한 위치에 있으며 이 두 세력으로부터 지대한 영향을 받아왔음을 알 수 있다. 거란, 여진金, 몽골元, 만주淸로 이어지는 북방세력의 남하는 계속되었고 그 여파는 고려에 이어 조선왕조에서도 반복되었다.

그러나 한반도가 이들 중국과 북방세력 간의 역학 관계로부터 오늘날과 같이 사방에 강대국으로 둘러싸여 복잡한 형태의 지정학적 구도를 갖게 된 것은 일본의 등장에서 비롯되었다고 볼 수 있다. 일본은

1274년과 1281년 몽고의 침입을 경험하면서 한반도가 북방세력의 일본 침공에 교두보가 되고 있음을 알게 되었다. 일본은 반대로 1592년 임진왜란을 일으켜 한반도를 북방 대륙진출의 교두보로 삼으려 했다. 이러한 일본의 안보관은 19세기 제국주의 시대에 일본이 서구 열강에 편승하면서 한반도의 병합으로 이어졌다.

15세기 몽골 제국의 해체로 정체성을 갖기 시작한 러시아도 전통적으로 유럽 세력이었으나 19세기 아시아로 진출하여 남하정책을 계속하면서 한반도에 이해관계를 갖기 시작했다. 19세기 이후 한반도 주변 세력 간의 관계가 다양하고 복잡해진 것은 사실이나 기본적으로 주변 강대국에 의해 영향을 받는 한반도의 피동적 구도는 통일신라 이후 오늘날까지 계속되고 있다고 보아야 할 것이다. 다만 이러한 주변 강대국의 갈등관계와 이해충돌이 지난 구한말에 가장 두드러지게 나타난 바 있으며 근자에는 1948년 남북분단과 1950년 6월 25일 '경인동란庚寅動亂'[1]이 그 사례라고 볼 수 있다.

한반도에서와 같이 중앙아시아에서도 강대국 간에 이해가 교차하는 역사적 현상을 살펴본 바 있다. 동쪽에 중국, 북방에 유목 세력, 남쪽에 인도, 서쪽에 페르시아 그리고 후에 이슬람 제국과 같은 강대한 세력에 둘러싸인 중앙아시아는 그 위치로 인해 역사적 운명이 이미 결정되어 있었는지 모른다. 이와 같이 지리적 위치로 인해 발생하는 정치적 상황을 흔히 '지정학적地政學的 여건'이라고 한다. 한반도, 중앙아시아는 모두 주변 강대세력에 둘러싸인 지정학적 위치로 인해 이들의 이해관계에 영향받는 역사를 되풀이했다고 볼 수 있다.

이러한 지정학적 위치로 인한 약소국의 비극적 운명은 근대에 들어 유럽에서도 두드러지게 나타난 바 있다. 러시아와 독일 사이에 있는 폴란드, 독일과 프랑스 사이에 있는 벨기에와 네덜란드, 독일과 이탈리아 사이에 있는 스위스, 오스트리아 모두 유사한 역사의 반복 경험을 갖고 있다. 태국과 베트남 사이에 위치한 인도지나반도의 라오스도 비슷한 역사를 공유하고 있다.

이제 역사의 반복은 그 지정학적 위치로 인해 일어나는 현상이라고 말할 수 있을 것이다. 한반도의 경우도 그 위치와 크기가 변화되지 않고 주변의 강대국이 존속하는 한 역사는 반복될 가능성이 매우 높다고 생각해볼 수 있는 것이다.

지정학적 여건과 함께 그 지역 국가와 국민도 변화하지 못하고 그러한 여건에 길들여진 사고와 생활을 답습해온 점도 역사의 반복과 관계가 있음을 지적해야 할 것이다. 통일신라 이후 한반도의 역사에 있어서 왕건과 세종 그리고 몇몇 출중한 지도자가 등장했던 일시적 치세를 제외하고는 국정과 국민의 사고가 지난 1500여 년 간 별다른 변화가 없었다고 보아야 할 것이다. 역사의 반복이라는 관점에서 지정학적 위치가 고정적, 외부적 원인이라면 그 국가와 국민은 변화 가능한 내부적 요인이라고 할 수 있다.

한반도와는 달리 자신의 역사를 반복하지 않고 스스로 개척해 일류국가가 된 사례에 관해 생각해보자. 일본은 그 위치가 동북아 남단에 위치해 있고 문화의 발상지로부터도 원거리에 있어 고대의 오랜 기간 동안 동아시아 역사의 무대에서 소외되어 있었으며 대륙의 세력 다툼에서 밀려난 사람들에게 피난처를 제공하는 역할에 불과했다. 그러나 시대의 변천에 따른 북방 대륙과 한반도로부터의 이주와 문화의 전파는 일본이 성장하는 계기를 마련해주었다. 15세기 이후에는 유럽의 해양세력인 포르투갈, 네덜란드, 영국 등이 일본의 규슈에 도착함으로써 중국과 한국의 문화 이외에도 서구의 새로운 문물과의 접촉이 이루어졌다.

일본은 250여 년간 막부시대를 통해 중앙집권의 역량을 축적해왔으나 쇄국을 고집하다가 19세기 서구 열강에 의해 문호개방이 불가피해지면서 마침내 오랜 기간 동안 외래문화의 영향을 받아온 규슈의 신진세력(중견무사계급)이 규합해 일으킨 명치유신(1867년)을 통해 근대국가로 발돋움했다. 그리고 짧은 기간에 서구 열강의 대열에 합류하게 되었다. 일본의 외부 세계와의 교류는 비록 강요된 것이기는 하나 지도층을 포함한 일본 국민의 사고에 변화를 가져왔고, 사람의 변화는 역사를 변화시키는 동인이 되었던 것이다.

여기서 지적해두어야 할 것은 일본이 열강이 된 것은 명치유신이라는 제도의 변혁에 의존한 바도 적지 않겠으나 이 제도보다는 개방사회로 전환하면서 선진문화와의 교류를 통해 축적된 인적자산의 질적 향상이 주도적 역할을 했음을 간과해서는 안 될 것이다. 지도자와 정치의 변화, 유학생 파견, 선진문물의 도입 그리고 기술 인력의 지속적인 개발을 통해 명치유신을 성공적으로 이끌어나갈 수 있었던 것이다.

산업혁명으로 제국을 건설한 영국의 경우를 보자. 영국도 역사적으로 강대국은 아니었다. 유럽 대륙의 외곽 섬나라로서 동북아의 일본과 유사한 위치에 있었다. 그러나 대륙 국가들과의 경쟁과 교류를 통해 꾸준히 성장해온 영국은 17세기 목재 고갈로 부족해진 대체연

료의 개발을 위해 석탄 산업이 발전하면서 그간에 축적된 기술을 발전시켜 18세기 중엽에는 산업혁명을 이루었다. 산업혁명은 기계혁명이자 힘의 혁명이었으며 영국을 '해가 지지 않는 나라'로 만드는 견인차 역할을 했다. 영국인은 자신의 역사뿐 아니라 세계의 역사를 주도해나갔던 것이다. 영국도 그 지정학적 위치에 변화가 없었으나 그들 스스로에 의한 기술 혁명을 통해 역사적 대제국을 건설했던 것이다.

산업혁명은 영국인의 질적인 변화 때문에 가능했다고 볼 수 있으며 영국인의 질적 성장이 대영제국 건설의 동인이 되었던 것이다. 영국의 왕정이나 정치제도의 변화도 뒤따랐다. 15~16세기에 포르투갈, 17세기의 네덜란드 모두 적은 규모의 국가였으나 진취적 기질의 인적자원 개발을 통해 강고한 해양세력으로 발돋움했던 역사의 사례들도 있다. 따라서 한 국가와 민족의 운명은 지정학적 여건이 변화하지 않아도 내부적 요인, 즉 인적자산의 향상을 통해 새로운 역사를 창출해낼 수 있는 것이다. 이러한 사례는 특히 산업혁명 이후 두드러지게 나타나고 있으며 과거와 같이 영토의 확장 없이도 내부의 산업능력 제고와 인적자원의 개발을 통해 견고한 국가로 발전할 수 있음을 알 수 있는 것이다.

## 해방과 분단

지정학적 여건과 인적자산의 변화 가능성을 염두에 두면서 구한말 이후에 전개된 한반도의 역사에 관해 생각해보자. 오늘의 한반도 모습을 출현시킨 출발점은 1945년 해방과 1948년 남북분단이라고 할 수 있다. 해방과 분단이라는 과거가 오늘에 살고 있는 우리의 생활에 영향을 주고 있으며 앞으로 해결해나가야 할 통일의 과제를 안겨주고 있는 것이다. 역사의 맥락에서 과거의 해방과 분단 그리고 미래의 통일문제와 대화해보자.

해방과 분단이라는 역사적 사건에 관해서 두 가지 관점이 있을 수 있다. 하나는 외세에 의한 것으로 보는 것이다. 일제는 일본에 의한 것이고 해방과 분단은 미국과 소련에 의한 것으로 보는 것이다. 이것은 역사의 진실에 가깝다고 말할 수 있다. 다른 하나는 우리의 총체적 국력이 부족했기 때문에 우리의 운명이 외세에 의해 좌우되었다고 보는 것이다. 문제가 우리에게 더 많다고 생각하는 것이다. 이것도 역사적 진실에 가깝다고 말할 수 있다. 강력한 외세와 부족한 우리 국력이 동시에 작용했다고 볼 수 있는데 이것이 가장 진실에 가까울 것이다. 그러나 이것은 역사의 활동사진과 같은 것으로 역사적 사실을 이해하는 데는 도움을 주나 오늘에 살아 있는 과거로 다가오지는 않는다. 의미부여, 즉 생명력이 없다는 것이다.

외세가 결정적 요인이었다고 할 때 이것은 해방과 분단의 원인이 우리나라보다는 다른 나라에게 더 많다고 생각하는 것이다. 이렇게 인식하면 앞으로도 우리의 운명이 외세에 의해 움직일 가능성이 높아진다. 왜냐하면 외세의 개입은 역사상 언제나 있었던 일이며 앞으로도 계속된다고 보아야 할 것이기 때문이다. 외세의 개입은 우리 역사상에 중국, 거란, 여진, 몽고, 일본에 이어 러시아, 미국에 의해 있어왔던 일이다. 그리고 그들이 원하든 원하지 않든, 한반도뿐만 아니라 지구상에 존재하는 대부분의 나라가 경험하는 역사의 일반적 현상인 것이다.

그러나 해방과 분단의 원인이 주로 우리 국력의 부족에 있었다고 본다면 그것은 우리의 힘으로 나라를 지키고 운명을 개척해나가기 위한 새로운 출발점을 제시해주고 있다. 우리 스스로가 발전하고 힘을 길러야 한다는 자성이다. 즉 과거를 반복하지 않으려는 동기부여인 것이다. 이러한 인식은 해방과 분단을 과거에 머물지 않고 오늘에 다시 되살려 우리에게 역사의 교훈으로 다가오는 것이다. 외세의 개입이라는 인식은 우리에게 진정한 역사의 교훈이 될 수 없다. 늘 상존하는 위협이며 현상이기 때문이다. 이러한 역사 인식의 차이에서 우리는 역사를 바꾸는 동기를 마련할 수 있을 것이다. 역사 인식의 변화 (사대모화, 식민사관과 같은 부정적 역사 인식을 포함해서), 즉 사고의 변화는 사람을 바꾸고 사람의 변화는 나라를 바꾸고 나라의 변화는 역사를 바꿀 수 있기 때문이다.

이러한 역사 인식의 문제를 염두에 두면서 분단 이후의 한반도 상황을 살펴보자. 세계는 미국과 소련을 양대 축으로 냉전 질서가 형성되었고 한반도의 분단은 이 국제 조류의 축소판이 되었다. 공산주의 계획경제와 민주주의 시장경제로 대표되는 70년간의 이념과 체제 대결은 주지하는 바와 같이 민주시장경제의 승리로 끝났다. 냉전의 시험대에 선 남한은 오늘날 세계 제12위의 경제 규모를 가진 국가로 부상했으며 북한은 식량 위기를 극복하기 위해 벼랑 끝 전술을 구사해야 하는 국제사회의 낙오자가 되고 말았다.

분단 전의 남북한은 거의 동일한 수준의 인적자원을 갖추고 있었음에도 불구하고 불과 반세기 만에 왜 그렇게 된 것인가. 북한은 다른 공산권이 그러했듯이 국경의 장벽을 높이고 개방과 교류를 거부했다. 공산계획경제의 제도적 문제에 기인하는 바도 없지 않겠으나 '자력갱생自力更生'의 국정방향이 더 큰 문제인 것이다. 북한은 외부 세계와의 교류를 거부함으로써 인적자원의 변화를 추진하기 어려운 체제하에 있었던 것이다. 자력갱생의 체제는 구한말 쇄국주의의 연장선상에 머물렀던 것이다.

이것은 고질적인 한반도 역사의 반복을 의미하고 있는 것이다. 그러나 남한은 개방과 교류로 인적자산의 질적 향상과 경제 사회의 변화가 진행 중에 있으며 이 변화는 한민족의 역사를 바꾸는 과정에 있음이 분명하다. 남북한은 하나의 민족이 불과 50여 년 사이에 얼마나 큰 차이가 있을 수 있는가를 보여주는 좋은 사례가 되고 있다. 그리고 인적자원의 변화를 통해 역사를 변화시킬 수 있음을 입증해주는 좋은 본보기가 될 수 있다.

## 을축환란

우리는 지난 여러 해 동안 1인당 국민소득이 1만 달러 이하에 머무르면서 경제가 제자리걸음을 걷고 있다. 중국은 매년 8~9퍼센트 대의 성장을 거듭하고 있고 세계 6대 경제 규모의 국가로 발전했으며, 이 추세로 가면 2015년경에는 일본을 추월하고 2040년경에는 미국에 접근할 가능성이 제기되고 있다. 일본은 10여 년째 경제 침체로 어려움이 없지 않으나 여전히 세계 제2의 경제 대국이며 규슈 섬 하나의 경제 규모가 한국의 경제 규모와 같은 세계 12위, 오사카군은 세계 7위이다. 군사적으로도 핵무기를 제외하면 아마도 세계 3위의 군사 강국일지 모른다.

러시아는 민주 시장경제로 전환하면서 혼란을 겪고 있으나 과학 기술 시대를 맞이해 그 기초가 튼튼하고 자원이 풍부하기 때문에 얼마 안 가 새로운 강국으로 부상하리라는 예측이 설득력을 갖고 있다. 미국은 과거와 같이 유일 초강대국으로서의 지위를 앞으로 계속 향유할 수는 없겠으나 그 입지는 향후 50년간 별 변동이 없을 것이라는 견해가 지배적이다. 이와 같은 상황 전개는 앞으로 한반도 주변의 지정학적 여건이 구한말의 역사를 되풀이하게 되지 않을까 하는 우려를 낳기에 충분하다.

그러나 구한말과 다른 여건도 고려되어야 할 것이다. 한국은 오늘날 한강의 기적으로 불리는 경제적 발전을 이루어왔다. 국방력에 있어서도 구한말과는 다르다. 우리가 이 상태에서, 흔히 말하는 선진국의 문턱에서 좌초하면 우리의 역사는 반복될 가능성이 높지만 우리가 앞으로 국민적 역량을 다시 발휘하여 제2의 도약을 이루어낸다면 우리는 역사를 반복하지 않고 새로운 역사를 창출해나갈 수 있는 것이다. 그것은 결코 불가능한 것은 아니다. 실제 이루어낸 경험을 갖고 있기 때문이다. 또한 국제적 환경도 변화되었다. 앞으로의 전쟁은 핵과 같은 대량 살상 무기로 인해 그 양상이 달라질 것이라는 점이다. 따라서 강대국 간에 한반도를 독점적으로 지배하기 위한 이해 충돌로 전쟁이 발발할 가능성은 적어질 수 있다. 또한 한반도에서 남북한 간에 또는 대리전 형태의 전쟁 위험도 감소될 것이라는 점이다.

그러나 우리가 앞으로 관심을 두어야 할 것은 전쟁의 위험 못지않게 경제 요인에 의해 역사가 영향을 받을 수 있다는 점이다. 즉 무력에 의하지 않더라도 경제에 의해 역사가 반복될 수도 있는 것이다. 최근의 사례를 보자. 1997년 말 외환위기 시에 우리의 주식시장에 상장된 770여 대표적 기업 주식의 총자산은 670억 달러 정도였으며 이 시기에 중국의 외환보유고는 1400억 달러(홍콩을 포함하면 2200억 달러), 일본은 2200억 달러였으므로 이론적으로는 중국이나 일본이 한국의 대표 기업을 모두 인수할 수 있는 상황이었음을 상기해야 할 것이다. 이것이 현실적으로는 발생할 수 없다 해도 그 위험성을 예고해주는 사례임이 분명하다. 그리고 우리는 이 외환위기를 극복하기 위해 국제금융통화기금IMF 등으로부터 350억 달러를 지원받고 그 대신 정부의 각서를 제출하여 주권의 일부를 양도한 바 있음을 잊어서는 안 될 것이다. 그 당시 국민들은 열전 못지않은 위기상황을 실감했으며 많은 국민들이 '금모으기'에 동참한 바 있다. 이것은 상호 의존도가 높은 21세기 지구촌 시대에, 특히 대외 의존도가 높은 한국에 있어서 '경제 전쟁'의 한 단면이 될 수 있는 것이며 앞으로 불행했던 역사가 반복하는 원인이 될 수 있음을 유의해야 할 것이다.

대외 의존도가 높고 내수시장이 작은 한국은 외환위기 이외에도 여러 형태의 경제 문제로 국가가 위험에 처하거나 주권을 제한받을 수 있는 상황이 닥칠 수 있음을 경계해야 할 것이다. 앞으로 이러한 경제위기를 반드시 유념해야 한다는 의미에서 97년의 금융 외환위기를 '을축환란乙丑患亂'이라 부르기로 한다. 21세기에는 경인동란과 같은 전쟁보다는 을축환란과 같은 경제적 요인에 의해 우리의 역사가 영향을 받게 될 것이라는 점을 특히 기억해야 할 것이다.

## 청산해야 할 과제들

남북분단, 경제의 침체, 한반도의 주변상황을 종합적으로 고려할 때 우리는 구한말의 역사 반복을 우려하게 된다. 우리는 지금 불행했던 역사를 되풀이할 것인가 아니면 이 역사를 중단시키고 번영의 시대를 창출해나갈 수 있을 것인가의 기로에 서 있다. 우리는 무엇을 생각하고 어떻게 대처해나가야 할 것인가.

사고와 인식의 변화에서 부터 출발해야 할 것이다. 지정학적 여건과 인적자산의 변화가 없으면 역사는 되풀이될 것이다. 살펴본 바와 같이 한반도 주변 국가들은 앞으로도 강대국으로 상호 경쟁할 것임이 분명해 보인다. 따라서 역사를 바꾸려면 우리 스스로가 변화하지 않으면 안 될 것임을 유념해야 할 것이다. 남한의 경우 인적자원의 변화가 진행 중에 있다. 그러나 주변 국가들과 냉엄한 국제사회 그리고 분단된 한반도의 현실을 돌아볼 때 아직 부족하며 더욱 분발해야 할 시점이다. 우리는 이 과제를 재삼재사 시도해볼 수 있는 정책이나 전략의 문제로 생각해서는 안 될 것이다. 우리에게 주어진 여건은 시행착오를 반복할 여유가 별로 없다. 우리는 이 과제를 안보문제와 같이 생존의 문제로 인식하고 출발해야 할 것이다.

'역사 바로 세우기'도 중요한 과제이다. 우리가 앞으로 나아감에 있어 과거를 되돌아보는 것은 매우 중요하다. 역사를 올바로 이해해야 역사를 바로 세울 수 있으며 올바른 미래를 설계할 수 있다. 우리의 불행한 역사가 우리 자신이 변화하지 않는데 연유하고 있음을 인식해야 할 것이다. 붕당, 정경유착, 흑백논리, 배타주의 같은 역사가 고질적 병폐가 반복되는 한 새로운 시대의 창출은 불가능할 것이다. 사대모화와 식민사관의 잔재들 모두 역사 창조를 위한 노력에 앞서 청산되어야 할 역사 바로 세우기인 것이다. 역사 바로 세우기는 어떤 특정 사건이나 인물에 대한 심판보다는 역사에 대한 이해를 새롭게 하는 데에서부터 출발해야 할 것이다.

새로운 미래를 위해 청산해야 할 과제들은 산재해 있다. 국론이 분열되면 역사를 되풀이하는 지름길이 될 수 있음을 우리는 역사를 통해 잘 알고 있다. 오늘날 국론을 분열시키는 대표적 사례는 지역의 골, 이념의 골, 세대의 골과 같은 것이다. 이러한 병폐를 치유하지 못하고는 선진국의 문턱을 넘을 수 없다. 우리는 흔히 이 병폐를 타고난 국민성으로 인식하거나 불치의 '한국병'으로 치부하곤 한다. 과연 이 병폐들이 치유가 불가능한 것인가. 그렇지 않다. 이 문제들은 긴 역사의 흐름에서 볼 때는 일정 기간에 대두되는 집단 현상으로 볼 수 있는 것이다. 사고와 인식의 변화에 의해 그 사회와 문화도 바뀌고 나라도 바뀔 수 있는 것이다. 또한 이러한 변화는 경제 성장과도 밀접한 관계에 있다. 경제가 발전하면 문화도 발전하는 것이다. 얼마든지 치유할 수 있는 것이다. 불치의 병이라고 인식하는 것, 국민성이라고 생각하는 것 그것이 불치의 원인이 될 수 있는 것이다. 우리는 과거와의 대화 속에서 사고 전환의 동기를 찾아야 할 것이다.

대외관계에 있어서도 국론 분열은 국력 소모로 이어진다. 우리는 지하자원이 부족하고 강대국에 둘러싸여 있는 지정학적 여건으로 인해 생존과 번영의 문제에 있어 대외의존도가 높을 수밖에 없다. 따라서 개방과 교류가 필요하며 그것은 자연스러운 선택인 것이다. 구한말의 쇄국과 북한의 자력갱생을 상기해보면 자명한 일이다. 경제도자원의 수입과 제품의 수출이 불가피하다. 21세기 지구촌 시대에는 우리의 대외 의존도가 더욱 높아질 것이다. 따라서 대외관계의 비중이 큰 만큼 외교의 중요성과 초당적 외교가 강조된다. 대외 정책에 있어서 우리 내부가 분열되면 미래를 향한 우리의 발걸음에 걸림돌이 될 것이며 오히려 우리와의 경쟁국에게 어부지리를 주게 될 것이다.

외교안보문제는 자주냐 사대냐의 관점에서가 아니라 명분이냐 실리냐의 관점에서 보아야 한다. 한국으로서는 이것이 생존에 관한 문제이기 때문이다. 앞에서 살펴본 서희의 외교에서 이 문제에 관해 중요한 시사점을 얻을 수 있다. 우리는 서희가 획득한 강동 6주와 여진에 반환한 윤관 9성의 외교협상에서 명분과 실리에 대한 역사적 교훈을 되새겨야 할 것이다. 외교안보에 있어 초당적으로 대처할 수 있는 국내적 여건을 마련해야 할 것이다. 이것은 우리의 총체적 외교 역량을 가늠해볼 수 있는 한 기준이 될 수 있을 것이다. 적정 군사력은 평화 시에도 요구되는 자위 수단이다. 주변국과 군사력 경쟁을 할 필요는 없으나 억지력의 효과를 발휘할 수 있는 정도의 군사력은 반드시 유지되어야 할 것이다. 서희 외교의 승리도 국방력에 의존한 바 있음을 상기해야 할 것이다. 군사력에 의한 억지력이 없으면 안보뿐만 아니라 경제도 영향을 받게 됨은 자명한 일이다.

오늘날 남한은 민주 시장경제체제로 북한과의 경쟁에서 크게 앞섰다. 민주시장경제는 검증된 제도로서 우리의 새로운 역사 창출에 원동력이 될 것이다. 그러나 우리의 민주제도가 완성된 것은 아니다. 민주제도는 법치, 자율, 책임이 정착되지 않으면 그 제도의 효율성을 높일 수 없다. 그러나 우리 사회에는 아직도 인치, 집단이기, 방종과 같은 비민주적 요인이 산재해 있다. 아직 민주 사회의 초기 단계에 머물러 있는 것이다. 민주화의 시작이 민주주의의 종착점은 아니다. 또한 민주주의는 수단이지 우리의 궁극적 목표가 아니다. 우리의 목표는 민주시장경제의 수단을 통해 국력을 증진시켜 우리의 새로운 역사를 창출하려는 것이다. 앞으로 많은 희생과 대가가 요구되는 것이다. 인치가 아닌 법치, 예외가 아닌 원칙, 자유와 책임의 균형, 충돌이 아닌 대화의 사회를 만들어나가야 할 것이다.

인적자원의 개발에 있어서 교육의 중요성은 아무리 강조해도 지나치지 않을 것이다. 역사를 되풀이하지 않기 위해 오늘날의 교육제도와 방향을 재검토해야 할 것이다. 21세기 지구촌 시대는 과학 기술의 시대이며 무한경쟁의 사회가 될 것이다. 따라서 과학 기술 중심의 지식기반 사회 구축이 요구되고 있다. 선진문화와의 교류와 경쟁은 인적자산의 질적 향상에 동기를 부여한다. 그리고 오늘날의 지구촌 시대에 있어서는 국제사회에서의 경쟁력만이 국익을 창출할 수 있다. 이러한 의미에서 개방과 국제화를 가속시켜나가야 할 것이다. 국제화가 곧 살아 있는 교육인 것이다. 결국 경쟁을 통한 총체적 역량 향상만이 우리가 우려하는 역사의 반복을 막을 수 있을 것이다.

과학기술과 함께 인성교육을 강화해야 할 것이다. 지난 수십 년간 우리 사회는 빠른 속도의 산업화를 추진하면서 전통적 가치는 붕괴되고 이를 대신할 가치체계가 정착하지 못하고 있는 실정이다. 또한 '빨리빨리' 문화가 사회생활의 모든 분야에 영향을 주면서 우리의 사고방식도 도전을 받고 있다. 상업주의가 팽창하면서 물질이 삶을 평가하는 기준으로 자리 잡고 있다. 이러한 방식의 불균형한 경제사회발전은 사상누각의 위험성이 있다. 우리는 인성교육을 강화하여 학교, 가정, 사회에서 균형 있는 가치체계를 정립해나가야 할 것이다.

우리는 지난 수십 년간 과거의 병폐를 청산하고 인적자원을 향상시켜 새로운 역사를 창출하기 위한 노력을 계속해왔다. 그리하여 60~80년대는 한강의 기적을 90년대는 민주화의 시대를 열었다. 오늘날 지구상에 존재하는 국가 중에서 후진국으로 한국과 함께 근대화를 추진하고 있는 국가는 백 수십여 국이나 된다. 한국은 이들 중에서 가장 모범적 발전 단계에 있음이 분명하다. 그럼에도 불구하고 한반도의 지정학적 여건을 고려할 때 역사의 반복을 우려하지 않을 수 없는 것이다. 이 문제를 해결하는 길은 끊임없는 인적자원의 질적 향상, 즉 국민의 총체적 역량 증진뿐이다.

### 새로운 통일국가의 건설

오늘날 한반도의 현주소는 해방과 분단에서 출발한다. 분단 이후 우리 역사에는 경인동란과 남북관계가 기록될 것이다. 미래의 역사는 무엇이 기록될 것인가. 그것은 통일이 될 것이다. 분단으로부터 통일에 이르는 과정에 오늘의 우리가 존재하고 있는 것이다. 민족의 역사는 조선왕조를 끝으로 한 시대의 막을 내렸다. 그리고 일제에 의한 역사 단절기와 분단의 과도기가 진행되고 있다. 이 과도기의 끝은 남북통일이 될 것이며 새로운 통일국가에 의한 새로운 한민족 시대가 막을 열게 될 것이다.

언젠가 다가올 통일은 우리에게 기회이자 도전이 될 것이다. 통일은 우리 민족 모두의 염원으로 민족사의 당연한 귀결이다. 실리적으로도 영토의 확대와 인구의 증가를 가져올 수 있으며 보다 큰 경제 규모로의 성장을 가능케 해줄 수 있다. 분단으로 인한 불필요한 비용도 줄일 수 있으며 외교안보의 유연성도 증대될 수 있을 것이다. 통일은 새로운 시대를 여는 기회가 될 것이 분명하다. 그러나 다른 한편으로 막대한 통일 비용과 통일 후 사회적 혼란은 경제 발전의 발목을 잡을 수도 있다. 그리고 계획되지 않은 통일은 위험할 수도 있다. 통일이 우리에게 무엇을 가져다주는지 그리고 통일 후의 모습은 어떻게 되는 것인지에 대한 철저한 계획과 준비가 있어야 할 것이다. 그리고 이에 대한 국민적 합의가 뒤따라야 할 것이다.

통일은 한민족의 새로운 역사를 창출하는 통일이 되어야지 한반도의 불행한 역사를 반복하는 통일이 되어서는 안 될 것이다. 이러한 의미에서 왕건의 삼국통일을 다시 한 번 음미해보자. 왕건은 신라의 계승이 아닌 고구려를 계승하는 신국가를 건설했다. 그리하여 단순한 후삼국의 재결합에 머물지 않았다. 그는 깊은 역사 인식 속에 앞날을 내다보면서 새로운 국가 '고려'를 건설한 것이다. 앞으로 다가올 남북통일은 남북이 단순히 재결합하는 통일이 되어서는 안 될 것이다. 이 것은 민족의 염원을 성취시켜줄 수 있으나 새로운 역사를 창출하는 최선의 통일이 되지 못할 수도 있기 때문이다. 한민족의 미래를 펼쳐 갈 앞으로의 통일국가는 고려와 같이 새로운 국가를 건설하는 통일이 되어야 할 것이다.

새로운 국가의 건설에는 산고가 따르기 마련이다. 그리고 먼 길을 가야 할 것이다. 그러나 그 첫걸음은 우리 내부의 역량을 강화하는 데에서 출발해야 할 것이다. 왕건은 북방과 남방의 많은 세력을 포용하고 발해유민을 받아들여 통일 역량을 축적했다. 우리도 내부 단결과 주변 세력 포용에 많은 관심을 기울여야 할 것이다. 오늘날 남북한의 격차로 볼 때 남북의 경쟁은 사실상 끝이 났고 이제는 남한이 북한을 포용하는 단계로 접어들었다. 한국은 내부의 문제들을 극복하고 인적자원의 지속적 개발을 통해 국력을 향상시켜나가는 것이 통일을 위한 유비무환의 자세가 될 것이다.

그러면 언제 통일하는 것이 바람직할 것인가. 통일의 시기 문제이다. 통일의 시기는 중요한 관심사임에도 불구하고 논의의 대상이 되기 어렵다. 통일은 재촉해서도 안 되고 재촉한다고 되는 것도 아니다. 통일은 우리가 앞당기거나 뒤로 미룰 수 있는 선택의 대상도 아니다. 우리가 예상치 못한 가운데 다가올지도 모른다. 왕건은 즉위 후 국호를 고려로 정하고 평양을 서경으로 하여 북방정책을 추진했다. 남방의 통일은 서둘지 않았다. 서두르면 후유증이 클 것으로 보았던 것이다. 충분히 준비가 안 된 상태에서 통일을 서두르면 소모전이 되어 결국 통일 후에도 부정적 결과가 예상되기 때문이다. 왕건은 이러한 구상에 따라 평화공존으로 대처하면서 통일역량을 강화해나갔던 것이다.

대북정책에 있어서도 혼선이 있어서는 안 될 것이다. 우리 내부에서 논란이 되어온 '햇볕'과 '상호주의'의 전략들은 옳고 그름의 문제가 아니다. 이들은 포용정책의 범주 안에 있으며 선택적으로 적용할 수 있는 전략적 차원의 문제인 것이다. '봉쇄'인가 '포용'인가는 양립할 수 없는 정책과 원칙의 문제이다. 따라서 이것을 선택적으로 적용할 수는 없을 것이다. 그러나 이러한 문제가 정치쟁점화되어 국론이 분열되는 것은 통일을 위해 바람직스럽지 못하다. 왕건은 신라에 대해서는 햇볕으로, 호전적인 후백제에 대해서는 맞대응 상호주의의 전략을 구사했다. 왕건은 평화공존의 기저하에 상대에 따라 그리고 사안에 따라 포용과 상호주의 전략들을 유연하고 적절하게 활용했다. 그리고 기다림과 단호함을 조화롭게 구사해 삼국통일을 이루었던 것이다. 오늘날 우리는 통일에 관해 그리고 통일국가의 모습에 관해 국민적 합의가 이루어지지 않고 있다. 이것은 통일 준비의 관점에서 그 출발이 모호한 것이다. 왕건과 같이 통일의 목표와 방침에 대한 우리의 입장을 국내외에 분명히 해야 할 것이다.

한반도의 주변과 국제사회의 동향을 잘 살피면서 대외관계를 원만히 관리해야 할 것이다. 즉 통일의 외적 여건이 성숙될 수 있도록 노력해야 할 것이다. 통일은 남북 당사자 간에 이루어야 하고 남북관계가 가장 중요하다. 그러나 남북관계만으로 통일을 이루기는 난관이 따르게 마련이다. 주변 이해 당사국과의 관계를 소홀히 할 경우 최선의 통일을 이루기는 어렵다. 이들과 전방위 선린 우호관계를 유지하여 통일 과정과 통일 후에 대비하는 것이 바람직한 통일 준비가 될 것이며 새로운 국가 건설을 위해서도 반드시 필요한 대외정책이 될 것이다. 이러한 대외관계에 비이성적 요인의 개입은 금물이다. 어디까지나 이성적, 전략적 접근이 요구된다. 통일은 자주, 긍지와 같은 명분적 요인에 의해서 이루어지기 어렵고 전략, 국력과 같은 실질적 요인에 의해 이루어질 수 있기 때문이다. 왕건은 대외관계에 있어서도 전략적 사고로 대처하여 통일의 내적, 외적 여건을 모두 충족시켜나갔던 것이다. 그리하여 통일의 과정뿐만 아니라 통일 후에도 고려를 반석 위에 올려놓아 500년 사직의 기반을 다졌던 것이다. 통일은 뜨거운 마음보다는 차가운 머리로 이루어낼 수 있는 것이다.

통일 후의 새로운 국가는 결국 남한에서 이룬 체제의 연장선상에서 건설될 가능성이 높다. 우리는 앞으로 전개될 한국의 모습에서 새로운 통일국가의 모습을 발견하게 될 것이다. 그래서 우리의 현재와 미래의 모습 그리고 앞으로의 통일 준비가 중요한 것이다. 21세기는 한민족에게 기회의 시대가 될 것이다. 분단은 통일로, 통일은 번영으로 이어져야 할 것이다. 그리고 통일국가는 고구려-신라-고려-조선 왕조에 이어 수백 년의 새로운 한민족의 시대를 개막하는 새로운 국가 모습으로 태어나야 할 것이다.

주석

# 제1장

1. Anold J. Toynbee, 『Mankind and Mother Earth, a narrative history of the world』, Chapter 5.
2. 유목민족의 기마는 군사력의 관점에서 역사상 최초의 혁명으로 평가될 수 있다. 이 기마에 의한 군사력이 농경사회의 문명과 함께 동아시아 역사를 주도하고 변화시키는 역사의 한 축을 담당했던 것이다.
3. 스키타이는 남러시아 초원에 널리 퍼져 거주하던 유목민족 전체를 가리키는 대명사로 B.C. 8세기 이전에 우수한 청동기 문화를 창달했던 것으로 보아 이미 유목국가 형태로 발전했던 것으로 보이며 사육된 말과 기마에 편리한 바지를 입고 장화를 신고 있었다.
4. 사마천, 『사기』 흉노전.
5. 사마천, 『사기』.
6. 차도는 폭 50미터의 넓이로 오늘날의 고속도로에 해당하는데 동으로는 오늘날의 북경지역인 연, 제 등과 남으로는 양자강 주변 오, 초 등과 연결된다. 진시황에 의해 건설된 차도는 새로이 통합된 각 지방 세력의 뿌리 깊은 독립적 잔재를 일소하고 반란이 있는 경우 신속히 군대를 투입하기 위한 군사적 목적의 도로였으나 시간이 경과하면서 중앙과 지방간 교통을 원활히 하고 교류를 촉진시켜 중국의 통일에 기여했다.
7. 사마천, 『사기』 흉노전.
8. 카라발가순은 몽골고원 남부에서 발원해 북쪽 발하쉬 호로 흘러 들어가는 오르콘 강 상류에 위치하고 있다. 카라발가순은 흉노 이후 선비, 유연, 돌궐, 위구르 등 유목세계를 재패한 제국의 중심부로서 유목세계의 성지가 된 곳이다. 칭기즈 칸의 카라코룸도 이곳에 위치했다.
9. 사마천, 『사기』 흉노전.
10. 선비는 몽골어계로서 대흥안령 동쪽의 북만주에 거주하면서 흉노의 지배하에 있다가 흉노가 분열되면서 그 부족을 통합해 만주 일대에 큰 세력으로 등장했다. 중국정사는 선비가 세운 위를 북위라 하고 위를 피해 양자강 이남에 도읍한 진과 함께 남북조시대라고 부르고 있다.
11. 월지는 중국 사서에서 색목인色目人으로 불린 이방인으로 유럽에서는 인

도-스키타이인으로 불렸는데 이들은 몽골-터키어계 유목민이 아니고 아리
안계 이란족인 스키타이 계열로서 러시아 초원으로부터 중국 서부의 감숙
지방, 현재의 신강성인 타림, 준갈 지역에 이주해 정착했던 것으로 보인다.

12. 실크로드란 용어는 19세기말 독일의 지리학자 리히드 초헨이 저술한
Jeiden Strasse(비단길)를 그의 제자가 영역본을 출간하면서 Silk Road라
고 번역한 데서 유래되었다.

13. 이 길은 감숙회랑으로 불리기도 한다. 이 요로는 한과 흉노가 그 지배를
다투던 곳으로 한 무제가 흉노에 대한 방어의 전초기지로 무위, 장악, 주
천, 돈황에 4군을 설치해 이 오아시스 도시들을 연결시킴으로서 만들어진
것이다.

14. Sammuel Huntington 교수는 「Foreign Affairs」지에 기고한 '문명의 충돌
(The clash of civilization Summer, 1993)' 제하의 글에서 21세기에 중국과 이
슬람, 기독교 문명 간에 충돌이 있을 것임을 예시한 바 있다. 역사 이래 문
명 간의 충돌은 계속 있어왔으며 이러한 문명의 충돌은 역사가 진행되는 한
반복될 것임이 분명하다. 이런 점에서 문명의 충돌은 역사의 일반적 현상임
을 알 수 있다. 다만 헌팅턴 교수의 견해는 21세기에 어떤 문명과 어떤 문
명이 충돌할 것인가에 관해 하나의 관점을 제시한 것으로 이해될 수 있다.

15. 이 책에서 아시아를 5개 지역으로 구분하는 것은 오늘날 보편적으로 사용
되는 영국 중심의 근동, 중동, 극동의 구분이나 동북아, 동남아, 서남아,
중앙아 등으로 구분하는 것과는 다른 개념이다. 이 책에서는 진의 통일과
흉노가 등장하는 B.C. 3세기 후반으로부터 청의 멸망(1912년)에 이르는
2100여 년의 기간의 동아시아 역사에 적용될 수 있는 지역 구분을 제시한
것이다.

16. 한 무제는 연호를 제정하고 황제의 즉위년을 기년의 기준으로 삼도록 함
으로써 지방의 왕, 제후들이 각기 사용해오던 기준년을 폐지하고 전국적
으로 공동년대를 마련하는 계기로 삼았으며 중국의 정체성의 확립에도 크
게 기여했다. 또한 무제는 태음력과 태양력을 개수해 태초력을 만들어 농
사의 능률을 크게 높였는데 이 역법을 주변국에 하사하는 관행을 만들어
이를 정삭이라 했다. 연호와 정삭을 통해 중국은 동아시아에 있어 천자의
종주권 확립의 토대를 마련하게 되었다.

**17.** 조공을 무역관계로 보는 경향이 있는데 이것은 그 시행 과정에서 조공의 규모가 커지고 조공 물건에 관심이 높아지면서 이를 경제적 관점에서 고찰하려는 것이다. 그러나 그 본질은 가부장 질서하에서의 사대제도에 따른 외교의 한 형식과 절차라고 보아야 할 것이다.

**18.** 고려 광종이 칭제건원한 바 있어 우리 역사에서 이를 자주시대로 보는 견해가 있다. 이때는 중국이 난세로서 단명의 유목왕조가 부침하던 혼란기였기 때문에 안정적인 초강대국이 존재하지 않고 있었다. 광종은 중국에 송이 건국되자 송의 연호를 사용하고 송황제의 책봉을 받았다. 따라서 광종시대를 자주시대로 보기는 어렵다.

**19.** 기미는 '말에 재갈을 물린다'는 뜻으로 한 무제 때 중앙아시아에 사행했던 장건張騫이 원거리 지역의 대원, 대하, 안식, 대월지, 강거 등을 다루는 외교 방책을 무제에게 진언한 것에서 그 유래를 찾을 수 있다고 한다(김재만,『거란, 고려관계사 연구』, 1~2쪽). 기미책은 한과 당 제국의 시대를 거치면서 주변 사방의 이민족과 복속의 관계를 유지하고 이들을 유화하기 위해 사용되어온 외교방책으로서 시간이 경과하면서 조공 책봉, 정삭과 같은 제도적 장치가 사용되었다. 또한 호전적이고 군사력이 강한 유목민족에 대해서는 세폐를 지불하고 공주를 시집보내 통혼 관계를 맺어 이들을 유화시키는 방책도 기미책의 일환이었다고 볼 수 있다.


# 제2장


**1.** 오르도스는 몽골어로 천막, 텐트로서 제왕의 궁정을 의미한다고 하며 황하 상류에 만곡을 이룬 지역의 명칭으로 오늘날의 감숙, 영하 지방을 말한다. 오르도스 지역은 중국 왕조가 흉노, 돌궐 등 북방 세력을 방어하기 위한 완충지대로서 활용해온 전략적 요충지이며 이이제이책에 따라 사타돌궐 등 유목민을 용병으로 정착시켜왔던 곳이다.

**2.** 거란, 해, 습 부족은 언어 계통상 동일한 몽골계이나 순수 몽골계보다 구개음화 현상이 강한 것으로 나타나 만주 동북방의 퉁구스와 관계가 있는 것으로 알려져 있다. 그러나 거란을 퉁구스와 몽골의 혼혈로 보는 견해도 있다.

3. 대조영은 송화강 출신의 고구려인이었다. 중국 측 전서는 대조영의 발해를 '발해 말갈'이라 부르고 고구려의 별종이라 했다. 『신당서』 권219, 발해전. 발해 말갈이란 별칭은 당이 발해를 적대시하거나 낮추어 부를 때 사용하던 용어라는 견해가 있다. 현명호, 『발해의 고구려와의 계승관계를 모호하게 한 별칭'발해말갈'에 대하여』, 1992.

4. 『요사』 권75, 열전5 야율우지전.

5. 이용범, 『한국사』 권4 Ⅱ. 고려와 발해 70쪽.

6. 『요사』 권77, 열전7 야율달열전 .

7. 궁예는 901년 즉위하면서 국호를 후고구려라고 했다가 904년에는 마진으로 911년에는 태봉으로 국명을 변경한 바 있다.

8. 고려는 고구려의 약칭으로 중국사적에도 고구려는 흔히 고려로 쓰였다. 예를 들어 신당서에는 "대조영을 고려 별종이다"라고 했는데 여기서 고려는 고구려임을 알 수 있다. 『신당서』 권 219, 북적 발해전.

9. 고려의 고구려 계승과 고려의 발해 통일은 표현상 동일한 의미이다. 그러나 우리 역사에서 고려의 고구려 계승 또는 고구려 구토 회복이라고 표현하면서도 동일한 의미인 발해와의 통일이라는 표현은 사용하지 않고 있음은 재검토를 요한다.

10. 왕건의 호족출신 후비는 28명에 달했으며 25명의 자녀를 두었는데 이들은 상호 근친 통혼을 통해 왕실과 호족 간의 이중, 삼중 혈연 관계를 형성했다.

11. 『삼국사기』 권50, 열전 견훤전.

12. 『삼국사기』 권12, 신라본기12, 경명왕 4년 1월.

13. 『고려사』 세가 권1, 태조 원년 9월.

14. 왕건은 즉위한 918년부터 삼국통일을 이룬 936년 기간 중 12차례 서경을 순행한 것으로 기록되어 있다.

15. 『고려사』 태조 15년 5월.

16. 흑수말갈은 말갈의 한 부족으로서 말갈은 만주 동편, 연해주, 송화강 일대에 퍼져 있던 유목부족의 총칭이었다. 흑수말갈은 말갈 부족 중에서 두만강, 연해주 부근에 거주하던 부족으로 후에 모두 여진으로 불리게 된다. (다음 3장 1절의 '여진' 참조)

17. 『고려사』, 열전 유금필전.

18. 방동인, 『한국의 국경획정연구』 제2부 고려시대편 60쪽.

19. 『고려사』 세가 권1, 태조 10년.

20. 『고려사』 태조 2년 9월.

21. 『요사』 권1, 본기1 태조 상 신책 3년 2~3월.

22. 『고려사』 세가 권1, 태조 5년 2월.

23. 『거란국지』 권1, 태조 원년.

24. 『발해국지』장저 권6, 애왕 15~19년.

25. 『고려사』 세가 권1, 태조 8년 9월.

26. 사마광, 『자치통감』 권285, 후진기 제왕 개운 2년 10월 호삼성의 주에 인용된 송백의 설(이 기사의 진위에 관해서는 후기하는 '왕건과 말라의 비밀협상'에서 다룬다).

27. 중패비사는 왕건이 주변 호족들에게 패물을 많이 주고 말을 낮추어 하는 회유 자세를 빗댄 말이다.

28. 『고려사 절요』세가 권1, 태조 8년 10월.

29. 『고려사』 세가 권1, 태조 9년 4월.

30. 이러한 왕건의 태도는 손위의 유방이 연하의 항우를 형님이라 예우해 항우의 의심을 피해나갔던 중국 한초전에서의 고사와 유사하다.

31. 『고려사』 태조 10년 12월.

32. 『고려사』 태조 19년 9월.

33. 『삼국사기』 권50, 열전 견훤전.

34. 『고려사』 세가 권2, 태조 25년 10월.

35. 『삼국사기』 견훤전에 나타난 "거란 사신 사고마돌 등 35인이 내왕해 견훤이 장군 최견을 시켜 마돌 등을 반송했으나 북쪽으로 항해 도중 풍랑을 만나 후당의 등주(산동)에 이르러 모두 죽음을 당했다"는 기사를 근거로 한 견해이다. 한규철, 『발해의 대외관계사』, 235~236쪽.

36. 고려는 923년부터 후당에 사절을 파견했고 932년에 후당으로부터 책봉을 받았으며 933년에는 후당의 연호를 사용하기 시작했다. 이후 매년 사절을 교환했다. 936년 후진이 후당을 대체하자 고려는 후진에 사절을 파견했으며 938년부터는 후진의 연호를 사용했다. 이후 양국은 매년 사절을 교환했다.

37. 사마광, 『자치통감』 권284, 후진기 제왕, 개운 2년 10월, 호삼성의 주에
    인용된 송백의 설.
38. 이용범, 『역사학보』 호승 말라의 고려왕복 75~76쪽(1977년).
39. 태조는 25명의 자녀를 두었다. 태조의 뒤를 이은 혜종은 나주 출신 오씨
    의 서장자로 왕위가 불안했는데 경주 출신으로 태조에 2명의 후궁(15비와
    16비)을 들인 왕규가 자신의 손자를 혜종의 뒤를 잇게 하기 위해 음모를
    꾸며 박술희 등을 죽이는 변을 일으켰다. 혜종의 뒤를 이은 정종은 서경도
    호 왕식렴의 병력을 동원해 왕규를 처단하고 가담자 300여 명을 처형했
    다. 이 고려 초 왕실 변란을 왕규의 난이라고 한다.
40. 김상기, 『고려시대사』 제3장 초기의 대외관계 및 고려와의 항쟁 87쪽.
41. 『고려사』 권93, 열전 최승로전.


# 제3장

1. 송의 군부에 대한 문관 지배체제는 군부의 약화를 초래했다. 이 결과 송은
   거란과 여진(금)의 공략을 방어해내지 못해 불평등 협약을 체결하고 엄청
   난 세폐를 지불하는 대가로 평화와 안전을 유지할 수 있었다. 군사력에 의
   존한 초강대국의 지위를 포기한 송은 문화적으로 전성기를 구가하고 문화
   대국으로 성장해 중국 문화의 요람이 되었으며 동아시아 전역에 전파되어
   후세에 큰 영향을 미쳤다.
2. 『고려사』 세가 권1, 태조 8년.
3. 『고려사』 태조 17년.
4. 중국 측 사료에는 압록강 하구에 위치한 여진을 빈해여진 또는 번해여진으
   로 기록하고 있다. 거란 측 기록에는 압록강 하구 방면의 여진(중국 측의 빈
   해여진으로 추정)을 거란에 복속했다 하여 숙여진으로 불렀고 거란에 복속
   하지 않은 만주 동편의 여진을 생여진이라 불렀다. 고려는 압록강 하구 방
   면의 여진 (빈해 여진 또는 숙여진)을 서번 또는 서여신이라 했고 함경도 두
   만강일대의 소위 30부 여진을 동번 또는 동여진이라고 기록하고 있다. 이
   책에서는 고려 측 기록에 따라 이들 여진을 서여진과 동여진으로 부르기로

한다. 특히 말갈족 중에서 흑수 말갈로 불린 부족이 대체로 동여진이고 속
말 말갈로 불리던 부족이 서여진인 것으로 추정해볼 수 있다.

5. 김상기, 『고려시대사』 185~186쪽 및 한규철, 『발해의 대외관계사』
   36~39쪽.

6. 이계천은 그 후 989년에는 거란의 의성공주와 혼인했고 991년에는 송으로
   부터 황성인 조씨 성을 하사받아 이름을 조보길이라 했다. 그의 후대 1038
   년에 이르러서는 영하의 흥경부를 수도로 대하국을 건설하여 동아시아의
   주요세력으로 등장했다.

7. 이 조공로는 압록강 하구에서 출발해 중국 산동의 등주로 이어지는 항로이
   다. 등주에서 멀지 않은 곳에 신라시대 장보고의 법화관이 아직 보존되어
   있다.

8. 『송사』 권481, 정안국전.

9. 『요사』 권17, 성종기8 말미 논찬.

10. 『요사』 권10, 성종기1 통화 원년 10월.

11. 『요사』 통화 2년 2~4월.

12. 『고려사』 세가 권3, 성종 4년 5월.

13. 『요사』 권10, 성종기 통화 3년 7월.

14. 『요사』 통화 3년 8월.

15. 김상기, 『고려시대사』 70쪽.

16. 『요사』 권10, 성종기 통화 4년 정월.

17. 『고려사』 세가 권3, 성종 5년 정월.

18. 『고려사』 성종 3년 5월.

19. 『고려사』 성종 4년 5월.

20. 『송사』 권487, 고려전.

21. 『고려사』 세가 권3, 성종 4년.

22. 『고려사』 성종 4년 5월.

23. 『고려사』 성종 4년 5월.

24. 『고려사』 성종 4년 5월.

25. 『요사』 권11, 성종기2 통화 4년.

26. 『요사』 권12, 성종기3 통화 6~8년.

27. 『요사』 성종기4 통화 9년 2월.

28. 『송사』 권491, 정안국전.

29. 소손녕이 이끄는 거란군의 고려 침입을 우리 역사에서는 거란의 제1차 침입 그리고 1010년 거란 성종의 친정을 제2차 침입, 이후 소배압의 침입을 제3차로 표시하고 있다. 그러나 거란의 고려 침공은 거란의 남하정책과 고려의 북방정책이 충돌한 결과로서 거란의 침입이라는 일방적 표현보다는 거란-고려 간의 전쟁으로 표현하는 것이 타당할 것으로 본다. 이렇게 생각할 경우 거란과 고려의 전쟁은 소손녕의 고려 침입(993년)으로부터 강감찬의 귀주대첩(1019년)까지 26년간 계속된 것으로 볼 수 있다.

30. 『고려사』 세가 권3, 성종 12년 5월.

31. 『고려사』 성종 12년 10월.

32. 『고려사』 열전 서희전, 거란이 퍼뜨린 80만 대군은 물론 과장된 것이다. 실제 규모는 15만 명 정도로 보는 견해가 있다. 김재만, 『거란민족발전사의 연구』 제4편.

33. 『고려사』 열전 서희전.

34. 『고려사』 열전 서희전.

35. 태조 왕건 대에 서북계 방면에 건설된 성책은 919년 평양 용강현을 시작으로 940년 은주에 이르기까지 20여 곳에 이른다.

36. 『고려사절요』 권2, 정종 2년, 『고려사』 권92 열전 최언휘전.

37. 『고려사』 세가 권3, 성종 3년 5월.

38. 『고려사』 성종 9년 10월.

39. 광종은 후주로부터 귀화한 쌍기의 건의에 따라 당의 과거제를 실시하고 국가 제도와 체제 발전에 힘쓰는 한편, 즉위 초에는 연호의 사용과 개경을 황도로 정하는 등 중국식 건원칭제를 하기도 했다. 그러나 그는 이러한 개혁 과정에서 걸림돌이 되는 태조 대의 개국공신(구신숙장)들을 과도하게 숙청함으로써 고려 정국에 갈등 요인을 만들게 되었다. 최승노는 태조 대의 수천 명에 달하는 공신이 광종 사후에는 40여 명밖에 남지 않았다고 전하고 있다.

40. 『고려사절요』 권2, 성종조 사찬.

41. 이기백, 『한국사』4 고려 귀족사회의 형성 169~177쪽.

**42.** 『고려사』 권94, 열전 서희전.

**43.** 『고려사절요』 권2, 성종 12년 10월.

**44.** 『고려사』 권94, 열전 서희전.

**45.** 『고려사』 열전 서희전.

**46.** 『고려사』 열전 서희전.

**47.** 대도수는 고려 초 망명한 발해의 태자 대광현의 아들이다. 대광현은 왕씨 성을 하사받았으나 그의 자제는 대씨 성으로 살다가 후에 태씨로 개명했다.

**48.** 서희가 '세 치 혀'로 강동 6주를 획득했다고 알려져왔다. 후세에 회자되고 자주 인용되는 서희의 세 치 혀는 바로 성종이 언급한 이 대목에서 유래된 것으로 보인다.

**49.** 『고려사』 권94, 열전 서희전.

**50.** 『요사』에 의하면 소손녕은 거란이 주변 국가와 부족들을 침략할 때 용맹을 떨쳤으며 월국공주越國公主와 결혼하여 부마도위駙馬都尉가 되어 태후의 지극한 총애를 받았다. 그러나 부인인 월국공주의 시녀와 사통한 것이 발각되어 공주는 화병으로 죽고 소손녕도 사사賜死되었다. 후에 난능군왕蘭陵郡王에 추봉되었다. 현종 9년(1018) 고려를 침략한 거란의 장수 소배압은 소손녕의 형이다. 『요사』 제 88권 열전, 제18 소항덕.

**51.** 『고려사』 열전 서희전.

**52.** 『고려사』 열전 서희전.

**53.** 『고려사』 열전 서희전.

**54.** 『고려사』 열전 서희전.

**55.** 『고려사』 열전 서희전.

**56.** 『고려사』 성종 13년 2월.

**57.** 서희가 서-소 협정에 따라 강동 280리에 쌓은 성은 8개이다. 한편, 이곳 강동 280리를 강동 6주州라고도 부른다. 그러나 『고려사』 등 전서에는 강동 6주라는 용어가 사용된 바 없다. 다만, 현종 3년(1012년) 고려-거란 관계가 악화되면서 거란이 강동의 6성을 반환하라고 한 적이 있다. 6성은 흥화興化, 통주通州, 용주龍州, 철주鐵州, 곽주郭州, 귀주龜州를 말한다. 이 6성은 서희가 쌓은 8성과 일치하지 않으나 이 6성이 우리 역사에서 일반적

으로 사용되어온 강동 6주의 유래가 아닐까 추정해볼 수 있다. 이 책에서
는 강동 280리와 강동 6주를 동일한 의미로 사용한다.

**58.** 『고려사』 열전 서희전.

**59.** 전연의 맹은 1004년 송과 거란 간에 체결된 안보 평화 협정이다. 협정의
체결 배경과 내용은 제4장 1절의 '전연의 맹' 참조

**60.** 중국왕조는 한이 요동에 진출해 한사군을 설치하고 당이 고구려를 멸망
시킨 후 안동도호부를 설치한 이래 고구려를 자신의 관할 내지 보호령으
로 인식해왔다. 오늘날에 있어서도 중국의 역사 인식은 크게 변하지 않았
다. 러시아는 발해가 고구려를 계승한 국가로 인정하지 않고 스스로 독립
한 신생국가로 인식하고 있다.

**61.** 『삼국사기』 신라본기 제8, 성덕왕 34년 "의충義忠이 당으로부터 귀국할 때
당의 현종이 조칙을 주어 패강(청천강) 이남의 땅을 신라에 사여했다."

**62.** 당조에 앞선 한조 무제 대에 남만주 지역에 한사군을 설치한 적이 있으나
그 당시에 고구려는 존재하지 않았다.


# 제4장

**1.** 『요사』 권14, 성종기5 통화 20년 2월.

**2.** 『요사』 통화 22년 9월.

**3.** 전연의 맹은 향후 송–거란 관계의 중추가 되어 이후 거란이 여진(금金)에
대체되는 120여 년간 유지되었다.

**4.** 『요사』 권15, 성종기6 통화 28년 5월.

**5.** 강조의 난은 목종의 생모인 천추태후가 외척인 김치양과 외도해 생긴 아들
을 후계가 없는 목종의 세자로 삼으려 하자 서경 도순검사인 강조가 김치
양 일행을 제거한 후 목종의 두 번째 왕후의 소생인 대양원군을 옹립한 사
건을 말한다.

**6.** 『고려사』 세가 권4, 현종 원년 7월.

**7.** 『요사』 열전 소적렬전.

**8.** 『고려사』 권94, 열전 양규전.

9. 『고려사』 열전 강감찬전.

10. 『고려사』 열전 하공진전.

11. 『고려사』 열전 하공진전.

12. 『고려사』 양규전.

13. 『요사』 본기 성종 통화 29년.

14. 『속자치통감장편』 권74, 대중상부 3년 11월.

15. 『문헌통고』 권327, 사상고 여진조.

16. 김상기, 『고려시대사』 89~90쪽.

17. 『고려사절요』 권2, 문종 12년 8월, 이 기록은 1058년의 기사로서 거란 성종이 친정을 결정(1010년)한 지 48년 후에 처음으로 나타난 것이다.

18. 『고려사』 세가 권3, 목종 2년.

19. 『속자치통감장편』 권74, 대중양부 3년 10~11월.

20. 『고려사절요』 권2, 현종 원년 5월.

21. 『요사』 본기 성종 통화 28년 11월.

22. 『고려사』 세가 권4, 현종 3년 6월.

23. 『고려사』 열전 하공진전.

24. 광군사는 정종 대 송에 유학하다 귀국 도중 거란에 붙들려 거란에 종사하던 최광윤(최언위의 아들)이 거란의 고려 침공 정보를 고려 조정에 알려옴에 따라 설치된 것으로 광군으로 불리는 30만의 병력을 충원했던 것이나 그 후 활동이 없던 것으로 보아 상비군은 아니고 예비군 성격의 보충역이었던 것으로 보인다. 광군사는 성종 대에 이르러 병제 개편에 따라 광군도감으로 변경된 바 있었는데 현종에 이르러 거란의 재침공이 가시화되자 다시 광군사로 개편해 실제 상비군으로 조직한 것으로 보인다.

25. 김상기, 『고려시대사』 94쪽, 보주와 선주의 위치와 명칭은 고려, 거란, 중국 측의 사료마다 차이가 있으나 이 책에서는 기술의 편의상 보주, 선주라 하고 이 지역을 합쳐 보주 또는 보주 문제라고 부르기로 한다.

26. 『고려사』 세가 권34, 현종 6년, 『송사』 고려전.

27. 『고려사』 세가, 현종 6년.

28. 『고려사절요』 권3, 현종 9년 10월.

29. 『요사』 본기, 성종 개봉 8년 8월.

30. 『고려사』 세가 권5, 현종 20년 9월.

31. 제5장 1절 '거란의 강동 6주 반환 요구' 참조.

32. 『요사』 권60, 식화지 하, 통화 23년 5월.

33. 『고려사』 세가 5 권5, 현종 20년 9월.

34. 『고려사』 열전 최사위전.

35. 『고려사』 현종 20년 12월.

36. 『고려사』 권94, 열전 왕가도전.

37. 『고려사』 열전 왕가도전.

38. 『고려사』 덕종 원년 7월.

39. 『고려사』 덕종 원년 7월~10월.

40. 『고려사』 열전 왕가도전.

41. 『고려사』 정종 3년 9월.

42. 『고려사』 정종 3년 12월.

43. 『고려사』 정종 4년 3월.

44. 『고려사』 열전 서희전.

45. 『고려사』 정종 5년 4월.

46. 『요사』 권19, 흥종기 중희 10년 4월.

47. 궁구문은 성루에 적을 향해 활을 쏠 수 있도록 공간을 만들어놓은 곳을 말한다.

48. 『고려사』 세가 권7, 문종 8년 7월.

49. 『고려사』 문종 9년 7월.

50. 『고려사』 세가 권7, 문종 9년 7월.

51. 『고려사』 문종 11년 4월.

52. 『고려사』 문종 11년 4월.

53. 『고려사』 문종 37년 이제현의 변.

54. 고려의 중앙관제는 3사와 3공(정1품), 3성6부로 구성되었다. 3사와 3공은 왕의 고문과 같은 명예직으로 실무부서가 아니었으며 3성(내사성, 문하성, 중서성)이 조정으로 불리는 최고 정부기관(성의 장은 종1품)으로, 내사와 문하성은 정책을 논의 결정하고, 중서성은 정책을 집행하는 기관이었다. 따라서 고려의 대외관계에 관한 외교정책은 내사성과 문하성(내사문

하성)이 논의해 왕에 상신한 것으로 볼 수 있다.

**55.** 이 문죄서의 내용과 그 의미에 관해서는 앞의 1절 '성종의 친정 사유' 참조.

**56.** 『고려사』 세가 권8, 문종 12년 8월.

**57.** 『고려사』 문종 22년 7월.

**58.** 『고려사』 문종 25년 3월.

**59.** 『고려사』 문종 33년 7월.

**60.** 『문헌통고』 권325, 사상고, 고려전.

**61.** 소식은 우리에게 시인으로 잘 알려진 소동파로 당시 송의 예부상서로 재 직하고 있었다.

**62.** 『동파전집』 권32, 진의30, 논 고려진봉장.

**63.** 『고려사』 세가 권9, 문종 29년 7월.

**64.** 『요사』 권23, 도종기3 대강 4년 4월.

**65.** 『고려사』 세가 권9, 문종 30년 8월.

**66.** 『고려사』 선종 3년 5월.

**67.** 『고려사』 선종 4년 10~12월.

**68.** 『고려사』 선종 5년 1월.

**69.** 『고려사』 선종 5년 2월.

**70.** 『고려사』 선종 5년 11월.

**71.** 기미주는 함경도 일대의 여진이 고려의 행정구역에 포함시켜주기를 요청 함에 따라 고려가 여진 거주지에 부여한 행정 구역을 통칭하는 이름으로, 중국의 전통적 대외 전략인 기미책에서 유래된 용어로 보인다.

**72.** 『금사』 권1, 본기 제1세기편.

**73.** 『고려사』 세가 권8, 문종 10년 7월.

**74.** 『고려사』 숙종 9년 정월.

**75.** 『고려사』 권96, 열전 윤관전.

**76.** 『고려사』 윤관전.

**77.** 윤관이 갈라전에 축성한 이 9성의 위치에 관해서는 논란이 있다. 갈라전 이 오늘날의 함경도 일대임은 분명하나 그 범위가 첫째, 두만강 이남이라 는 설, 둘째, 길주 이남 함흥 일대라는 설, 셋째, 마천령 이남 전평 이북이 라고 보는 설 등이 있다. 9성의 위치도 명확치 않으나 대체로 길주吉州·영

주英州·웅주雄州·복주福州·함주咸州·공험진公險津·통태진通泰鎭·숭영진崇寧鎭·진양진眞陽鎭을 일컫고 있다.

**78.** 『금사』 권135, 고려전.

**79.** 『금사』 고려전.

**80.** 『금사』 고려전.

**81.** 『고려사』 권96, 열전 윤관전.

**82.** 『고려사』 윤관전 및 김인존전.

**83.** 『고려사』 예종 4년 6월.

**84.** 『고려사』 예종 5년 정월.

**85.** 『요사』 권27, 천작황제기1 천경 2년 2월.

**86.** 『고려사』 세가 권14, 예종 10년 8월.

**87.** 『고려사절요』 예종 10년 8월.

**88.** 『고려사』 세가 권14, 예종 10년 11월.

**89.** 『고려사』 예종 11년 3월.

**90.** 『고려사』 예종 11년 3월.

**91.** 『고려사』 예종 11년 8월.

**92.** 『금사』 권135, 고려전.

**93.** 『고려사』 세가 권14, 예종 12년 3월.

**94.** 『고려사』 예종 12년 3월.

**95.** 『고려사』 예종 12년 3월.

**96.** 『고려사』 예종 14년 2월.

**97.** 『고려사』.

**98.** 『금사』 권135, 고려전.

**99.** 『고려사』 권95, 열전 이자연전.

**100.** 거란의 황족이었던 야율대석耶律大石은 서쪽으로 도주해 중앙아시아의 이리간(발하쉬호) 부근에 카라키타이西遼를 세워 1227년까지 약 100여 년 간 거란의 명맥을 유지했다. 카라키타이는 칭기즈 칸의 몽골 제국에 의해 멸망한다.

**101.** 『고려사』 세가 권15, 인종 4년 7월.

**102.** 『금사』 권135, 고려전.

103. 『고려사』 세가 권15, 인종 3년 5월.

104. 『금사』 태종본기 천회 4년 7월.

105. 『금사』.

106. 『고려사』 세가 권15, 인종 4년 12월.

107. 『고려사』 인종 5년 3월.

108. 『고려사』 인종 6년 12월.

109. 『고려사』.

110. 『금사』 권125, 열전 한방전.

111. 『고려사』 세가 권15, 인종 6년 12월.

112. 『고려사』 인종 6년 6월.

113. 『고려사』.

114. 남송은 시간이 경과하면서 장군 악비와 같은 주전론자와 진회와 같은 강화론자가 대립했는데 결국 송은 금의 요구를 받아들여 악비장군 부자를 죽이고 휘종의 시신과 생모 태후를 인도받았다. 그 후 1141년 남송은 금과 칭신사대의 굴욕적 관계를 맺고 매년 공물을 바치면서 회수를 경계로 하게 되었다.

115. 『고려사』 세가 권16, 인종 7년 11월.

116. 『고려사』 인종 8년 3월.

117. 『고려사』.

118. 『고려사』 인종 8년 12월.

# 제5장

1. 6.25 전쟁은 소련과 중국의 개입 그리고 미국과 유엔 다국적군의 참전으로 국제적 대리전 양상을 띠게 되었다. 그리고 전쟁의 성격과 의미에 대해서도 사가에 따라 견해를 달리 하고 있다. 다만 이 전쟁은 불행한 사건으로 한반도 역사에 있어서 중요하게 인식되어야 한다는 차원에서 경인동란이라고 칭했다.

# 참고 문헌

## 1차 사료

『고려사高麗史』

『고려사절요高麗史節要』

『요사遼史』

『거란국지契丹國志』

『송사宋史』

『발해국지勃海國志』

『금사金史』

『문헌통고文獻通考』

김부식, 『삼국사기三國史記』

일연, 『삼국유사三國遺事』

사마광司馬光, 『자치통감資治通鑑』

사마천司馬遷, 『사기史記』


## 단행본

구영록, 『한국의 국가이익』, 법문사, 1996

김상기, 『신편 고려시대사』, 서울대학교출판부, 1996

김재만, 『거란, 고려 관계사 연구』, 국학자료원, 1999

김한규, 『한중관계사』, 아르케, 1999

김홍철, 『외교제도사』, 민음사, 1985

교육부, 『고등학교 국사』

노계현, 『고려 외교사』, 갑인출판사, 1994

민석홍, 『서양사 개론』, 삼영사, 1984

박용운, 『고려시대사』, 일지사, 1986

박일봉, 『중국 사상사』, 육문사, 1990

박충석, 유근호, 『조선조의 정치사상』, 평화출판사, 1982

방동인, 『한국의 국경 획정 연구』, 일조각, 1997

양태진, 『한국 영토사 연구』, 법경출판사, 1991

윤내현, 『商周史』, 민음사, 1984

윤희병, 『고려의 북방정책』, 세계문화사, 1983

이기백, 『한국 고대사론』, 일조각, 1997

이기백, 『한국사신론』, 일조각, 1989

이병도, 최태영, 『한국 상고사 입문』, 고려원, 1989

이용희, 『일반 국제정치학』, 박영사, 1962

이이화, 『한국사 이야기』, 한길사, 1998

이춘식, 『중국사 서설』, 교보문고, 1991

이춘식, 『중화사상』, 교보문고, 1998

이호재, 『한국 외교정책의 이상과 현실: 해방8년 민족갈등기의 반성』, 법문사, 1986

전해종, 『한중관계사 연구』, 일조각, 1970

천관우 외, 『한국의 역사 인식』, 창작과 비평사, 1976

한규철, 『발해의 대외관계사』, 신서원, 1994

한명기, 『임진왜란과 한중관계』, 역사비평사, 1999

한영희 외, 『한국 민족의 기원과 형성』, 소화, 1997

한우근, 『한국통사』, 을유문화사, 1986

## 논문

고병익, 「동아시아의 해상교통」, 『동아시아 문화사론고』, 서울대학교출판부, 1997

구산우, 「고려 성종대 대외관계의 전개와 그 정치적 성격」, 『한국사연구』78, 한국사
　　연구회, 1992

김당택, 「서희와 성종대의 정치적 지배세력」, 『서희와 고려의 고구려 계승의식』, 고
　　구려 연구회 편저, 학연문화사, 1999

김용선, 「서희徐熙: 역사의식과 현실감각을 갖춘 외교전의 승리자」, 『한국사 시민
　　강좌』 제30집, 일조각, 2002

김위현, 「서희의 외교」, 『서희와 고려의 고구려 계승의식』, 고구려 연구회 편저, 학
　　연문화사, 1999

김호동, 「고대 유목국가의 구조」, 『강좌 중국사 2』, 지식산업사, 1989

나종우, 「10세기 동아시아의 국제정세 속에서 고려와 거란관계」, 『군사』제46호, 국

방부 군사편찬연구소, 2002

노명호, 「고려시대의 다원적 천하관과 해동천자」, 『한국사 연구』, 1995

박한남, 「10-12세기 동아시아 정세와 고려의 노선」, 『한국사』15, 국사편찬위원회, 2003

박한설, 「서희와 고려의 고구려 계승의식」, 『서희와 고려의 고구려 계승의식』, 고구려 연구회 편저, 학연문화사, 1999

백종기, 「사대·교린외교 의 지정학적 및 역사적 고찰」, 『인문과학』10, 성균관대학교 인문과학연구소, 1981

서길수, 「서희의 가계연구」, 『서희와 고려의 고구려 계승의식』, 고구려 연구회 편저, 학연문화사, 1999

서일범, 「서희가 축성한 성곽과 청천강 이북 방어체계」, 『서희와 고려의 고구려 계승의식』, 고구려 연구회 편저, 학연문화사, 1999

윤명철, 「서희의 송나라 사행 항로 탐구」, 『서희와 고려의 고구려 계승의식』, 고구려 연구회 편저, 학연문화사, 1999

이기백, 「고려 귀족사회의 형성」, 『한국사』4, 국사편찬위원회, 1997

이용희, 신일철, 「사대주의: 그 현대적 해석을 중심으로: 한국인식의 방법론」, 『지성』2-3, 지성사, 1972

이재범, 「여요 전쟁시 고려와 요의 군사력 비교」, 『서희와 고려의 고구려 계승의식』, 고구려 연구회 편저, 학연문화사, 1999

이재석, 「근대 외교사적 입장에서 본 서희」『통일문제와 국제관계』Vol. 10, 1998

이현희, 「고려의 건국과 서희의 외교활동」, 『시사』158, 내외문제연구소, 1976

이용범, 「호승말라의 고려왕복」, 『역사학보』75-76, 1977

전해종, 「10-12세기의 국제정세」, 『한국사』4, 국사편찬위원회, 1974

최규성, 「서희의 북방정책」, 『서희와 고려의 고구려 계승의식』, 고구려 연구회 편저, 학연문화사, 1999

하현강, 「고려시대의 역사 계승의식」, 『이화사학 연구』8, 1975

현명호, 「발해의 고구려와의 계승관계를 모호하게 한 별칭 '발해 말갈'에 대하여」, 『발해사 연구론 문집』I, 1992

국회도서관편, 「한국 외교관 전기: 서희편」, 『한국 외교관 전기』9-2, 대한민국 국회도서관, 1972

## 외국문헌

Carr, E. H, 『What is History?』University of Cambridge & Penguin Books, 1961

Crousset, René, 『유라시아 유목 제국사』, 김호동 외 옮김, 사계절, 1998

Fairbank, J. K. ed, 『신중국사』중국사 연구회, 까치, 1994

Fairbank, J. K. ed, 『the Chinese World Order』, Harvard University Press, 1968

Fairbank, J. K., Reischauer, Edwin O., Craig, AlbertM., 『East Asia, Tradition & Transformation』, Harvard University, 1978

Herodotos, 『History』, 천병희 옮김, 숲, 2009

Huntington, Samuel P., 『The Clash of Civilization』Summer, 1993, Foreign Affairs

Kennedy, Paul, 『The Rise and Fall of the Great Powers』, 1988

Nicloson, Herold, 『Diplomacy』, Oxford University, London 1969

Sugiyama Masaaki, 『유목민이 본 세계사』, 이진복 옮김, 학민사, 1999

Thucydides, 『History』, P. J. Rhodes, 1969

Toynbee, Arnold J.,『Mankind and Mother Earth, a narrative history of the world』, Oxford University Press, 1976


## 학술총서

『한국사』4, 국사편찬위원회, 1997
『여요 전쟁사』, 국방부 전사편찬위원회, 1990
『한민족과 북방과의 관계사 연구』, 한국 정신문화연구원, 1995
『한국사』, 진단학회, 을유문화사, 1981

# 찾아보기

# 서희의 외교 담판


| 펴낸날 | 초판 1쇄 2013년 8월 30일 |
| | 초판 3쇄 2020년 6월 5일 |

| 지은이 | 장철균 |
| 펴낸이 | 심만수 |
| 펴낸곳 | (주)살림출판사 |
| 출판등록 | 1989년 11월 1일 제9-210호 |

| 주소 | 경기도 파주시 광인사길 30 |
| 전화 | 031-955-1350 팩스 031-624-1356 |
| 홈페이지 | http://www.sallimbooks.com |
| 이메일 | book@sallimbooks.com |

| ISBN | 978-89-522-2724-9  03910 |

※ 값은 뒤표지에 있습니다.
※ 잘못 만들어진 책은 구입하신 서점에서 바꾸어 드립니다.

이 도서의 국립중앙도서관 출판시도서목록(CIP)은 서지정보유통지원시스템 홈페이지
(http://seoji.nl.go.kr)와 국가자료공동목록시스템(http://www.nl.go.kr/kolisnet)에서
이용하실 수 있습니다.(CIP제어번호: CIP2013014701)